Das Buch

Während ihres Studiums in den USA lernt die Australierin Michèle Omar aus Jordanien kennen. Sie verliebt sich und zieht mit ihm in sein Heimatdorf Kufr Soum. In dieser fremden Kultur fühlt sie sich hin- und hergerissen: Einerseits ist Michèle fasziniert vom Gemeinschaftssinn der Dorfbewohner, dem fürsorglichen Umgang miteinander, der Schönheit der Menschen und der Landschaft. Andererseits kann sie keinen Moment allein sein, fühlt sich bedrängt und gefangen. Als Omar eine Stelle an der Universität in Amman annimmt und in eine Wohnung auf dem Campus zieht, sieht Michèle ihn nur noch am Wochenende. Sie selbst muss bei der Familie bleiben. Doch obwohl diese sie vollkommen akzeptiert, erkennt sie allmählich, dass sie sich nicht an dieses Leben gewöhnen kann ...

Die Autorin

Michèle Drouart, geb. in Sydney, lebt seit ihrer Scheidung als Schriftstellerin in Perth, Australien.

Michèle Drouart

Land der tausend Schleier

Mein Leben in Jordanien

Aus dem Englischen von Julia Riesz

Ullstein

Zum Schutz der betroffenen Menschen sind die Namen der Personen in diesem Buch frei erfunden, auch wenn die wiedergegebenen Szenen und Ereignisse aus persönlicher Erfahrung und Erinnerung rekonstruiert sind.

Ullstein Taschenbuchverlag
Der Ullstein Taschenbuchverlag ist ein Unternehmen der
Econ Ullstein List Verlag GmbH & Co. KG, München
Deutsche Erstausgabe
3. Auflage 2002
© 2001 für die deutsche Ausgabe by
Econ Ullstein List Verlag GmbH & Co. KG, München
© 2000 by Michèle Drouart
Titel der australischen Originalausgabe: Into the Wadi
(Fremantle Arts Centre Press, Fremantle, Australia)
Übersetzung: Julia Riesz
Lektorat: Barbara Radke
Umschlagkonzept: Lohmüller Werbeagentur GmbH & Co. KG, Berlin
Umschlaggestaltung: Init GmbH, Bielefeld
Titelabbildung: Mauritius, Mittenwald
Gesetzt aus der Sabon, Linotype
Satz: Josefine Urban – KompetenzCenter, Düsseldorf
Druck und Bindearbeiten: Clausen & Bosse, Leck
Printed in Germany
ISBN 3-548-36271-0

Für die Menschen in Kufr Soum

Inhalt

Stammbaum

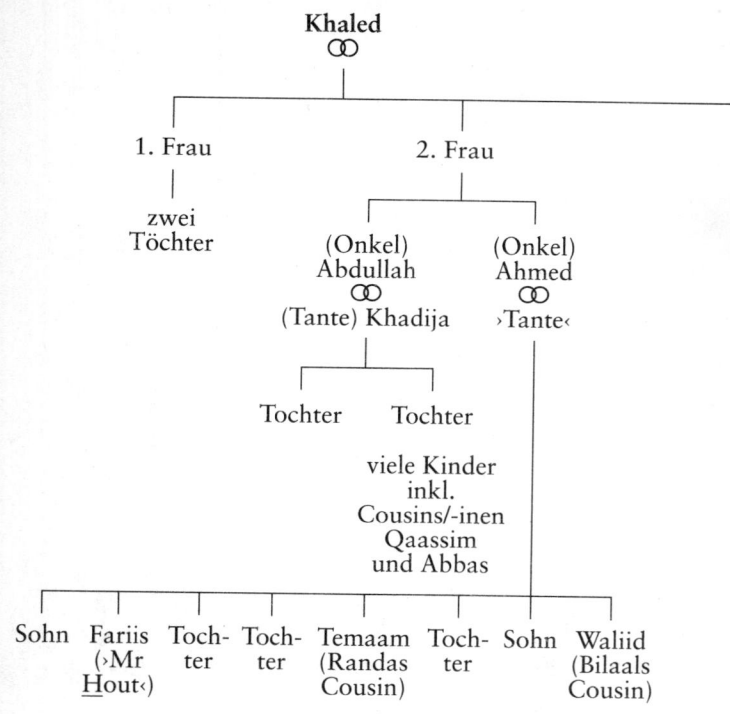

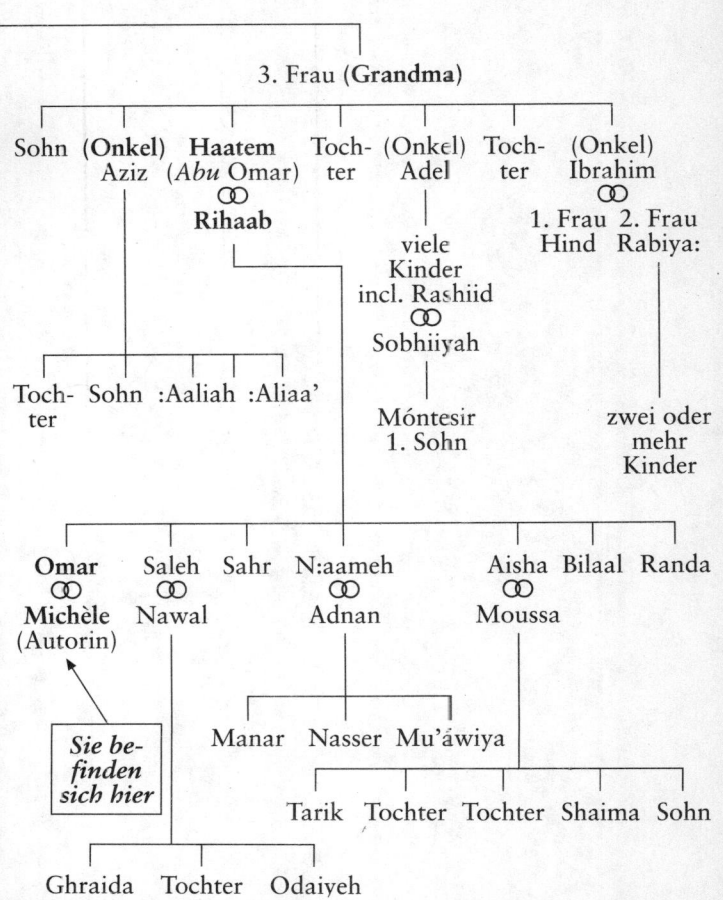

3. Frau (**Grandma**)

Sohn (**Onkel**) **Haatem** Toch- (Onkel) Toch- (Onkel)
Aziz (*Abu* Omar) ter Adel ter Ibrahim
∞
Rihaab 1. Frau 2. Frau
Hind Rabiya:

viele
Kinder
incl. Rashiid
∞
Sobhiiyah

Toch- Sohn :Aaliah :Aliaa'
ter

Móntesir zwei oder
1. Sohn mehr
Kinder

Omar Saleh Sahr N:aameh Aisha Bilaal Randa
∞ ∞ ∞ ∞
Michèle Nawal Adnan Moussa
(Autorin)

Sie be-
finden
sich hier

Manar Nasser Mu'áwiya

Tarik Tochter Tochter Shaima Sohn

Ghraida Tochter Odaiyeh

Prolog

Bewegung

Am Anfang war die Bewegung. Gottes Atem in einem leeren Raum. Bewegung ist das Erste, was wir von uns selbst wahrnehmen. Gerade erst auf die Welt gekommen, beobachte ich das Strampeln meiner vier pummeligen Gliedmaßen. Sie scheinen ein Eigenleben zu haben und doch weiß ich, dass sie zu mir gehören.

In der Kindheit lerne ich, stillzuhalten. Irgendetwas – elterliche Sorge? eine innere Stimme der Vorsicht? das Gefühl, weiblich zu sein? – sagt mir, dass ich jede Handlung, sogar das Sprechen, vermeiden soll. Doch der Geist kann nicht stillhalten. Etwas gibt nach und das Träumen beginnt. Reisen in die Welt der Phantasie.

Ich war neunzehn Jahre alt, als ich zum ersten Mal verreiste. Ich fuhr auf einem französischen Frachtschiff zur Insel Neukaledonien. Als anspruchslose Studentin verzichtete ich auf die Fahrt mit einem Luxusdampfer (den ich mir sowieso nicht hätte leisten können) zugunsten einer romantischen, unkonventionellen Reise. Ich war mit meiner ersten großen Liebe unterwegs. Wir teilten uns eine Dritte-Klasse-Kabine, die direkt neben dem Laderaum lag.

Es war so heiß, dass wir uns nachts häufig aufs Deck legten. Die Silhouetten der Schiffskräne ragten in den sternenklaren

Himmel und erinnerten mich an die Masten alter Segelschiffe. Manchmal beugten wir uns auch für eine Weile über die Reling und sahen hinunter auf das aufgewühlte Wasser des Pazifischen Ozeans, der das Licht der Sterne reflektierte.

Ich sah die Milchstraße und funkelnde Meere. Und andere Dinge, die ich nicht genau erkennen konnte.

Wir hielten in zwei Anlaufhäfen in Vanuatu, damals offiziell die New Hebrides oder *Les Nouvelles Hébrides* genannt, je nachdem, auf welche der zwei Kolonialverwaltungen man sich bezog.

Das war erst der Anfang, aber oft ist es wichtig, wie alles anfängt. Damals dachte ich, dass ich mich später wohl am besten an die Korallenriffe, die bunten Fische und das erstaunlich türkisfarbene Wasser würde erinnern können. Doch es sind die Ereignisse, die ich heute vor mir sehe, die Dinge, die wir unternahmen: Wir gingen nebeneinander über einen weißen Strand in der Nähe von Vila und »liehen« uns ein kleines Boot, dessen eines Ruder wir schon bald verloren. Als wir das Ufer wieder erreicht hatten, suchten wir nach dem Eigentümer des Bootes, doch da waren nur Palmen, Wasser und der feine, weiße Sand. Also legten wir es einfach dorthin zurück, wo wir es gefunden hatten. Die Abgeschiedenheit des Ortes machte es einfacher für uns. Und zugleich schwieriger.

Eines Abends, wir lagen vor Santo, stand ich mit ihm – immer noch derselben ersten Liebe – auf dem Oberdeck des Schiffs und beobachtete ein paar gut aussehende Insulaner, die an Bord gekommen waren. Sie waren fast nackt, hatten wunderbar kräftige Oberschenkel und schlitzten – mit Messern, die in der Sonne blitzten – riesige Leinensäcke voll geknackter Kokosnüsse auf, die sie anschließend donnernd in den Laderaum entleerten.

In Nouméa lernte ich, den *tamouré* zu tanzen. In den Bergen Neukaledoniens badete ich in heißen Sulfurquellen und

14

schwamm in den kühlen Bächen, die daran vorbeiflossen. Auf der Isle of Pines liebten wir uns.

Trotz alldem umgab mich mein Kokon berührungsfrei wie eine schützende Fruchtblase. Erst auf späteren Reisen begann ich ihn zu spüren, als sich in meinem Kopf ein zunächst winziger Gedanke festsetzte, der dann immer mehr Raum einnahm. Die Welt konnte kein absolutes Nichts sein, wenn ich mich darin befand. Ich existierte. Ich nahm meinen Platz in der Welt ein, wie klein er auch sein mochte.

Bewegung. Trennung von Zeit und Raum. Irreversible Störung von »ist«. Ruhig und für immer: Der kleinste Atemhauch, die kleinste Regung oder Tat leuchtet auf, wogt, hallt durch das Gewebe des Kosmos: der Schlag meiner Hand, das Auftreten meines Fußes, das Gehen, das Laufen, das Tanzen.

Die Reise.

Und der Geist, der sich erinnert und von seinen Erinnerungen erzählt.

Der Anfang

Unterwegs

Jeden Morgen nahm ich den gleichen Bus. Dennoch war jeder Morgen neu, anders. Es gab so viel zu sehen, drinnen und draußen, und Genauigkeit war wichtig. Ich schrieb alles auf, während es geschah. Ich notierte es in meinem Kopf.

Der Bus brauchte bis zu einer halben Stunde, um die Runde durchs Dorf zu machen, bis er schließlich die Hauptstraße erreichte. Er folgte stets der gleichen Route, beziehungsweise fast, da er häufig entweder eine kleine Straße mehr mitnahm oder eine Ecke vorher abbog. Dann machte er sich auf den sechzehn Kilometer langen Weg in die Stadt, die selbst eher einem zu groß geratenen Dorf ähnelte.

Die Fahrgäste, der Fahrer, die Orte, an denen wir vorbeikamen, sogar das Schlingern des Busses, sein rasantes Tempo in den Kurven, das Dröhnen des Motors, das Anhalten und Weiterfahren – all dies verwandelte ich in fließende Sprache, gab ihm eine Bedeutung.

Eine der vielen Dorfbewohnerinnen, die ich von diesen Busfahrten kenne, wartet an der Straße. Mona, denke ich, eine Cousine zweiten Grades eines unserer Nachbarn. Gestern war sie in Begleitung ihrer vierjährigen Tochter und hatte ein klassisch geschnittenes Kleid mit schwarzweißem Muster an. Sie trug Strümpfe, glänzende, schwarze Schuhe mit hohen

Absätzen und eine dazu passende Lederhandtasche. Auf den Rändern des langen schwarzen Seidentuchs war ein silbernes Blattmuster; seine Enden hatte sie locker über die Schultern geworfen. Gestern war sie auch geschminkt. Stark geschminkt.

Heute ist sie allein unterwegs. Sogar ohne Handtasche. Sie trägt ein blaues *dish-dásha* – ein langes Hemdkleid, das fast bis zum Boden reicht. Es ist vorne mit riesigen roten und goldenen Blumen bestickt und an den Ärmeln mit kleineren Blumen in der gleichen Farbe. Es ist ihr Alltagskleid. Um den Hals hat sie ein kleines, blaues Tuch geschlungen. Sie hat nicht einmal die Augen mit *kohl* betont und an den Füßen trägt sie nur die einfachen, flachen *khofái*. Als sie sich auf den Platz vor mir setzt, denke ich: Sie wird heute, lange bevor wir die Stadt erreicht haben, aussteigen. Mit der rechten Hand schiebt sie sich einen gesalzenen Kürbiskern zwischen die Schneidezähne, knackt ihn gekonnt und spuckt die Schale in die linke Hand. Bei einem Haus zwei Kilometer außerhalb des Dorfes steigt sie aus. Auf der Rückseite des Hauses kann ich einen Garten mit Obstbäumen erkennen. Dahinter fällt das Land steil in ein Wadi oder Tal ab, in dem trockene Gräser und Büsche wachsen und dessen Konturen sich in der Ferne verlieren.

Im hinteren Teil des Busses sitzt ein älteres Paar. Der Mann steht auf und führt die Frau, eine Hand an ihrem Ellenbogen, durch den Gang nach vorne. Er steigt zuerst aus, dreht sich dann um und hilft ihr beim Aussteigen. Es dauert lange, aber niemand drängt ihn. Er ist besorgt, würdevoll in seiner Fürsorge. Durch unsere Geduld übernehmen auch wir seine Sorge – und etwas von seiner Würde.

Wer wohl dieser alte Mann ist, der gerade mit einem Lamm auf dem Arm in den Bus steigt? Warum nimmt er das Tier mit in die Stadt? Ist es krank? Bedeutet es ihm so viel? Der Umhang des Mannes und sein rotweiß karierter *kefiiyeh* – die

Kopfbedeckung der Männer – lassen ihn noch größer wirken, als er ohnehin schon ist. Mit seinen kräftigen rauen Händen hält er behutsam das Lamm auf seinem Schoß. Ich speichere dieses Bild in meinem Gedächtnis ab.

Am späten Nachmittag warte ich an der Busstation. Es gibt mindestens vierzig Haltestellen, an denen kleine Mitsubishi-Busse eintreffen, die bald darauf zurück in verschiedene im Norden gelegene Dörfer fahren. Manchmal steht mein Bus bereits da und es sitzen schon viele Fahrgäste darin. Der Fahrer wartet jedoch so lange, bis der Bus ganz voll ist, erst dann fährt er los. Nun bin ich nicht mehr nur Beobachterin. Ich bin diejenige, die beobachtet wird, über die geredet wird. Ich suche mir einen Platz. Eine ältere Frau in dem traditionellen dunklen Kleid, das lang und gerade herabfällt – in dieser Gegend *shrsh* genannt –, wendet sich, nachdem ich an ihr vorbeigegangen bin, ihrer Sitznachbarin zu.

»Wer ist das?«

»Ich weiß nicht.«

Jemand in der Reihe vor ihnen antwortet.

»Es ist die Frau von Omar.«

»Wo kommt sie her?«

»Aus Amerika. Er hat sie aus Amerika mitgebracht.«

Ich verbessere sie nicht. Ich sage nicht: »Nein. Ich bin Australierin.« Schließlich haben wir uns tatsächlich in den Staaten kennen gelernt.

Die beiden Frauen wissen nicht, was sie von mir halten sollen. Außerdem haben sie alle Zeit der Welt, abzuwarten und zu beobachten, wie ich mich verhalte.

Die jüngeren Fahrgäste dagegen sprechen mich manchmal auf Englisch an.

Alles, was ich auf diesen Busfahrten sah und hörte, versuchte ich in meinem Kopf in Worte umzuwandeln. Es kam mir vor, als sänge ich in meinem Kopf Lobeslieder, im Rhythmus der arabischen Musik, die aus dem Radio des Busfahrers tönte und meine Empfänglichkeit für jedes Detail erhöhte. Ich schwelgte in der Sicherheit, nicht einen Moment der Welt um mich herum zu verpassen, und nahm mir vor, später alles schriftlich festzuhalten.

Was auch immer ich mir während der Busfahrten vornahm und plante – jeden Abend, wenn ich nach Hause kam, wurde ich durch irgendetwas abgelenkt. Das Leben musste gelebt werden, nicht aufgeschrieben. »Komm Sobhiiyeh und ihre Schwestern treffen.« Die Familie war der Meinung, es sei nicht gut für mich, wenn ich mit meinen Gedanken allein blieb. Alle taten, was sie nur konnten, um mich zu beschäftigen. »Würdest du Tee für die Gäste machen?« Wenn ich zu lange allein blieb, und sei es nur, um Briefe zu schreiben, hieß es: »Wir gehen zu den Na:aamehs. Willst du nicht mitkommen?«

Allmählich verblassten die Worte in meinem Kopf und mit ihnen die Bilder, durch die sie entstanden waren.

Bei jedem Besuch machte ich mich von neuem mit den arabischen Buchstaben, die seitlich am Bus standen, vertraut. Von rechts nach links lesend sprach ich einen nach dem anderen aus, mechanisch und langsam:

K-F-R-S-W ... nein, nicht W ... das ist O, oder OU, dann M. Und jetzt das andere Wort: A ... nein, I. Das ist es. I-R-B-I-D. Ja, das sind die Buchstaben, die zusammen den Namen unseres Dorfes ergeben und den Namen der Stadt.

كفر سوم - اربد

Zurück in Australien, schreibe ich die ganze Adresse auf, so wie ich mich zu erinnern glaube.

Adressen, Namen, Grußwörter, die Vokabeln für Essen, Pflanzen, Kleidungsstücke, Orte... Sie verblassen, sie verblassen alle. Werden sie bald ganz verschwunden sein?

Gegenwart und Vergangenheit

Gegenwart: die Feier

Ich habe keine Ahnung, wo dieses Trommelgeräusch herkam, wer dort mit solcher Leichtigkeit die Tabla schlug. Auch ein Dudelsack war zu hören. Die Dinge tauchen hier auf wie durch Zauberei, schnell und ohne großes Aufheben vorbereitet. Jede Anstrengung entzieht sich den Blicken. Erst wenn alles fertig vorbereitet ist, darf die Feier beginnen und dann ist es ein Freudenspektakel, so wie jetzt, wo all diese jungen Frauen um mich herum singen und die Tabla sie begleitet. Das hohle *doum tac-a-tac* und das Brummen des Dudelsacks schallen über den Hof und die vordere Mauer hinaus auf die Straße, aber den Gesang haben wir ganz für uns, er kann das dichte Gestrüpp der Weinreben nicht durchdringen.

Ich sehe mich um und bemerke, dass die älteren Frauen nicht bei uns sind. Sie haben sich in andere Teile des Hauses und des Gartens begeben. Einige sitzen, von Kopf bis Fuß in Schwarz gekleidet, auf der Bank am anderen Ende des Hofes. Sie erinnern mich an Krähen, wie die alten Frauen in dem sonnenbeschienenen griechischen Dorf, das ich viele Jahre zuvor besucht hatte, deren knochige Silhouetten sich von den gekalkten Wänden der Kirche und den weißen Straßen abhoben. Aus der Entfernung betrachtet, sehen sie alle gleich aus, gesichtslos, namenlos. Anders dagegen die Frauen um mich herum: Es sind junge Mädchen, vielleicht gerade einmal knapp über zwanzig, und jede von ihnen ist eifrig darauf bedacht, an diesem Abend auf sich aufmerksam zu machen. Ich bin die Älteste in ihrem Kreis, fast doppelt so alt wie sie, aber sie behandeln mich wie eine von ihnen.

Fasziniert falle ich in ihr Klatschen ein, als sie ein weiteres Hochzeitslied anstimmen. Eine von ihnen ist Shareen, sie hat ein rundes Gesicht mit kleinen Löckchen. Sie bleibt nie lange bei uns stehen, ständig flattert sie vom einen zum anderen. Shareen und ihr Bruder sind Omars Englischschüler und ich glaube, sie mögen ihren Lehrer. Shareens Bruder ist es auch, der in ein paar Tagen heiraten wird, wenn diese Feierlichkeiten ihren Höhepunkt erreichen. Heute Abend kümmert sich Shareen um die Frau ihres Lehrers, sie hat es sich zur Aufgabe gemacht, meine persönliche Gastgeberin zu sein. Sie ist mit vielen Dingen und Leuten beschäftigt, trotzdem kommt sie immer wieder zu mir zurück. Sie weiß, dass ich, obwohl ich mit Omar verheiratet bin, nicht hier lebe, sondern nur zu Besuch bin. Dennoch drücken ihr Lächeln, ihre Gesten und ihr Blick uneingeschränkt den althergebrachten Gruß aus:

أهلا وسهلا
Sei willkommen und fühl dich wohl.

Wir sitzen im Halbkreis auf Stühlen. Das Mädchen mit den langen Wimpern am anderen Ende ist Rima. Sie steht auf, um Mary dabei zu helfen, vier dicke, schwarze Zöpfe in ihre Frisur zurückzustecken. Neben ihnen sitzt Nancy, die ausgelassen singt und klatscht. Sie trägt ihr Haar nicht hochgesteckt. Aber es hängt auch nicht einfach offen herunter, sondern scheint wie dunkle Wellen über ihren Schultern zu schweben. Ihr Gesicht wirkt sinnlich und eigenwillig. Immer wieder flüstert Nancy einer der anderen etwas ins Ohr und kehrt dann mit einer ruckartigen Kopfbewegung zum Text und Rhythmus des Lieds zurück, als hätte sie es nie unterbrochen.

Neben mir sitzt Sahr, meine Schwägerin, und singt aus vollem Hals mit. Sie wirkt ein bisschen älter und ist bescheidener gekleidet als die anderen. Unter ihrem geblümten Kopftuch lugt nicht eine einzige Haarsträhne hervor, doch ihre Augen und ihr ganzes Gesicht strahlen überschwängliche Freude aus.

In den letzten Wochen habe ich Sahr öfter zu sehen bekommen als irgendjemand anderen aus der Familie. Ich wohne für die Dauer meines Besuchs bei Omar, in seiner Wohnung auf dem Campus der Universität, an der er unterrichtet. Die Hochzeitsfeier findet in Karak statt, der nächstgrößeren Stadt. Sie liegt etwas südlich der Hauptstadt und weit von Sahrs und Omars Heimatort Kufr Soum entfernt. Sahr ist nach Süden gereist, um sich für die Dauer meines Aufenthalts um die Wohnung ihres Bruders zu kümmern. Wir verbringen viel Zeit miteinander, während er Unterricht gibt. Von allen Menschen hier ist Sahr der Einzige, den ich aus dem Dorf kenne, außer Omar natürlich. Dieses Mal werde ich wohl nicht viel von Kufr Soum zu sehen bekommen.

Jetzt beobachte ich Sahr beim Singen und bin von ihrer Begeisterung beeindruckt. Sie ist voll und ganz bei der Sache. So ist Sahr, sie widmet sich allen Dingen mit Hingabe. Anders als Omar, der als stiller Beobachter daneben steht. In ihrem Heimatdorf ist Sahr für ihren schönen Gesang bekannt, während Omar niemals singt oder tanzt. Er zieht es vor, mit den anderen Männern zu plaudern. Sein ganzer Körper drückt dabei eine Art würdevoller Selbstachtung aus – gerade so, dass es nicht übertrieben wirkt.

Heute Abend bleiben die Männer außerhalb der Mauern, die den Hof umgeben, während sich die Frauen entspannen und an der Schönheit der anderen erfreuen.

Nicht zum ersten Mal frage ich mich, warum ich wohl so intensiv auf diese Art Feierlichkeiten reagiere, wie auf alles andere in dieser für mich fremdartigen Umgebung. Ich habe noch keine wirklich zufriedenstellende Antwort darauf gefunden, zumal eine solche Anteilnahme äußerst untypisch für mich ist. Meistens wirke ich, als sei ich gegen meinen Willen zur Welt gekommen. Schon als Kleinkind ließ ich mich nur zu gerne von den kleinen Dingen gefangen nehmen. So konnte ich einen Käfer auf der Wiese stundenlang mit den Augen verfolgen und bei seinem Tun beobachten. Wenn sich ein Stern über den Himmel bewegte, sah ich ihm nach, bis er am Horizont verschwand – oder bis meine Mutter mich dadurch wachrüttelte, dass sie mich ausschimpfte. »Da zu sein«, also geistig an dem Ort zu sein, an dem sich mein Körper befand, muss für mich eine Art unangenehmer Pflicht gewesen sein. Es dauerte immer ewig, bis meine Mutter es geschafft hatte, mich anzuziehen. Und jetzt fühle ich mich von allem, was ich in diesem fremden Land sehe und tue, wie beflügelt. Es ist, als ob ich zum Leben erwache, während ich daran teilnehme, als ob Wunsch und Erfüllung sich träfen. Heute Abend genieße ich das Gefühl, ganz hier zu sein, eins zu sein mit diesen schönen jungen Frauen, die neben mir sitzen und klatschen und singen.

Ob die anderen Frauen wohl wissen, dass Sahr in ihrem Heimatdorf dafür berühmt ist, dass sie sehr viele traditionelle Hochzeitslieder kennt? Inzwischen haben sie es vermutlich gemerkt. Mehrmals haben sie nach einem neuen Lied gesucht und immer war es Sahr, der eines eingefallen ist. Auch jetzt stimmt sie gerade wieder eine Melodie an, singt in jenen hohen, fast nasalen Tönen, die so typisch sind für Hochzeitslieder. Die anderen Frauen fallen ein und singen den Refrain mit.

Mein Blick schweift von Sahr mit ihrem bunten Tuch hinüber zu Nancy, die uns gegenübersitzt. Nancy hat sehr volles

Haar und ist Christin, wie viele andere Gäste bei dieser christlichen Hochzeit. Die beiden Frauen lächeln glücklich, während sie singen und tanzen, und ihre Blicke treffen sich. Sie sind einander ebenbürtig. Während ich sie beobachte, muss ich an die Hochzeitsfeiern in Kufr Soum denken, weit im Norden, wo keine Frau ohne Kopfbedeckung vor die Haustür treten würde. Die Jüngeren, in langärmligen Blusen und knöchellangen Röcken, tragen Tücher, deren Enden unter dem Kinn verknotet oder – etwas gewagter – über die Schultern geworfen sind. Die älteren Frauen dagegen sind vom Hals bis zu den Füßen in die formlosen, dunklen *shrsh* eingehüllt und tragen auf dem Kopf eine Art eng anliegende schwarze Kapuze, *:assaaba* genannt, die nur eine Öffnung für das Gesicht hat. Sie bedeckt den Kopf, die Ohren und das Haar an den Seiten – bis auf die letzte Strähne – und wird unter dem Kinn festgesteckt, wobei die unteren Falten wie ein Schleier über Hals und Brust gebreitet werden. Darüber kommt entweder ein helles Tuch, das über einen spitzen Kopfkamm gezogen wird, oder der rotweiß karierte *kefiiyeh* der Männer, den sie zu einem lockeren Turban wickeln.

Die älteren Frauen aus dem Dorf, so viel steht fest, sind diejenigen, die am besten tanzen – dort unter den Lichterketten, die an einer Kreuzung zweier staubiger Dorfstraßen aufgehängt sind. Sie stürzen sich voller Begeisterung in jede Hochzeitsfeier und führen die Tänzerinnen beim *dubkeh*, bei dem die Frauen Hand in Hand, mit angewinkelten Ellenbogen, eng geschlossene Kreise bilden. Die älteren unter ihnen setzen nie einen Fuß falsch auf und sorgen dafür, dass die dicht aneinander gerückten Körper der Tänzerinnen nicht aus dem Takt geraten. Unvermittelt stimmt eine der Frauen die Strophe eines Hochzeitslieds an. Sie singt in einem nasalen Tonfall, der wunderschön zu diesem Ort und diesem Moment passt. Als Sahr an der Reihe ist, in den Gesang einzustimmen, setzt sie in einigen Strophen die Namen ihrer Schwestern oder ihres Bruders in den Text ein. Eine der anderen Frauen antwortet mit einem neuen Lied, einer mit hoher Stimme gesungenen, eintönigen Melodie, dessen Refrain alle gemeinsam wiederholen.

Die einzigen Männer, die an dem Geschehen teilnehmen, sind der Tablaspieler und Onkel Ahmeds Sohn Waliid, der sich, die Flöte an den Lippen, sanft zur Melodie bewegt. Die beiden spielen fast ohne Unterbrechung und ebenso lange und schwungvoll wie bei den Männertänzen. Wenn die Männer den *dubkeh* tanzen, kommen sie einander nie so nah wie die Frauen. Sie fassen sich gegenseitig an den Schultern, ohne dass ihre Körper sich berühren. Ihre Bewegungen sind dafür freier und individueller, zumindest wirken sie so durch die frei werdende Energie und die Tabla, die das Stampfen und Springen auf den betonten Taktteilen begleitet. Und doch führen alle gemeinsam die gleichen komplizierten Schritte aus, die sie schon in ihrer Kindheit auf den Hochzeiten gelernt haben. Ab und zu löst sich einer der drei oder vier besten Tänzer aus dem Kreis, um eine Zeit lang in der Mitte zu tanzen, wo er von allen bewundert werden kann.

So sind die Hochzeiten in den Dörfern des Nordens.

Heute Abend spielt hier niemand Flöte, sondern ein Dudelsack sorgt zusammen mit der Tabla für die Musik. Die meisten Frauen singen im Sitzen und ich ahne, dass man hier nicht so tanzen wird, wie es auf dem Dorf gern getan wird.

Während ich noch darüber nachdenke, erheben sich einige der Frauen und gehen ins Haus. Zuvor hatte ich beobachtet, dass dort ein Zimmer leer geräumt worden war. Obwohl Sahr selbst im Hof bleibt, drängt sie mich, mit den anderen zu gehen. »*Raqsi*, Mishaal!«, ruft sie und zeigt mit dem Finger in ihre Richtung. »Tanzen!«

Auch Shareen bedeutet mir mit einladenden Bewegungen, in das Zimmer zu kommen. Aus dem neuesten Modell eines Stereo-Kassettenrecorders tönt Musik. Mehrere Frauen tanzen bereits – die jüngeren eher sittsam in Kleidung und Verhalten, die Neun- und Zehnjährigen in ihrem fröhlich gerüschten Tüll ebenso unbefangen wie die reiferen Frauen in ihren eng anliegenden Hochzeitskutten. Shareens Tante bewegt sich mit wiegenden Hüften auf mich zu und winkt mich in die Gruppe der Tänzerinnen. Ich schätze, sie ist in den Fünfzigern, wie auch viele andere, die sich uns anschließen. Schon bald lasse ich mich vom Rhythmus und den ungehemmten Körperbewegungen der Frauen mitreißen.

An einer Wand des Zimmers steht Shareens Großmutter und sieht uns Tänzerinnen zu, während die Tante mir mit Zeichen bedeutet, dass ich eine neue Bewegung nachmachen soll. Ich frage mich, warum mir diese Familie, die ich noch gar nicht richtig kenne, so viel Aufmerksamkeit schenkt. Wir haben uns erst vor ein paar Tagen kennen gelernt. Es ist mir peinlich, daran zu denken, wie schlecht ich mich an jenem Abend benommen habe. Wenn Omar nicht darauf bestanden hätte, wäre ich wahrscheinlich gar nicht mitgekommen und könnte mich jetzt nicht an diesen Feierlichkeiten erfreuen.

Es ist mir schon immer schwer gefallen, körperliche Beschwerden zu ertragen. Kurz nach meiner Ankunft vor zwei Wochen hatte ich Halsschmerzen bekommen, die an dem Tag, als ich diese Familie kennen lernen sollte, beinahe unerträglich geworden waren.

Nachmittags hatten wir mit einem Freund von Omar einen Ausflug gemacht. Gegen Abend dachte ich, dass wir nach Hause zurückkehren würden, als wir plötzlich vor einem Haus anhielten. Vergeblich bat ich Omar, dass wir doch weiterfahren mögen, und bot schließlich, als er es ablehnte, an, im Auto zu warten. Doch Omar erwiderte, das Treffen sei schon lange vereinbart und man könne nichts daran ändern. Als wir das Haus betraten, wurden die Halsschmerzen immer schlimmer. Ich sprach kaum ein Wort und saß bloß verdrießlich da, Kopf und Hals in ein dickes Tuch gewickelt und die Stirn in Falten gelegt wie eine alte Hexe. Dass es sich lediglich um eine »durch den Klimawechsel hervorgerufene Reizung« handelte, wie ein Arzt mir mitgeteilt hatte, half mir nicht viel. Ich versuchte, der Unterhaltung zu folgen, obwohl mir die Sprache noch ziemlich fremd war, und saß vornüber gebeugt da, die Arme auf dem Schoß verschränkt, wobei ich die Hände abwechselnd zu Fäusten ballte und wieder öffnete.

Sie waren neugierig auf mich, die Frau des Professors, von der sie bisher immer nur gehört hatten. Im Laufe des Abends versuchten sie immer wieder, mich in das Gespräch einzubeziehen, indem sie Fragen an mich richteten. Meist antwortete Omar an meiner Stelle. Als er ihnen von meinen Halsschmerzen erzählte, konnten sie mein Aussehen und Verhalten offensichtlich besser verstehen. Shareen, die Tochter, brachte mir sogleich ein Schmerzmittel und einen Tee mit Zitrone. Kurz darauf stellte sich die beruhigende Wirkung ein. In diesem Moment betrat die Großmutter den Raum. Zweifellos war sie das eigentliche Heilmittel!

Sie begrüßte jeden von uns einzeln, so dass wir alle das Gefühl hatten, besondere Aufmerksamkeit zu erhalten. Obwohl sie sehr dünn und klein war, besaß sie mehr Präsenz als alle anderen in dem Zimmer. Sie hatte leuchtende Augen und trug ihr mit Henna gefärbtes Haar (das weiße Haar der Älteren wird stets orange gefärbt) in zwei Zöpfen, die ihr über die Schultern hingen. Auf dem Kopf trug sie ein Tuch, das hinten auf eine Art zusammengebunden war, wie ich es noch nie gesehen hatte, schwarz und eng anliegend wie eine Kipa.

Die anderen machten ihr in der Mitte des Sofas Platz. Sie

setzte sich und begann sogleich, Witze und Geschichten zu erzählen. Nach jeder kurzen Erzählung hielt sie inne und forderte ihre Zuhörer zu einer Reaktion auf. Bereitwillig lachten und kicherten alle und sie lachte mit. Dabei bezog sie mich in das Geschehen mit ein, als sei sie sicher, dass ich alles verstanden hätte.

Ein einziges Mal übersetzte Omar einen ihrer Witze für mich auf Englisch. Er handelte von einem Mann, der seiner Frau im Schlaf einen Schlag versetzt hatte ... und zwei weitere, nachdem er aufgewacht und ihm bewusst geworden war, was er getan hatte ...

Ich fiel höflich in das Lachen der anderen ein, während ich in Gedanken zu verstehen versuchte, was dies alles zu bedeuten hatte. In diesem Moment fühlte ich mich äußerst unbehaglich.

Als ich später daran zurückdachte, stürmten Fragen auf mich ein. War es eine Parabel, deren Botschaft sich an mich richten sollte? Hatte die alte Frau Omar gebeten, diese zu übersetzen, oder hatte er selbst es entschieden? Sollte es eine in Humor verpackte Warnung darstellen? Ich hätte Omar nachher dazu befragen können, ließ es aber, ohne genau zu wissen, warum, bleiben.

Die Stimmung an jenem Abend, an dem so viel gelacht wurde, war freundlich und gesellig gewesen. Heute Abend bei der Hochzeitsfeier geht es lauter und ungehemmter zu, aber der Anlass rechtfertigt dies wohl auch. Die Musik und das Stimmengewirr stürzen über mich herein. Ich fühle mich ganz im Hier und Jetzt. Mit wiegenden Hüften und zuckenden Schultern tauche ich ein in die Gruppe der Tänzerinnen und passe meine Bewegungen den ihren an. Nach einer Weile begegnet mein Blick dem der Großmutter. Ich lächele ihr zu und sie lächelt aufmunternd zurück.

Vergangenheit: Farben und Muster

Die Ehe meiner Eltern erwuchs aus einer Romanze in Kriegszeiten.

Obwohl sie gebürtige Australierin war, sprach meine Mutter ein tadelloses Französisch. Sie liebte diese Sprache und hatte sie früh erlernt. Und dann war sie meinem Vater begegnet. Er diente auf einem Schiff der Free French Forces, das während des Krieges eine Zeit lang im Hafen von Sydney gelegen hatte. Sie war zwanzig Jahre alt, als sie heirateten, er zweiundzwanzig. Dann legte sein Schiff wieder ab und sie wartete darauf, dass der Krieg zu Ende ging.

Im Jahr 1945 fuhr sie bei der ersten Gelegenheit mit einem Passagierschiff nach Europa. Es wurde in Port Said aufgehalten, wodurch sie viel von Kairo kennen lernte. Und obwohl sie es kaum erwarten konnte, meinen Vater wiederzusehen, genoss sie ihre erste Auslandsreise. Sie wartete auf ihn in Marseille, wo er das Schiff verließ. Meine Eltern lebten zunächst bei seiner Familie und dann eine Weile in England. Nachdem sie zwei Jahre im Europa der Nachkriegszeit gelebt hatten, erwarteten sie ihr erstes Kind. Es wurde Zeit, nach Australien zurückzukehren, mit mir im Schoß.

Als ich ungefähr vier Jahre alt war, hänselten mich die anderen Kinder im Kindergarten wegen meines französischen Vaters. In den 50er Jahren, so kurz nach dem Krieg, war es nicht gerade einfach für ein australisches Kind europäischer Einwanderer. Ich sprach damals etwas Französisch – gut genug für ein Kind meines Alters –, aber ich wurde damit so unbarmherzig aufgezogen, dass ich mich bald weigerte, auch nur ein Wort in dieser Sprache zu äußern.

Ich war ein unartiges Kind. Intelligent, aber eigensinnig in der Weigerung, an der Welt um mich herum teilzuhaben. Dieses Selbstbild verdankte ich meiner Grundschullehrerin, einer Nonne. Der Druck, den diese Frauen Gottes auf ihre Schülerinnen ausüben können, ist hinreichend bekannt. Den Nonnen, die mich in späteren Jahren unterrichteten, kann man nichts vorwerfen, sie waren begabte, fürsorgliche Lehrerinnen. Doch wenn man sechs oder sieben Jahre alt ist... Zwei Jahre lang redete man mir ein, dass meine Weltfremdheit etwas Schlechtes sei und dass ich dagegen ankämpfen müsse.

Wenn ich damals wieder einmal auf dem Baum, der auf dem Schulhof stand, von Ast zu Ast hüpfte (ich war Tarzan) oder dabei erwischt wurde, wie ich über das Schulgelände galoppierte (ein wilder Reiter), tadelten sie mein »undamenhaftes Verhalten«. Meine Schulkameradinnen beobachteten dann mit unverhohlener Neugier, wie ich mich schämte, und lernten an meinem Beispiel eine weitere Lektion. Eine Zeit lang versuchte ich mich anzupassen, konnte mich aber von meiner eigenen inneren Welt einfach nicht lösen. Ich fühlte mich schuldig und wagte nicht, es zuzugeben. Viele betrachteten meine Verträumtheit und Beziehungslosigkeit als Spinnerei. Da ich die raffinierten gesellschaftlichen Umgangsformen niemals verinnerlicht habe, fühle ich mich heute zwischen zwei Extremen gefangen – zwischen Stille und Schreien, Schweigen und Drauflosplappern – und dränge mich Leuten häufig auf unangemessene Art auf.

Noch immer werfe ich mir selbst vor, dass es egoistisch ist, in einer eigenen Welt zu leben und einfach nur zu träumen. Wo bleibt das Gemeinschaftsgefühl? Wo die Nächstenliebe? Warum, Gott, hast du mich so geschaffen? Warum habe ich, wie mein Großvater, morgens auf der Bettkante gesessen und nach jedem Kleidungsstück, das ich angezogen hatte, minutenlang ins Nichts gestarrt?

Es war meine Mutter, die mir sagte, dass ich meinem Großvater ähnele. Noch immer trage ich dieses quälende Bild aus meiner Kindheit mit mir herum: Sie steht an der Küchenspüle, unterbricht das, womit sie gerade beschäftigt ist, und dreht sich mit einem bedeutungsvollen Blick, der zugleich Betroffenheit und Nachsicht ausdrückt, zu mir um. Ich war damals nicht älter als sieben oder acht Jahre und kann mich nicht mehr erinnern, was ich gesagt oder getan hatte, um ihr diese Bemerkung zu entlocken.

»Ich kann mir dich schon in ein paar Jahren vorstellen, Michèle, als junge Frau, die zu mir sagt: ›Aber Mummy, ich liebe ihn und er liebt mich, außerdem hat er so schönes helles Haar und du solltest erst seine wunderbaren blauen Augen sehen!‹«

Später, als meine romantische und sentimentale Veranlagung mir Kummer bereitete, gab meine Mutter der Träumerin in mir die Schuld daran und erzählte von ihrem wenig pragmatischen und hypersensiblen Vater. Wenn ich dagegen etwas Kreatives tat, sprach sie von meiner intuitiven Gabe, von dem Poetisch-Visionären, das sie auf meine irische Abstammung zurückführte – also wieder auf meinen Großvater.

Durch reinen Zufall hatte der erste Junge, in den ich mich verliebte – derjenige, der mich auf meiner Reise zur pazifischen Insel begleitete – tatsächlich helle Haare und blaugrüne Augen und, wie so viele Australier, irische Vorfahren. Doch da sehnte ich mich bereits danach, über die mir bekannte Welt hinauszugelangen. Mein Hang zur Romantik ließ mir das Dunkle und Mysteriöse stets attraktiver erscheinen.

Ich habe mich oft gefragt, ob mein Fernweh etwas damit zu tun hatte, dass ich eine solche Träumerin war, oder ob es vielmehr auf meiner gemischten Herkunft beruhte. Die Eltern meiner Großmutter stammten aus der Toskana und auf der Seite meines Vater gab es eine Spur Deutsches, da ein Urgroßelternteil in Elsass-Lothringen zu Hause war. Sicher hat der uneinheitliche Stammbaum etwas mit meiner Suche nach dem »Anderen« zu tun.

Für meine Familie war es bestimmt nicht leicht, mit meinen Träumereien zurechtzukommen. Was tut eine Mutter mit einem Kind, das immer nur ins Gras oder in den Himmel starrt? Einem Kind, das regelmäßig das Geld verliert, mit dem es nach der Schule zum Einkaufen geschickt wird, oder das, wenn es den Weg bis zum Laden geschafft hat, nur mit der Hälfte der Sachen von der Einkaufsliste zurückkehrt? Wenn ich in meiner inneren Welt keinen Platz für die Dinge fand, die mir in der Realität begegneten, bedeuteten sie mir nichts. Ich weigerte mich einfach, ihre Existenz zur Kenntnis zu nehmen.

Da war zum Beispiel jener kleine Baum, der ungefähr auf halbem Weg zwischen unserem Haus und dem Einkaufszentrum stand. Ich hatte keine Ahnung, was für ein Baum es war, ich wusste nur, dass ich mich ihm verbunden fühlte. Ich war begeistert von seinen kleinen, spitz zulaufenden Blättern und vor allem von seinen Ästen, die sich auf bizarre Art verzweigten. Entlang der Straße wuchsen in regelmäßigen Abständen andere Bäume, aber dieser war der einzige seiner Art in der Gegend. Er war jung, wie man an seiner Größe und dem schlanken Stamm erkennen konnte, dennoch lag in den Runzeln seiner Äste und in der Art, wie sie sich drehten und wanden, etwas sehr Altes und Weises. Er wuchs nicht gerade in einer idyllischen Umgebung, im Gegenteil – er stand dort, wo der Fußweg auf die geschäftige Hauptstraße traf. Den ganzen Tag über rauschte fast pausenlos der lärmende Verkehr vorbei. Doch es gefiel mir, wie dieser Baum, so klein, jung, einsam und schön, sich gegen diesen Ansturm einer Blechlawine behauptete. Ich hielt oft auf meinem Weg an, um ihn einfach nur zu betrachten, und stellte mir vor, dass zwischen den dunklen Blättern bunt leuchtende Juwelen wie Früchte wuchsen. Sein Anblick entfernte mich jedes Mal weit vom Hier und Jetzt. Ich fragte mich, ob vielleicht Aladins Schatz auf solch einem Baum gewachsen war, bevor er ihn gefunden hatte. Erst. viele Jahre später erfuhr ich, dass es sich um einen Olivenbaum handelte.

Auch den Busch liebte ich sehr. Mit meiner Mutter und meiner Schwester verbrachte ich viele Schulferien bei Freunden in der Nähe von Coolah, auf der anderen Seite der Blue Mountains. Unser Vater arbeitete hart in einer Fabrik und konnte es sich nicht leisten, mit uns zu fahren. Als ich älter wurde, blieben der Busch und der Strand die einzigen Orte, an denen ich nicht das Gefühl hatte, im eigenen Land fremd zu sein. Selbst meine Schulfreunde waren fast alle kurz zuvor aus irgendeinem anderen Teil der Welt gekommen – aus welchem, war nicht wichtig – und sprachen wenig oder gar kein Englisch. Die meisten von ihnen fanden, nachdem sie sich erst einmal eingelebt hatten, ihre eigenen Freunde. Nicht so Kam Lau Yuan.

Yuan kam aus Kanton. Sie lehrte mich, wie man mit der richtigen Betonung auf Kantonesisch bis zehn zählt und wie man beim Essen die Stäbchen halten muss. Vor allem aber brachte sie Verständnis für meine Weltfremdheit auf, wofür ich ihr sehr dankbar war.

Verständnis war eine der »sieben Gaben des Heiligen Geistes«, wie wir in der Konventschule lernten, und ich bewunderte es mehr als alle anderen. Ich hatte das Gefühl, dass auch ich Verständnis würde entwickeln können. Und bestimmt würde mir das am besten gelingen, indem ich die weite Welt erkundete und viele andere Länder und Herzen kennen lernte.

Ich war achtzehn, meine Schwester vierzehn, als unser Vater starb. Es war am Ende meines ersten Jahres an der Universität. Am meisten vermisste ich seine Stimme. Dass mir sein Akzent fehlen würde, hatte ich nicht erwartet. Sein ganzes Wesen war in der Art, wie er gesprochen hatte, offenbar geworden, zumindest erschien es mir so in den kurzen Momenten der Erinnerung. Abgesehen von der unmittelbaren Trauer war es für uns drei Frauen auch ungewohnt, plötzlich keinen Mann mehr im Haus zu haben. Mein Vater war ein ruhiger und einfacher Mann gewesen. Als ich ihn verlor, hatte ich das Gefühl, als falle ich vom Rand der Welt hinunter.

Ich stürzte mich in mein Studium. Die folgenden drei Jahre versenkte ich mich in die französische Literatur und las mit Vorliebe die großen Romantiker des neunzehnten Jahrhunderts. Ich entwickelte eine Sehnsucht nach Exotik, ganz wie Flauberts arme junge Emma Bovary, mit der ich mich – was mir damals peinlich war – identifizierte. Nervals *Voyage en Orient* wäre ganz nach meinem Geschmack gewesen. Wir lasen es im letzten Jahr unseres Studiums, zumindest die anderen Studenten taten es. Ich war zu ungeduldig und las das Buch nie zu Ende. Zu der Zeit lag die Reise zur pazifischen Insel bereits hinter mir. Ich wollte mich einfach nicht mehr damit begnügen, nur in meiner Phantasie oder der eines anderen Menschen zu reisen.

Jetzt lebe ich in Perth. Das blaue Wasser im Hafenbecken, das ich aus meiner Kindheit kannte, ist dem durchsichtigen Blaugrün des Indischen Ozeans gewichen.

Ich unternahm eine weitere Seereise, nach Frankreich, um die Familie meines Vaters zu besuchen, dieses Mal auf einem italienischen Passagierschiff. Der Suezkanal war damals gesperrt, weshalb wir die längere Route über Amerika nahmen. Unterwegs legten wir in mehreren berühmten Häfen an: Fidschi, Pago Pago, Acapulco, Cristobal, Kingston ... Die Reise dauerte einen Monat. Ein Monat voller Wasser, Helligkeit und Farben. Und dann verliebte ich mich in einen Animateur, der auf dem Schiff arbeitete. Er war ein älterer Mann (ich war damals einundzwanzig), der mich auf Anhieb faszinierte:

charmant, energiegeladen, ein guter Sänger und … »fremd«.
Ich war verliebt, oder eher verzaubert. Und auch die multikulturelle Gesellschaft auf dem Schiff kam meiner Sehnsucht
nach exotischer Andersartigkeit sehr entgegen. Ich betrachtete sie als einen Vorgeschmack auf das, was ich in Europa
antreffen würde. Als ich schließlich dort ankam, war ich
begieriger darauf, Italienisch zu lernen, als mein Französisch
zu verbessern.

Ich versprach meiner Mutter, dass ich nach einem Jahr
zurückkehren würde. Doch es kam alles ganz anders und ich
blieb viele Jahre fort. Drei davon verbrachte ich in Frankreich, von wo aus ich, wann immer es möglich war, andere
europäische Länder besuchte.

Eine Weile lebte ich in der nordfranzösischen Stadt Amiens.
Es war ein Ort voll trostlosem, eintönigem Grau, wie eine alte
Leinwand, die mich herausforderte, meine eigenen Farben
aufzutragen. In Amiens nahm ich meine erste Stelle an: Ich
gab englische Konversationskurse an Schulen. Die Stadt
schien nur aus Nebel und dunklem Regen zu bestehen; sogar
das bisschen Schnee, das sich kaum von den schweren Wolken
des Winterhimmels abhob, wirkte schmutzig auf den Schie-
ferdächern der Häuser. Häufig entfloh ich all diesem Grau
und fuhr mit dem Zug zu meinen Großeltern, die weiter im
Süden wohnten.

Sens: eine märchenhafte Stadt. Sie liegt in einer wunderschönen Landschaft mit hügeligen Getreidefeldern und grünen Wäldern, die nur durch die beigen und braunen Steine der
Schlösser und Kathedralen, Städte und Dörfer unterbrochen
wird: Fontainebleau, Troyes, Joigny, Auxerre, Avallon. In der
Nähe lag auch Vézelay mit seiner schönen Abtei, die berühmt
ist, weil Richard Löwenherz von dort zu seinem großen
Kreuzzug aufbrach.

Dann verließ ich Amiens und zog nach Paris, wo ich zwei

Jahre lebte. Paris bot alles, was ich suchte, und noch mehr. Am liebsten hielt ich mich in der *Cité universitaire* auf, dem internationalen studentischen Wohngebiet am Stadtrand. In seinem riesigen Park standen mehrere Gebäude verstreut, von denen jedes ein unterschiedliches Land der Welt repräsentierte. Penny, eine australische Freundin, die in der *Maison Franco-Britannique* wohnte, lud mich oft zu Konzerten und Aufführungen ein. Wir freundeten uns mit ein paar Indern an und noch Tage, nachdem ich Rita Devi mit ihrer Gruppe in der *Maison d'Inde* gesehen hatte, versuchte ich ihre Schritte und Gesten nachzuahmen.

Ich besuchte auch andere Städte und Länder und jeder Ort bot mir seine eigenen Farben und Eindrücke. Meine Lieblingsstadt war Florenz. Ich liebte alles Italienische. Doch schon bald hatte ich es satt, nur als Touristin unterwegs zu sein. Ich wollte unbedingt in einigen dieser Orte eine Weile leben. Eine andere zu sein oder dem so nah wie möglich zu kommen: Das war meine Art, die Welt kennen zu lernen, mich lebendig zu fühlen. Abenteuer. *Aventure. Ad ventura.* Etwas, das auf einen zukommt oder auf das man selbst stößt. Ein Ereignis, das weit vom Alltag entfernt ist. Abenteuer muss man herausfordern. Wenn man lange an einem Ort bleibt, wenn man zu viel Vertrautheit zulässt, ist es fast unmöglich, Abenteuer zu erleben. Und meine Bestimmung war es, der Welt zu begegnen. Mit diesem einen Gedanken im Kopf war ich aufgewachsen.

Dann flog ich nach Nordamerika.

»Ich werde dich nie mehr wiedersehen«, meinte meine Großmutter, als ich mit ihr und meiner Tante auf dem menschenleeren Bahnsteig des kleinen Bahnhofs von Sens stand. Es ist genau wie damals, als dein Vater mit deiner Mutter nach Australien aufgebrochen ist. Nach dem Krieg ist er nur zurückgekommen, um wieder fortzugehen, und damals, als wir uns an genau diesem Platz verabschiedet haben, wusste ich, dass er nicht mehr zurückkehren würde.«

Es stimmt, mein Vater war niemals mehr zurückgekehrt. Er war völlig unerwartet an Krebs gestorben, gerade als meine Eltern sich überlegt hatten, dass sie sich bald für uns alle eine Reise nach Frankreich würden leisten können.

Nun war ich zu einem weiterführenden Studium der französischen Literatur an einer Universität in den Vereinigten Staaten zugelassen worden. Für mich bedeutete das, wieder ein anderes Land kennen zu lernen, eine andere Art, die Dinge zu sehen. Ich wollte auf jeden Fall zurückkehren. Natürlich würde ich meine Familie wiedersehen.

»Unsinn«, beschwichtigte meine Tante die Großmutter, noch ehe ich antworten konnte, »sie wird schon wiederkommen.«

»Das nächste Mal bringe ich einen Ehemann mit«, scherzte ich, » . . . und die ersten Enkelkinder.« Doch Mémé insistierte. »Es ist das letzte Mal, dass dein Großvater und ich dich sehen, das weiß ich«, sagte sie zu mir, ». . . *la dernière fois*.« Bei den letzten Worten musste sie die Stimme heben, da in diesem Moment der Schnellzug nach Paris vorbeidonnerte. »Aber natürlich komme ich wieder«, hörte ich mich in der darauf folgenden Stille antworten. Als mein Zug einfuhr, stieg ich ein und drehte mich in der Waggontür noch einmal um. »Höchstens ein paar Jahre«, versprach ich ihnen. Der Zug fuhr an. »Viel Glück, Michèle!«, rief meine Tante mir nach.

Doch Mémé sollte Recht behalten. Ich schaffte es nicht mehr, rechtzeitig zurückzukommen. Meine Großeltern starben, bevor ich die Heimat meines Vaters wiedersah.

Als ich nach meinem Flug von Paris nach New York die Ankunftshalle des Kennedy-Flughafens betrat, war ich dreiundzwanzig Jahre alt. Obwohl ich im Mittleren Westen studieren würde, konnte ich mir nicht vorstellen, irgendwo anders in den USA zu landen als in ihrer berühmtesten Stadt. Es war Nacht. Leider konnte ich beim Landeanflug keinen Blick auf die Freiheitsstatue erhaschen, aber die hell erleuchteten Bürotürme waren auch sehr beeindruckend. Nach ein paar Tagen Aufenthalt in New York – mehr konnte ich mir nicht leisten – machte ich mich auf in Richtung Westen.

Ich war eine eifrige Studentin, wie ein Kind, das sich darauf freut, neue Dinge zu lernen. Geschichten über Studenten, die die besten Jahre ihres Lebens damit verbrachten, auf einen höheren Abschluss hin zu studieren, ignorierte ich einfach. Ich hatte in Frankreich meinen Magister gemacht, ohne aufgehalten zu werden. Warum sollte ich jetzt also viel Zeit brauchen? Die Studenten, über die solche Geschichten erzählt wurden, hatten mit Sicherheit irgendwelche Probleme. Und wenn es denn tatsächlich länger dauern würde als erwartet, würde das für meine Kommilitonen schließlich auch gelten. Doch dann fing die Zeit an, ihren Tribut zu fordern.

Noch bevor ich meine Doktorarbeit beendet hatte, musste ich einen Vollzeitjob annehmen. Ich arbeitete von drei Uhr nachmittags bis Mitternacht in der Universitätsbibliothek, sonntags und montags hatte ich frei.

Damals hatte ich wieder einmal das Gefühl, zu viel Zeit an einem Ort verbracht zu haben, der mich nicht interessierte. Ich wurde immer niedergeschlagener und bekam gar nicht mehr richtig mit, was um mich herum geschah. Ich spürte ganz deutlich, dass ich nicht in diesen Teil der Welt gehörte – auch wenn ich nicht wusste, was die Alternative gewesen wäre. Langsam und schleichend wurde es mir immer unerträglicher und ich fing an, mich hängen zu lassen.

Und dann kamen die Araber.

Sie hatten sich als Studenten verkleidet. Männer, die keine

Freundinnen hatten. Anfangs gab es nur einige kleinere »Überfallkommandos«, aber dann wurden es immer mehr. Ihre Ankunft verursachte ein Chaos auf dem Campus. Die Arabischkurse für Anfänger an der Fakultät für Orientalistik waren in den ersten Wochen total überfüllt, da die amerikanischen Frauen schnell die schwierige Sprache ihrer neuen Freunde lernen wollten. Im zweiten Semester, als die ersten Beziehungsprobleme bereits ihren Tribut forderten, reduzierten sich die Klassen auf ein Drittel. Insbesondere nach der Revolution im Iran kamen auch etliche Perser an die Universität, aber sie hatten nicht diese Wildheit der Araber.

Durch meinen Bibliotheksjob war ich mit meinem Studienabschluss nicht so schnell vorangekommen, wie ich eigentlich vorgehabt hatte. Als ich anfing, wieder ganztägig an meiner Doktorarbeit zu schreiben, zog ich in das internationale Wohnheim der Universität. Doch welche Perspektive hätte mir die ganze Schufterei eröffnet? Einen unsicheren Universitätsposten, den man sich ebenfalls hart würde erarbeiten müssen? Im besten Fall ein sesshaftes Leben in irgendeiner grünen Universitätsstadt. Sicher. Kleinbürgerlich. Sollte das alles sein? An diesem Punkt musste ... konnte mein »*aventure*« nur ... Omar sein.

Gegenwart: in Mu'tah

Die Heimfahrt von Shareens Haus in Karak zu Omars Wohnung auf dem Campus der Universität Mu'tah scheint ewig zu dauern. Ich bin müde. Es ist spät und bei der Dunkelheit gibt es nicht viel zu sehen. Endlich werden wir auf dem Parkplatz abgesetzt. Wir verabschieden uns und gehen über den schmalen Steinweg durch den Lavendelgarten. Dann wünscht Sahr uns eine gute Nacht und begibt sich zu Samiras Haus nebenan, wo sie die Nacht verbringen wird.

Die Apartments in diesem Teil des Campus sind alle gleich: ebenerdig und nicht sehr groß, es gibt ein Schlafzimmer, ein Wohnzimmer, Küche und Bad. Das Schlafzimmer ist sehr klein und wird fast ganz von einem riesengroßen Bett ausgefüllt. Es ist schlicht gebaut und hat ein rechteckiges Kopfteil aus hellem Holz. Dass der Raum so klein ist, stört mich überhaupt nicht. Wenn man sich nicht gerade anziehen muss, ist man sowieso *im* Bett, das wiederum nur für zwei Dinge da ist: schlafen und Sex. Niemand geht hier tagsüber ins Schlafzimmer, außer zum Putzen. Zu Hause in Australien habe ich oft im Bett noch gelesen. Hier nicht. Es gibt nur ein schwaches Licht an der Zimmerdecke, das noch weiter heruntergedimmt werden kann, aber keine Leselampe am Bett. Zu Hause lümmele ich am Wochenende auch gerne noch eine Stunde mit meinem Frühstück und einem guten Buch im Bett herum. In dieser Wohnung, aber auch im Haus von Omars Familie (obwohl es dort keine Betten gibt, sondern Bodenmatratzen, die jeden Abend ausgelegt werden), würde man nur im Bett essen, wenn man ernsthaft krank ist.

Ein Mann mag hier wie auch im Dorf gelegentlich ausschlafen – nach einer langen und anstrengenden Reise vielleicht, nach einer ausgedehnten Liebesnacht oder einer Nacht, in der er mit seinen Freunden Karten gespielt hat. Doch eine Frau steht immer bei Sonnenaufgang auf. Sie würde niemals verschlafen. Es gibt viele Aufgaben, die im Hier und Jetzt erledigt werden müssen, Kochen, Saubermachen, Nähen. Die Unmittelbarkeit solcher Arbeiten gibt den Frauen ein gewisses Gefühl der Kontrolle, zumindest für den jeweiligen Tag.

Jeden Morgen, gleich nachdem Omar in sein Büro gegangen ist, klopft Sahr an die Hintertür. Ich stehe dann auf und lasse sie herein. Sie hat bereits Samiras Bett gemacht und ihr Schlafzimmer und dann die Küche in der anderen Wohnung aufgeräumt. Die Küchen sind so groß, dass es genug Platz zum Kochen gibt. Wir beginnen gemeinsam unseren Tag, indem wir Frühstück machen, wobei unsere *khofái* – Pantoffeln, die man draußen oder in Küchen und Badezimmern trägt – auf dem gefliesten Boden klappern. Omar trägt Pantoffeln aus weichem Leder, so dass ich ihn nicht höre, wenn er sich sein Frühstück macht, bevor er aus dem Haus geht.

Sahr ist fast den ganzen Tag mit Spülen, Waschen, Staubwischen und Putzen beschäftigt. Omar mag es, wenn die Wohnung tadellos sauber ist. Wenn er allein ist, macht er alles selbst. Er hat dafür keinen besonderen Plan, sondern er putzt immer mal wieder ein bisschen oder wischt Staub. Es kann vorkommen, dass er sich in Anwesenheit von Gästen über den Wohnzimmerteppich beugt, um kleine Fussel aufzupicken, die außer ihm niemand bemerkt hat. Doch wenn Sahr zu Besuch ist, muss sie fast genauso viel arbeiten wie zu Hause. Ich helfe ihr, wasche ein paar Kleider, spüle die Teller, mache Tee für uns und für Gäste, aber irgendwann habe ich nichts mehr zu tun.

Am Nachmittag macht Sahr eine Pause, um sich auszuruhen. Dann legt sie eine Kassette mit den neuesten Liedern eines ägyptischen oder libanesischen Sängers auf und wir tanzen dazu. Anschließend besuchen wir eine der vielen Freundinnen, die sie so schnell gefunden hat, meist die Frauen von Verwaltungsbeamten, deren Familien wie sie selbst aus dem Norden stammen. Sie amüsieren sich über ihren Dialekt (den sie selbst eher zu unterdrücken versuchen), lachen sogar offen darüber, erzählen mir auf Englisch, was für seltsame Wörter Sahr benutzt, und fragen, ob ich die Bedeutung kenne. Ich lache mit ihnen und nicke, wenn mir ein Wort aus dem Dialekt des Dorfes bekannt ist, oder lerne ein neues. Auch Sahr lacht mit und fühlt sich kein bisschen unbehaglich dabei. Die meisten der Frauen wissen, dass sie nicht lesen und schreiben kann, aber sie sind froh über ihre Gesellschaft und scheinen stolz darauf zu sein, sie zu kennen.

Auch hier wird Sahr, genau wie in ihrem Heimatdorf, ständig mit dem Thema Heiraten aufgezogen. Ich bin sicher, dass man sie in Kufr Soum niemals in Ruhe lässt. Wann ist deine Hochzeit? Was! Eine große Nase? Der alte »Sheikh« Mohammed im Lebensmittelladen? Komm, Sahr, mach dich nicht über deinen zukünftigen Ehemann lustig!

Ich selbst habe sie einmal, kurz nachdem ich sie kennen gelernt hatte, auf das Heiraten angesprochen. Wir waren auf dem Rückweg von der Nachbarstadt, wo wir einen Arzt besucht hatten, nach Kufr Soum. Sie hatte über seinen Ratschlag gewitzelt, sich einen begehrten Junggesellen zu suchen.

»Warum heiratest du nicht Dr. Nabil, Sahr?«, wollte ich sie, halb im Scherz, fragen »er ist noch zu haben.«

Doch mit meinen Arabischkenntnissen war ich noch nicht über einzelne Wörter und Namen hinausgekommen. Ich konnte keinen vollständigen Satz zustande bringen, geschweige denn eine Frage. »Enti ... zowaj ... Dr. Nabil ...« (Du ... Ehemann ... Dr. Nabil) war alles, was ich hervorbrachte. Sahr krümmte sich vor Lachen.

»Shou?! Dr. Nabi?! Fakrak kwäiss illi Mishaal?« (Was?! Dr. Nabil?! Findest du ihn etwa nett, Mishaal?) Sie spricht meinen Namen stets mit dem langen arabischen alif aus.

»Bitakhdhi Dr. Nabil lo ma khatbai Omar?« (Willst du lieber Dr. Nabil heiraten als Omar?)

Sahr warf mir beim Sprechen bedeutungsvolle Blicke zu, die zunehmend verschmitzter wurden und mich an die Blicke erinnerten, mit denen Omar mich manchmal bedachte.

»La. Enti, Sahr. Enti.« (Nein. Du, Sahr. Du.)

Erheitert erwiderte sie mit hoher Stimme: »*Qasdak ana? lama tuqoum naqat Salah*!« (Ach, du meinst mich? Da kannst du warten, bis du schwarz wirst!) Doch gleich darauf wurde sie ernster. Und noch während ich mir Mühe gab, ihre Worte zu übersetzen, sprudelte sie los:

»*Dr. Nabil rajul tayeb. Hou ishajani azzowaj mishaan sahati. Kul wahed laazim ykoun endou rafiik. Wa hou baraf ana ba:malhaash* . . .« (Er ist ein sehr freundlicher Mann, Dr. Nabil. Und ich bin sicher, dass er mich ermutigt zu heiraten, weil es gut für meine Gesundheit wäre. Kein Mensch sollte ohne Partner leben, sagt er zu mir. Aber er weiß, dass ich es nicht tun werde. Über das Thema haben wir schon gesprochen. Um nichts in der Welt werde ich . . .)

»*La*. Hör auf. Du sprichst zu schnell. Ich verstehe nichts von dem, was du sagst. Noch mal! *Kaman*?«

»*Osdah tayeb. Wa lakim nhou baraf ani mish rayiiha atzowaj hada msh wa ummi mariida. Okhti bitaqdar tatzowaj al mouhim :andi aadiir baali:ala ummi* . . .« (Er ist ein guter Mensch, aber er weiß, dass ich niemanden heiraten werde. Auf keinen Fall würde ich heiraten, solange meine Mutter so krank ist. Meine Schwestern können heiraten. Aber ich will mich um meine Mutter kümmern. Nur das ist mir wichtig.)

Sie war erstaunlich geduldig, wenn ich sie bat, alles noch einmal langsam zu wiederholen. Meine Enttäuschung darüber, dass ich die Feinheiten nicht mitbekam, die Nuancen und Färbungen jedes Wortes und Satzes, überwog ihr Unbehagen, sich bei diesem sensiblen Thema wiederholen zu müssen. Sie schien sogar gern mit mir darüber zu sprechen, auch wenn ich vieles nicht mitbekam. Nach mehreren Variationen zu dem Thema und mit Hilfe von Gesten und Mimik, waren wir etwas vorangekommen, so dass ich schließlich das Wesentliche verstanden hatte, dass nämlich ihrer kranke Mutter eine große Rolle dabei spielte, welches Leben sie führte. Das war nicht das, was man mir erzählt hatte. Omar selbst hatte mir gesagt, dass Sahr mit achtundzwanzig Jahren schon zu alt zum Heiraten sei. Zumindest zu alt für eine gute und rentable Heirat. So, meinte er, sähen es die meisten der Dorfbewohner. Doch seit jenem Gespräch hatte ich immer das Gefühl, dass sie die Entscheidung, zu Hause bei ihrer Mutter zu bleiben, selbst gefällt hatte. Erst viel später sollte Omar mir etwas erzählen, was diese Einschätzung bestätigte.

So wird Sahr wohl niemals heiraten ... und wird sogar auf Hochzeitsfeiern in Karak eingeladen, das so weit von ihrem Heimatdorf entfernt liegt. Allerdings wird sie an der abschließenden Hochzeitszeremonie in zwei Tagen nicht teilnehmen. Omar und ich sind die offiziellen Gäste und in dem Auto seines Kollegen ist nur Platz für uns zwei.

Wenn wir irgend etwas außerhalb von Mu'tah unternehmen wollen, sind wir immer darauf angewiesen, dass uns jemand im Auto mitnimmt und wieder zurückbringt. Omar scheint das nicht zu kümmern. Er nimmt alle Einladungen an, egal wie weit entfernt der Ort ist, als sei er sicher, dass sich eine Fahrgelegenheit finden werde. Beim letzten Mal hatte uns Muammar zur Hochzeitsgesellschaft mitgenommen. Heute Abend war es ein anderer Bekannter und beim nächsten Mal wird es wieder jemand anders sein.

Omar muss niemals um etwas bitten. Er bekommt von seinen Freunden alles, was er braucht, und bietet als Gegenleistung seine Gesellschaft an. Natürlich macht er sich auch Gedanken darüber, wie er sich revanchieren kann. Alles beruht hier auf Gegenseitigkeit.

Liegt es an dem Verantwortungsgefühl, das er seiner Familie gegenüber empfindet, dass er jeden Besucher willkommen heißt, als sei er ein verloren geglaubter Freund? Niemand, der zu einer beliebigen Tages- oder Nachtzeit an Omars Tür klopft, wird jemals den kurzen Moment stiller Aufmerksamkeit wahrnehmen, in dem er sich auf die Begegnung mit einem anderen Menschen vorbereitet. Und mit Sicherheit wird er niemals die Worte hören, die er gelegentlich murmelt, wenn er ausnahmsweise schlecht gelaunt ist: »*Couss ummak*!« Wenn er dann mit finsterem Gesicht zur Tür geht, weil wieder einmal jemand seine Privatsphäre gestört hat, sie öffnet und feststellt, dass du es bist, könnte sein Lächeln nicht wärmer sein. Und während er den Willkommensgruß wiederholt, langsam und schnell, in hoher und tiefer Stimmlage: »*Ahléyn! Ahle-e-e-eyyn, áhlen áhlen áhlen, fooot, ahleeeyn, áhlen*!«, könnten seine Augen nicht mehr echte Freude ausstrahlen. Ist es nicht seine Pflicht, einen Besucher freundlich zu empfangen?

Trotz der modulationsreichen Wiederholungen klingt Omars tiefe Stimme, wenn er einen begrüßt, stets überzeugend. Es ist keine gespielte Offenheit oder Überschwänglichkeit. Er macht keine übertriebenen Gesten, im Gegenteil, er geht eher sparsam damit um. Die ganze wirklich empfundene Freude ist in seinem Lächeln und im Strahlen seiner Augen abzulesen. Der zweite Teil der Begrüßung – *wa sáhlen* (fühl dich wie zu Hause) – wird sofort in die Praxis umgesetzt, indem er dir einen Platz auf der Couch zuweist und die Kissen aufschüttelt, bevor du dich hinsetzt. Dann stellt er Schalen mit Nüssen oder Obst auf den Tisch, strahlend über sein Glück, dass ausgerechnet du ihn besuchen gekommen bist.

So spielte es sich auch stets ab, wenn ich an die Tür seines Zimmers in dem amerikanischen Studentenwohnheim klopfte. Ob er mich erwartet hatte oder nicht – wenn er die Tür öffnete, hatte ich immer das Gefühl, dass für ihn niemand außer mir mehr existierte. Erst bei meinem ersten Besuch in seiner Heimat erkannte ich, dass er alle seine Besucher so begrüßte.

Das war vor sieben Jahren. Jetzt bin ich zum vierten Mal hier und es ist gleichzeitig der zweite Besuch, seit wir vor fünf Jahren geheiratet haben.

Jordanien ist das erste Land des Mittleren Ostens, in das ich reiste, und das einzige. Mein erster Besuch hatte nicht lange gedauert, ich wollte nur Omars Familie kennen lernen und die Welt, in der er lebt. Er war bereits vor mir nach Hause geflogen und hatte sein Haus für meine Ankunft vorbereitet. Es stand damals außer Frage, dass ich bei ihm wohnen würde. Ich musste mich zwar in den USA, wo ich seit ein paar Jahren lebte, noch um einige Dinge kümmern, und wollte auch noch meine Familie in Australien besuchen, aber wir vereinbarten, dass ich später wiederkommen und bleiben würde.

Gegen Ende jenes zweiten Besuchs, viele Monate später, heirateten wir. Wir beschränkten uns auf die reinen Formalitäten und es gab keinerlei Feierlichkeiten. Bald danach reisten wir zusammen wieder ab, diesmal nach Großbritannien, wo Omar sein Englischstudium fortsetzte. Aber ich nehme zu viel vorweg. Es sei nur gesagt, dass ich danach noch zweimal nach Jordanien reiste, beide Male von Australien aus.

Es ist merkwürdig, jetzt, da wir getrennt leben, mit ihm eine Hochzeitsfeier zu besuchen. Warum bleibe ich nicht hier, wo wir doch Mann und Frau sind? Warum komme ich immer wieder, wenn wir doch nicht mehr zusammen sind? Dieses Land, so exotisch und doch so vertraut in seiner Fremdheit, ist meine zweite Heimat geworden. Ich kehre immer wieder zurück, und wenn eine Reise in der Realität nicht möglich ist, dann unternehme ich sie in meiner Phantasie. Flucht? Ja, und meine Träumerei unterscheidet sich nicht sehr von Omars Eigenart, sich zu entziehen. Darin passen wir gut zusammen. Wir entziehen uns einander, fliehen und bewegen uns wieder aufeinander zu. Doch für uns beide gibt es darüber hinaus noch etwas, etwas, das es uns ermöglicht, zu träumen und das zugleich Teil dieser Träume ist. Manchmal denke ich darüber nach, was wir wohl gemeinsam hätten erreichen können – und dann wieder frage ich mich, ob wir es nicht bereits erreicht haben. In den letzten Jahren verbrachten wir mehr Zeit voneinander getrennt als miteinander. Und mit der Zeit wird die geographische Entfernung zwischen uns immer größer, sogar der Traum wird immer schwächer.

Doch begleiten Sie mich ein Stück in die Vergangenheit. In zwei Tagen werden wir noch einmal zur Hochzeitsfeier fahren. Die Feierlichkeiten können warten – sie dauern über Tage an und es wird uns nichts entgehen.

Vergangenheit: Anfänge

Omar.

Omar Haatem Al-Khaled Al-Eihab.

Er wird diesem bedeutenden Namen durchaus gerecht. Wie andere arabische Namen geht er zurück auf seinen Vater, seinen Großvater und seinen Urgroßvater, bis die einzelnen Individuen sich auflösen und das Ganze bei einem frühen Patronymikon zum Stillstand kommt, das wiederum von irgendeinem berühmten Vorfahren an den ganzen Clan weitergegeben worden ist.

Es ist nicht sein richtiger Name. Ich fragte ihn in einem Brief, wie er genannt werden wolle, und dies ist die Auswahl, die er mir zurücksandte: Omar, Haatem, Khaled und Eihab. Ich habe sie alle zusammengefügt, in der Reihenfolge, wie er sie mir nannte.

Ich glaube, als ich Omar das erste Mal begegnete, war er nicht er selbst. Ich vermute, dass er krank war. Er saß mir schräg gegenüber an einem der langen Tische in dem riesigen Speisesaal – auf dem Campus jener großen Universität im Mittleren Westen, an der wir beide studierten. Um uns herum saßen eine Menge anderer Studenten beim Mittagessen, von denen sich die meisten unterhielten. Omar sagte nichts und hielt den Blick auf den Tisch gerichtet, verächtlich, wie es schien. Als ein Kommilitone mich ihm vorstellte, sah er auf, stieß ein kurzes »Hallo« hervor, wobei er mit dem Kopf nickte, und senkte den Blick wieder.

Der Teller vor ihm war kaum angerührt, es lagen nur ein paar Krümel und Brocken darauf, als hätte er von dem ein oder anderen abgebissen und es dann wieder dort abgelegt, wo seine Hand gerade hingefallen war. Obwohl sein Blick gesenkt war, hielt er den Kopf, der auf einem ungewöhnlich langen Hals saß, hoch erhoben. Er wirkte in jeder Hinsicht gut proportioniert und er war größer als die meisten anderen arabischen Studenten. Später erfuhr ich, dass sie ihn liebevoll »die Giraffe« nannten.

Er schob den Teller mit einem Seufzer von sich. Wir saßen im Raucherbereich des Speisesaals und er lehnte sich zurück und zündete sich eine Zigarette an. Er rauchte und beantwortete unwillig die Fragen des Kommilitonen neben ihm. Der andere verstand seine kurzen, auf Arabisch gemurmelten Bemerkungen offensichtlich nicht und bat ihn, sie zu wiederholen. Omar tat es, wobei er die Stimme ein bisschen anhob und dabei ausatmete, als ob ihm die Anstrengung des Sprechens alle Luft aus den Lungen nähme. Auch seine Gesten wirkten abweisend. Sein Gesicht sah verhärmt aus und er hatte tiefe Augenringe.

Es dauerte Wochen, bis ich Omar das nächste Mal sah, und ich erkannte ihn kaum wieder. Wir begegneten uns in der Eingangshalle und er rief mir einen Gruß zu. Seine Augen, sein Gesicht, seine Gesten, alles schien an dem großzügigen Lächeln, das er mir zuwarf, teilzuhaben. »Hallo, du lebst also noch?«, zog ich ihn auf. Kurz bevor er in den Aufzug stieg, antwortete er: »Ich war weg.« Später erfuhr ich von seinen

Freunden, dass er nach Hause geflogen war. Er hatte einfach einen Flug gebucht, ohne jemandem etwas davon zu erzählen, und dadurch fast sein Stipendium verloren.

Das Wohnheim für die Graduierten beherbergte Studenten aus aller Welt. Es war eines der größten Häuser auf dem Campus, mit zwölf Stockwerken, auf denen sich jeweils vier Flügel befanden, zwei für Männer und zwei für Frauen. Viele der Amerikaner, die dort wohnten, freuten sich darüber, Studenten aus verschiedenen Ländern kennen zu lernen. Und für die Ausländer bot der Ort einen gewissen Schutz; er wirkte wie eine Pufferzone zwischen ihrer eigenen Welt und der, die sie gerade betreten hatten. Dort traf man seltener Leute, die einem erzählten, wie privilegiert man war, dass man im großartigsten Land der Erde studieren durfte. Das Wohnheim hatte auch den Ruf, dass es dort häufig hoch herging und man viel Spaß haben konnte. Fast jede Woche wurden Partys gefeiert, die meistens in dem riesigen Speisesaal stattfanden.

Und noch etwas anderes passierte im Durchschnitt alle zwei oder drei Jahre. Entweder handelte es sich um Einzelfälle oder ganze Serien. In den meisten Fällen waren es Studenten, die von weither kamen. Kurz bevor ich auf dem Campus ankam, hatte eine schöne junge Afrikanerin es getan. Ich erinnere mich nicht, ob sie sprang wie die anderen oder Gift nahm. Offensichtlich hatten viele sie gekannt, wenn auch nur wenige von ihnen gut, wie sich nachher herausstellte.

Omar hatte seiner Familie nicht erzählt, dass er nach Hause kommen würde. Mit Mitfahrgelegenheiten und öffentlichen Verkehrsmitteln legte er den ganzen Weg von der Hauptstadt bis in sein Heimatdorf im Norden zurück, wo sein Erscheinen für große Überraschung sorgte. Seine Familie war nicht glücklich über seine Rückkehr, vor allem sein Vater. Abwechselnd versuchten sie ihn zu bearbeiten, zu überzeugen, ihm zu drohen, ihm gut zuzureden und innerhalb von drei Wochen buchten sie ihm einen Flug zurück in die Vereinigten Staaten. Um sicherzugehen, dass er auch wirklich abflog, begleiteten sie ihn zum Flughafen. Der Vater, die Brüder, Schwestern, Cousins und Cousinen, Freunde, sogar Nachbarn, alle nahmen sie die lange Busreise zum Queen Alia Airport auf sich, wo sie ihn förmlich ins Flugzeug schieben mussten.

Kurz nach seiner Rückkehr lernte er Heidi kennen. Sie hatte einen hellen Teint, kurzes, blondes Haar und eine offene, etwas einfältige Art. In ihrer erfrischenden, fast naiven Überschwänglichkeit erzählte sie mir, dass sie sich stark zu Omar hingezogen fühlte. »Er sieht so gut aus. Von allen Männern hier würde ich ihn am liebsten kennen lernen.« »Das kann ich gut verstehen«, antwortete ich und dachte daran, wie anders er jetzt aussah. »Dann leg mal los.« Und das tat sie. Im darauf folgenden Sommer waren sie bereits verlobt. Doch schon im nächsten Jahr war es aus zwischen ihnen. Ich war fortgegangen mit dem Gedanken, nicht wiederzukommen. Als ich dann doch zurückkehrte, noch immer nicht fertig mit der Doktorarbeit, war Heidi von der Bildfläche verschwunden. Ihr Vater hatte Omar gedroht: »Komm nie wieder in die Nähe meiner Tochter!« und Omar erzählte mir: »Ich habe ihn verflucht und mir gewünscht, dass er Krebs bekommen möge.« Noch lange nachdem sie fortgegangen war, reiste Omar in ihre Heimatstadt, die in einem benachbarten Staat lag, und fuhr vor dem Haus ihrer Familie die Straße auf und ab. Später erfuhr er, dass sie zur Navy gegangen war.

Damals machte Omar keinen Hehl aus dem Kummer, den er wegen der Trennung empfand. Ein- oder zweimal sah ich, wie er weinte, ohne sich um die Leute zu kümmern, die an ihm vorbeiliefen. Die Amerikaner und die meisten anderen westlichen Studenten dachten wohl, er sei verrückt geworden.

»Was für ein Trottel!«, sagte eine junge Schottin, als sie an ihm vorbei zum Fahrstuhl ging. Seine arabischen Freunde hatten mehr Verständnis und versuchten ihn aufzuheitern, was ihnen aber nicht gelang.

Wir waren uns sympathisch und begannen, regelmäßig mit ein paar Freunden auszugehen. Bald darauf lud Omar mich in sein Zimmer ein, wo er kleine Mahlzeiten für uns zubereitete: Fladenbrot mit *za:'ter*, einer duftenden Mischung aus Sesamsamen und einem Kraut, das wildem Thymian ähnelt. Er streute es auf einen kleinen Teller, in den wir unsere mit Olivenöl bestrichenen Brotstücke drückten. Er machte auch *hummus* und *mtebel,* ein Auberginenmus, das man im Westen eher unter seinem ägyptischen Namen *baba ghanoush* kennt. Dann fing er an, ganze Menüs für uns zu kochen, auf einem dieser kleinen Campingkocher, die man in Studentenwohnheimen eigentlich nicht benutzen durfte. Während des Essens erzählte er mir häufig von seinem Heimatdorf.

»... Die Weinrebe ist sehr kräftig und alt und neben der Rebe wächst ein Granatapfelbaum. Es sind zwei sehr schöne Bäume. Ich weiß, dass sie dir gefallen würden. Sie stehen neben dem Haus, in der Nähe der Küchentür. Der Platz ist klein, nicht wie auf der Vorderseite des Hauses, wo die Besucher hereinkommen. Und ruhig, nur für die Familie, weißt du? Und es gibt ganz viel Schatten. Ohhh ... es ist so schön, dort zu sitzen und Minztee zu trinken. Nicht sitzen, wie ihr es tut, sondern so. Wie nennt man das, wenn man auf den Fersen sitzt?«

»Hocken?«

»Ja, hocken, weißt du? ... und Tee aus einem Glas trinken, eine Zigarette rauchen und sich mit Mutter unterhalten oder mit meinem Bruder oder meinen Cousins, die neben uns wohnen. ... Ohhh, es ist so schön ...« Dann machte er eine Pause, während sein Geist von der Erinnerung fortgetragen wurde und ich von seinen Worten.

Beim Erzählen wechselte Omar unvermittelt zwischen persönlicher Erinnerung, Geschichte und Dichtung. Der Garten. Das Haus. Das Dorf. Jede Pflanze, jedes Zimmer, jede Straße hatte ihre eigene Geschichte, die er bestens kannte. Diese flocht er in bedeutendere geschichtliche Ereignisse ein und verband alles miteinander. Da ging es um eine von einem Kalifen verlorene oder gewonnene Schlacht, Heldentaten von Herrschern und Kriegern, Vorkommnisse aus dem Leben des Propheten.

In diesen märchenhaften Stunden erfuhr ich, wie seine Schwestern aus den Blättern der Weinstöcke *dowali* herstellten; dann – fast im selben Atemzug –, wie Salah Ad-Diin und seine Gefolgsleute die Schlösser der Kreuzritter eingenommen und noch eindrucksvollere erbaut hatten, er erzählte mir von den prächtigen Ausblicken von den Wällen dieser Schlösser: Karak, Ajlun...

Omar liebte und bewunderte die klassischen arabischen Dichter, die die arabische Vergangenheit verherrlicht und mythologisiert hatten und nun selbst diesem Mythos und Ruhm angehörten. Einmal unterbrach er sich mitten in der Schilderung eines historischen Ereignisses selbst und sagte: »Ooh! Warte. Es gibt ein Jagdgedicht darüber. Wie ging das noch? Ja, das ist es, ich glaube...« Er hielt die Hand hoch, den Daumen an die Spitzen der gekrümmten Finger gelegt, als biete er etwas Kleines und Delikates an, und senkte sie, das Versmaß leicht unterstützend, zusammen mit der Stimme.

Qad aghtadi wa l-laylu fi maswáddihi
Oft gehe ich hinaus am frühen Morgen, wenn die Nacht noch schwarz ist,

wardun yuráqqi l-tayra fi munquáddihi
ein dunkles Braun schickt bei seinem Anbruch die Vögel in
den Flug.

Wenn er ein Gedicht rezitierte, verlor er sich in den Versen
und begab sich in eine andere Welt. Diese Art der Hingabe zog
mich in seinen Bann. Mühelos sprach er berühmte Verse und
Strophen, zum Beispiel die von Antar Ibn Shadaad. Der Held
spricht, an seine Geliebte gerichtet, von seiner letzten Erinnerung, bevor er in der Schlacht fällt:

Haqad thakartuki wa alsiiyouf nawaahilou mini
Ich habe an dich gedacht, als die Schwerter mich durchbohr-
ten

wa biyd al hind taqtor min dammi
und die Speere von meinem Blut troffen.

Es geschah während einer dieser Vorträge, dass wir uns zum
ersten Mal berührten. Wenn wir uns liebten, kam es mir vor,
als tauchte ich in die Tiefe seines Herzens und seiner Sehn-
süchte ab. Er erfüllte mich mit der Liebe zu seiner Heimat.

Die Zimmer im Wohnheim waren klein und spartanisch ein-
gerichtet: Es gab ein Bett, einen Tisch, einen kleinen Schrank
und eine Kommode. Omar war es gelungen, sein Zimmer völlig zu verwandeln – mit großen Kissen auf dem Bett, Pflanzen
auf dem Fensterbrett und bunten Bildern, Polstern und Fotos
an den Wänden. Von Anfang an wurde mein Blick immer wieder von einem Foto einer seiner Schwestern angezogen, das
kurz vor ihrer Hochzeit gemacht worden war.
    Aisha. Ich fand sie wunderschön und war von dem Foto fas-
ziniert. Sie trug ein langes samtenes Gewand in einem tiefen,

satten Blau mit einer verschlungenen Goldstickerei auf der Vorderseite, am Saum und an den Ärmelaufschlägen. Auf dem Kopf trug sie ein langes Tuch aus einem seidigen Stoff in ähnlicher Farbe, dessen Enden sie lose über Hals und Schultern geschlungen hatte. Die goldbestickten Kanten boten einen wunderschönen Kontrast zu ihren mit *kohl* umrandeten Augen. Sie stützte sich mit dem Ellenbogen an einer Topfpalme ab und hatte die Hand an die Schläfe gelegt. Die andere Hand war, in einer Haltung, die Selbstvertrauen und Bestimmtheit ausdrückte, in die Hüfte gestützt, was gut zu ihrem breiten, offenherzigen Lächeln passte. Als ich das Foto zum ersten Mal sah, dachte ich, es sei bei ihr zu Hause aufgenommen worden und zeige Aisha in ihrer alltäglichen Kleidung. In Wirklichkeit war sie zu einem Fotografen in der Stadt gegangen, wie Omar mir später erzählte, und hatte sich extra eine der Beduinentrachten aus dessen Studio angezogen.

Die Regale in Omars Zimmer waren angefüllt mit Büchern über Linguistik und Literatur, vor allem mittelalterliche Balladen, die er zu jener Zeit studierte, und Gedichtsammlungen. Auf dem Fensterbrett stand eine kleine Kiefer, die er regelmäßig pflegte. Er sprach mit ihr, während er die Erde mit einem alten Stift auflockerte.

Die meisten seiner Bilder an den Wänden zeigten wilde Pferde oder andere Tiere in den Bergen, im Wald oder in der Wüste. Er sagte, er liebe die Wildnis, und bald darauf begannen wir, lange Ausflüge zu den umliegenden Seen, Parks und Wäldern zu machen.

Hin und wieder sprach Omar noch von Heidi. Mir war klar, dass sie sehr verliebt gewesen waren. Dass er noch immer gelegentlich an sie dachte, war ein Teil dessen, was mich an ihm anzog. Dies und sein Lächeln, seine langen, feinen Gliedmaßen, die schlanken Finger, die Bedeutung, die er jeder

Kleinigkeit beizumessen schien, sowie die Art, wie er sich um seine Freunde kümmerte.

Trotzdem gab es eine Unsicherheit, ein Zögern in dieser Anfangszeit, als ich noch nicht wusste, wie stark er meine Gefühle erwiderte. Doch schon bald konnte ich auch seiner Gefühle versichert sein, wenn auch nicht direkt.

Damals unterhielt ich mich oft mit einer jungen Araberin, deren Zimmer im Wohnheim auf demselben Gang wie meines lag. Sie war sehr religiös und trug stets einen Schleier. Ihre Erscheinung und ihr Benehmen deckten sich vermutlich mit der im Westen verbreiteten Vorstellung von muslimischen Araberinnen: unterwürfig und geheimnisvoll, sich stets mit gesenktem Blick zurückhaltend. Doch trotz dieses Verhaltens war sie nicht schüchtern, sondern besaß eine ausgeprägte Willensstärke, die sie wie eine Aura umgab. Ihre moralische und religiöse Gesinnung wirkte echt, war aber vermutlich nicht der einzige Grund für ihre Selbstsicherheit. Sie studierte Linguistik und die Beziehung zwischen Sprache und Kultur. Ich erinnere mich, wie sie mir einmal von einem Thema erzählte, an dem sie arbeitete, dem Vergleich des westlichen und des mittelöstlichen Verständnisses von »Ehrlichkeit«. Sie war der Meinung, dass es eigentlich keine Unterschiede, sondern nur Vorurteile zwischen den Kulturen gebe.

Als ich eines Tages zum Tee bei ihr eingeladen war, begann sie, über Omar zu sprechen. Sie sagte, er sei »ein guter Mann«. Wenig später fügte sie hinzu, dass er aus einer hoch angesehenen Familie stamme und sein »Onkel« der Premierminister von Jordanien sei.

Hatte diese Information mich beeindruckt? Ja, schon, obwohl ich wusste, dass »Onkel« sich nicht auf die unmittelbare Familie beziehen musste. Wie sich herausstellte, hatte der Premierminister mit Omar einen entfernten Vorfahren gemeinsam. Aber ich vermutete auch, dass Omar sie vielleicht gebeten hatte, mit mir zu sprechen, sozusagen seine »Sache« zu vertreten. Ich konnte akzeptieren, dass er nicht direkt zu mir kam, da ich damals bereits wusste, dass diese Dinge in seinem Teil der Welt anders vonstatten gingen. Heikle Angelegenheiten werden einem Vermittler übertragen. Ich trank also meinen Tee, lächelte und plauderte mit ihr weiter.

Nördlich von Kufr Soum

Hochzeit: das Fest

Das Feiern und Tanzen hat zwei volle Tage gedauert und heute findet nun die Hochzeit selbst statt, die Abschlusszeremonie. Es beginnt mit einem Gastmahl in Shareens Haus und am Nachmittag wird ihr Bruder in der kleinen orthodoxen Kirche ein paar Straßen weiter heiraten. Omar und ich sind mit einer Gruppe offizieller Gäste in deren Auto gekommen. Bei Tag sehen die Dinge ganz anders aus. Die Menschen sind ruhiger, ernster.

Wir werden wieder in das Zimmer geführt, in dem auch getanzt wurde. Die Möbel sind hinausgetragen worden; es gibt nur harte Stühle, die ringsum an den Wänden stehen. Sogar die Wanddekorationen sind verschwunden, darunter ein kleines gerahmtes Foto, das bei meinem ersten Besuch über dem Sofa hing. Es zeigte das Porträt eines bärtigen Patriarchen der östlich-orthodoxen Kirche. Ich habe Omar gestern gefragt, ob wir an den Hochzeitsritualen teilnehmen würden. Würde das Paar in der Kirche Kränze austauschen? (Das hatte ich als Kind einmal in Sydney gesehen, bei der Hochzeit griechischer Freunde.) »Ist das üblich?«, fragte er zurück. Er wusste es nicht, da er nie einer christlichen Hochzeit beigewohnt hatte. Er war noch nicht einmal sicher, ob er hingehen sollte.

Jetzt befinde ich mich wieder in Gesellschaft von Frauen

jeden Alters. Leise plaudern wir miteinander, während wir auf den *mensef* warten. Wir werfen Shareen und einigen anderen Frauen der Familie, die geschäftig hin und her eilen und das Festmahl vorbereiten, aufmunternde Blicke zu.

Leute gehen von Zimmer zu Zimmer und begrüßen einander. Einige schaukeln Babys auf dem Schoß oder ermahnen mit leiser Stimme ihr Kind.

»*La, habiibti, msh al 'aan. B:ad schwaiy.*« (Nein, Schatz, nicht jetzt. Warte noch ein bisschen.)

Jemand bleibt auf der Türschwelle stehen, um uns mitzuteilen, dass die Männer draußen unter dem Festzelt ihren *mensef* erhalten haben. Man lächelt sich wissend zu und die drei korpulenten, grauhaarigen Damen in der entfernten Ecke lassen ein Kichern vernehmen. Jetzt kommen wir an die Reihe.

Kurze Zeit später werden ein paar helle runde Tische in das Zimmer gebracht. Wir warten, bis man uns auffordert, unsere Stühle daran zu stellen. Bald darauf werden riesige Platten mit Reis und Fleisch hereingetragen und auf die anliegenden Zimmer verteilt. Erleichtert stelle ich fest, dass auf unserem Tablett kein Schafskopf thront, der dem Brauch nach auf einem Berg Reis angerichtet wird. Auch auf den anderen Tabletts, die vorbeigekommen sind, habe ich keinen gesehen. Wahrscheinlich sind viele Schafsköpfe ins Männerzelt gebracht worden. Ich stelle mir vor, wie die Ehrengäste aufgefordert werden, sich die Hauptdelikatesse – die Augen – zu nehmen. Sie werden erst ein paarmal höflich ablehnen und schließlich nachgeben. Wahrscheinlich sind sie in diesem Moment dabei, sie genüsslich zu verspeisen.

Jemand verteilt die Löffel, während aus einem großen Topf heiße Joghurtsuppe über den großzügig mit Mandeln und Pinienkernen bestreuten Reis gelöffelt wird. Unsere Platte nimmt fast den ganzen Tisch ein und jede von uns isst von dem Teil, der direkt vor ihr liegt. Die anderen weiblichen Gäste, die ich nicht kenne, achten darauf, dass ich gut versorgt werde, und häufen ein paar besonders saftige Stüce Hammelfleisch auf den Reisberg vor mir. Es wird sehr lang gegart und ist so zart wie Lamm. Wir essen mit Genuss.

In unserem Dorf habe ich schon oft *mensef* gegessen. Dort gibt es keine Tische, man sitzt auf dem Boden. Die Männer nehmen den klebrigen Reis in die Hand und formen einen kleinen Kuchen daraus, ohne dass ein Korn herunterfällt. Ich bin immer erstaunt, dass das lange, weiße Hemd, *jalabiyeh*, das viele Männer bei Einladungen tragen, am Ende einer solchen Mahlzeit noch genauso fleckenlos ist wie am Anfang. Wenn man beobachtet, wie anmutig selbst schon die kleinen Kinder diese Esstechnik beherrschen, denkt man, dass es nicht besonders schwer sein kann – bis man es selbst zum ersten Mal probiert...

Bei der Erinnerung an die große Krümelei, die ich nach einer Mahlzeit in Kufr Soum stets hinterließ, muss ich über mich selbst lächeln. Selbst beim Frühstück hatte ich Probleme, vor allem bei meinem ersten Besuch. Das Brot und die Oliven schaffte ich ganz gut, auch die Eier und den *za:'ter*, nicht aber den Joghurt.

Bilaal und Randa, Omars Bruder und Schwester, beide im Teenageralter, hatten mir gezeigt, wie ich mein Brot in den *laban*, den dünnen, flüssigen Joghurt, dippen musste, den ich inzwischen morgens am liebsten esse. Ich versuchte, das Fladenbrot genau wie sie zu halten, und als ich kleckerte, lachten wir gemeinsam. Omars Vater Haatem, oder Abu Omar, wie alle ihn nennen, hatte gerade das Zimmer betreten und setzte sich hin. Er brach ein Stück von dem runden Fladenbrot ab, murmelte etwas Unverständliches und zeigte ein breites Lächeln. Er bedeutete mir zuzusehen, während er das Brot mit den Fingern zu einer Art Schaufel formte. Ohne mich zu drängen, wiederholte er das Ganze an den folgenden Tagen und ich machte es ihm nach. Anfangs war ich sehr ungeduldig, weil ich geglaubt hatte, das Essen mit den Fingern in zwei oder drei Versuchen lernen zu können. Doch da ich mich so schwer tat, fing ich an, mich besser zu konzentrieren. Nach einigen Wochen waren meine Bewegungen beim Essen zwar immer noch nicht anmutig, dafür aber sorgfältig und aufmerksam.

Wenn ich an Abu Omar denke, kommt mir eine weitere Erinnerung in den Sinn. Einige Tage zuvor hatte ich meinen ersten »Auftritt« als Omars Verlobte im Dorf Kufr Soum, wo ich von der Familie und einer Schar neugieriger Verwandter, Freunde und Nachbarn begrüßt wurde. Omars Vater jedoch war am Tag meiner Ankunft nicht da.

Der Wadi Mujib – und ein Aufbruch

Jordanien.

Im Verlauf von Süden nach Norden verändert das Land seine Gestalt. Von der flachen Wüstenlandschaft und der zentralen Hochebene geht es allmählich über in Ketten immer steilerer Hügel, bis man schließlich zu den schneebedeckten Bergen Syriens und des Libanons gelangt. In Jordanien gibt es jedoch nur Hügel und zwischen ihnen verlaufen tiefe Täler oder Wadis, die Hinterlassenschaft schon lange versickerter urzeitlicher Flüsse. Von rechteckigen Kratern zerschnitten, wirkt das Land, trotz seiner Vegetation, zerfurcht und trostlos. Vom Flugzeug aus betrachtet, sieht man unter sich keine jener sanft geschwungenen Falten, die man mit einer Hügellandschaft assoziiert, sondern eine Art zerklüfteter Mondlandschaft.

An den Hängen der Wadis herrscht immer noch Wildnis, in

der die Männer auf Jagd gehen und nachts Schakale, manchmal auch Hyänen, zu hören sind. Die wenigen Dörfer sind an den höchsten Stellen der Hügel erbaut. Von manchen Häusern aus kann man bis zu mehreren Hundert Metern den Abhang hinabblicken. Man könnte meinen, am Rand einer riesigen, durch ein Erdbeben entstandenen Spalte zu stehen.

Die Wadis zwischen den Hügeln im Norden gelten jedoch als sanft und harmlos im Vergleich zu den riesigen Wadis im Süden.

Es war Sommeranfang, als mein sechswöchiger Aufenthalt in diesem Land begann. Der Flughafen von Amman schüchterte mich ein. Beim Personal handelte es sich fast ausschließlich um Soldaten in Uniform, deren Verhalten von einer herablassenden Höflichkeit, gemischt mit Steifheit war.

»Ihr Touristenvisum gilt zwei Monate. Nach einem Monat müssen Sie sich bei der Polizei melden.«

Ich fror, obwohl es die erste Juniwoche war. Im Morgengrauen wartete eine kleine Menschenmenge darauf, die Ankommenden zu begrüßen, unter ihnen auch Omar. Ich hätte ihn gerne umarmt, aber bei unserem letzten Telefonat, kurz bevor ich die Staaten verließ, hatte er mich auf etwas hingewiesen:

»Wenn du aus dem Flugzeug steigst, erwarte nicht, dass wir uns umarmen und küssen. Das wird hier nicht akzeptiert. Sei nicht enttäuscht. Ich sage es dir jetzt schon, damit du nicht denkst, dass etwas nicht stimmt. Aber du weißt, wie es hier ist, Schatz. Diese Dinge kann man nicht ändern. Ohhh, ich freue mich so, dich wiederzusehen. Ich kann es gar nicht erwarten.«

Tatsächlich wirkte er ruhig und zutiefst glücklich. Er schien erleichtert zu sein, mich in dieser Verfassung zu sehen – bereit und gewillt, mit ihm zu leben.

Sein Kollege, Haroun, wartete in einem großen alten Mercedes auf uns. Vom Flughafen fuhren wir nach Süden in Richtung Karak und von dort zur Universität Mu'tah. Sie machten einen Umweg, um mir den Wadi Mujib zu zeigen.

Am späten Nachmittag hatten wir ihn offensichtlich erreicht. Die Straße fiel zunächst ab und wand sich dann immer steiler einen felsigen Hang hinauf. An einem Aussichtspunkt hielten wir an. Ringsum wuchs kein einziger Grashalm, es gab überhaupt kein Anzeichen von Vegetation, nur eine massive Felswand. Sie stieg direkt vor uns steil nach oben, schwindelerregender als Meeresklippen.

Die Farbe des Felsens war eine blasse Mischung aus Rosa und Ocker. Sogar das kurze Eisengeländer, das einzige Zeugnis menschlichen Eingreifens, war passend gestrichen, so dass man, wo immer man hinblickte, die gleiche Farbe sah. Diese kraftlose Eintönigkeit wurde nur durch das Blau des Himmels unterbrochen, das mit zunehmender Dämmerung voller und satter wurde. Der harte Granit reflektierte die letzten goldrosa Sonnenstrahlen in einem einheitlichen und sanften Leuchten. Im Vergleich mit diesen eintönigen Farben wirkte das satte Perlmutt des Mondes fast grell. Es war ein dramatischer, großartiger Gegensatz. Der Wadi erschien mir gigantisch und dennoch still und schweigsam. Ich war nicht überrascht, als ich erfuhr, dass im Laufe der Jahre viele Fahrzeuge über den Rand der eng gewundenen Straße gestürzt waren. Nie hatte es Überlebende gegeben. Vor nur wenigen Wochen war nicht weit von dieser Stelle ein Bus mit Schulkindern und ihrem Lehrer abgestürzt, alle waren tot. Omar erzählte mir, sie seien aus dem nahe gelegenen Dorf Dhi'ban gekommen. »Das bedeutet ›zwei Wölfe‹«, sagte er und deutete in Richtung der Stadt.

Überall Felsen. Eintönigkeit. Ich hatte das Gefühl, in einem leeren Raum zu schweben, mich immer weiter von mir selbst zu entfernen. Ich drehte mich zu den Männern und dem Auto um, froh über ihre Anwesenheit und die Straße unter meinen Füßen.

Omar und Haroun erzählten mir, wie anders die Hügel und Wadis im Norden seien, mit ihrem dunklen, fruchtbaren Boden, ihren Bäumen und Sträuchern, Getreidefeldern und Obstgärten und ihrem prallen Leben. Nur das Jordantal sei besser als diese Region, sagte Omar. Die nördlichen Gegenden, aus denen er stammte, seien »fruchtbar, fließend und großzügig«.

Die Universität Mu'tah lag auf halbem Weg zwischen Amman und Aqaba und unterschied sich äußerlich nicht von anderen Universitäten, die ich bis dahin gesehen hatte. Sie war zunächst als Militärakademie gegründet worden und vieles erinnerte immer noch an Kasernen und Trainingsgelände für Soldaten. Sie lag mitten in der Wüste, die nächste größere Stadt war mehrere Kilometer entfernt. Der Campus war von einer hohen Mauer mit Stacheldraht umgeben. Am Eingang mussten wir anhalten und uns vor dem Wachposten ausweisen. Sogar im Inneren waren die verschiedenen Abteilungen mit Stacheldraht eingezäunt. Obwohl der militärische und der zivile Flügel voneinander getrennt waren, bemerkte ich bald, dass man überall die Rufe der Soldaten hören konnte, die dort ausgebildet wurden.

Auf dem Campus wuchsen kaum Bäume. Nach Amman und Yarmouk war dies die dritte Universität in Jordanien und sie war verhältnismäßig neu. Die meisten Gebäude waren erst vor kurzem fertig gestellt worden, andere befanden sich noch im Bau. Alles lag voller Steine, Beton, Staub und Schutt. Ich war dankbar für den hübschen Lavendelgarten vor den niedrigen Apartmenthäusern, in denen sich auch Omars Wohnung befand. In dem Garten wuchsen die unterschiedlichsten

Arten und Formen von Lavendel in jeder Höhe. Er erinnerte an einen Irrgarten, denn zwischen den Beeten führten schmale Pfade aus Fliesen und Pflastersteinen zu den höher liegenden Terrassen vor den Wohnheimen. Nachdem Haroun zu seiner eigenen Wohnung in einem anderen Teil des Campus gefahren war, gingen wir in Omars Apartment.

Als wir im Haus waren, fielen wir einander, nach Monaten der Trennung endlich wieder vereint, in die Arme. Ich blickte Omar ins Gesicht und erkannte die feinen Zügen, die ich so liebte. Wieder spürte ich die Wärme seines Lächelns, an dem sein ganzes Wesen teilhatte. In diesem Moment glaubte ich, in die Zukunft sehen zu können. Wir würden uns unsere eigene kleine Zufluchtsstätte schaffen, sanft und erholsam wie die süßen Düfte und Pastellfarben des Lavendelgartens. So stellte ich mir unser gemeinsames Leben vor. Doch nur zwei Tage später fuhr Haroun nach Norden und bot an, uns mitzunehmen. Zwei Tage. Die restliche Zeit sollten wir bei Omars Familie verbringen, wo wir für lange Zeit nicht mehr allein sein würden.

Anders als im Wadi Mujib gab es in den Wüsten, die wir auf dem Weg zu den Hügeln im Norden durchquerten, keine starken Farben. Den kitschigen Postkartenwüsten mit ihren gelben Dünen vor einem blauen Himmel Hohn sprechend, breiteten sie sich eintönig und flach in alle Richtungen aus – ein neutrales Grau, genauso blass wie der Mittagshimmel. Land und Himmel verschmolzen fast vollkommen miteinander, bis auf eine schwache Linie am Horizont, wo eine Hügelkette verlief.

Hin und wieder sah ich die schwarzen Zelte von Beduinen in einiger Entfernung von der Straße oder eine Schafherde mit ein oder zwei Schäfern. Auf dem Weg nach Norden umfuhren wir die großen Städte, darunter auch Amman. Wir waren fast den ganzen Tag lang unterwegs. Als wir uns Jerash näherten, einer alten römischen Stätte, zeigten Omar und Haroun mir voller Begeisterung die andersartige Vegetation und wiesen stolz darauf hin, wir seien jetzt in den Bergen, wo alles kräftiger und grüner wachse: »Sieh dir die Bäume an!«

Auf der einen Seite stieg das Land von der Straße aus an, so dass ich die Felsen, Steine und niedrigen Büsche gut sehen konnte, die im trockenen Gras verstreut lagen. Ab und zu fuhren wir an zwei oder drei kümmerlichen kleinen Kiefern vorbei, die so verloren dastanden, als hätten sie sich verlaufen. Tatsächlich war alles grüner als die Wüsten, die wir durchquert hatten. Und doch war es nicht das Grün der amerikanischen Universitätsstadt, in der wir uns kennen gelernt hatten, mit ihrem wunderschön bewaldeten Campus und den riesigen Nationalparks in der Nähe. Es war auch nicht das Grün jener hübschen Gegend in Frankreich, aus der mein Vater stammte. In North Carolina hatte ich traumhafte Berge gesehen, hatte viele Ausflüge in die Smokies und entlang der herrlichen Blueridge-Allee unternommen. So kam es, dass ich mich nun von der an uns vorbeiziehenden Landschaft Omar und Haroun zuwandte, in der Annahme, in ihren Gesichtern eine Spur von Ironie zu entdecken. Doch Haroun blickte nur konzentriert auf die Straße und Omar bewunderte die Landschaft.

Wenn es auch widersprüchlich klingen mag, so war ich doch im selben Moment glücklich über ein vages Gefühl der Vertrautheit, als sei ich einer Sache näher gekommen, die ich vermisst hatte. Ich begriff den Grund dafür nicht sofort, sondern fühlte mich nur auf eine unbestimmte Art von diesem Moment angezogen. Damals amüsierte ich mich innerlich darüber, mit welch jungenhafter Überschwänglichkeit die beiden Männer mir ihr »üppiges« Land zeigten. Später erinnerten mich die Dimensionen dieser Vegetation und der ausgedörrte, planlos verstreute Anblick, den sie machte, an den australischen Busch, den ich seit vielen Jahren nicht mehr gesehen hatte.

Auch Omar war, genau wie ich, von den amerikanischen Wäldern beeindruckt gewesen, hatte aber trotzdem Zugang zu der spröden Schönheit seines Heimatlandes. Vielleicht würde es mir nach einer Weile ebenso ergehen. Mein erster Eindruck war jedoch der einer ausgedörrten, verblichenen Einöde.

Gelegentlich kamen wir an einer Zypresse oder dem Vertreter einer anderen Koniferenart vorbei, die ein kühneres Grün zur Schau stellte. Wir fuhren auch durch Städte, wo die Wände der Häuser üppig geschmückt waren mit den satten Rosa- und Lilatönen der nicht einheimischen, aber sehr beliebten Bougainvillea, auf Arabisch *majnouneh* (die Verrückte) genannt. Unwillkürlich wurde der Blick von der Schönheit der Blüten angezogen, weg von der hypnotisch wirkenden Eintönigkeit von Fels, Straße und Mauerwerk. Später, im Wadi, würde ich lernen, den Lauf kleiner, zeitweise ausgetrockneter Flüsse zu erkennen, indem ich der Spur der wilden, rosa blühenden Oleanderbüsche folgte. Doch damals, nachdem ich so viele Jahre in der gemäßigten nördlichen Hemisphäre verbracht hatte, sehnte ich mich nach sattem, kühlem Grün. Gemäß dem *Qur'aan* ist dies die Farbe des Lebens nach dem Tode, des Paradieses mit seinen sanft hügeligen Wiesen und schattigen Bäumen, die an kühlen Flüssen stehen. Es ist aber auch die Farbe der Sofas, auf denen die schönen *hoori* ruhen, jene Geisterfrauen, die darauf warten, die Gläubigen zu begrüßen. Und es ist die Farbe ihrer Augen. Ein Grün, nach dem das Land, das ich sah, selbst im Winter zu dürsten schien. Im Sommer wehte ein trockener Wind aus den Wüsten im Osten, wodurch die Landschaft ein Stück von der realen Welt entfernt hinter einer staubigen Wand zu liegen schien. Wenn ich nur mit den Händen darüber wischen könnte, würde vielleicht ein leuchtendes, lebendiges Grün zum Vorschein kommen.

Nur die schmalen, dünnen Blätter des Granatapfelbaums scheinen ihren Glanz zu behalten, obwohl auch er nicht hoch wächst oder viel Schatten spendet. Im Westen ist diese Baumart, außer durch die griechische Mythologie, kaum bekannt. Die Dörfer in der Nähe der Grenze im Norden Jordaniens – Al-Rafiid, Kufr Soum, Youbla, Saham – sind berühmt für ihre Granatäpfel, die so groß wie Grapefruits werden können. Selbst vor den einfachsten Häusern stehen ein oder zwei dieser Bäume. In den meisten Gärten wachsen allerdings mindestens drei oder vier Granatapfelbäume in verschiedenen Größen, dazu ein paar Olivenbäume. Außerhalb der Dörfer und sogar in manchen Teilen des Wadi wechseln sich Granatapfelgärten mit Olivenhainen ab.

Als ich das erste Mal zu Omars Haus kam, standen in seinem Garten zwei ausgewachsene Granatapfelbäume, ein jüngerer und ein Schößling. Die glockenförmigen Blüten zeigten am Ansatz bereits die ersten kleinen, grünen Verdickungen, die am Ende des Sommers auf die Größe eines Apfels herangewachsen und von einer dicken, gelbbraunen Haut, wie die einer Muschel, umschlossen sein würden.

Ankunft

Omars Mutter stand im Garten, als unser großes Auto, staubig von der Fahrt, an der niedrigen Steinmauer anhielt, die das Grundstück von der Straße trennte. Die Aussicht, sie kennen zu lernen, machte mich nervös. Omar hatte mir immer wieder versichert, dass ich seine Familie gern haben würde, aber ich wusste, dass zumindest der Anfang schwierig sein würde, da ich außer Omar noch niemanden kannte. Außerdem ließ mir der Gedanke keine Ruhe, dass seine Mutter die wichtigste Person war, diejenige, mit der ich auskommen musste und die zufrieden zu stellen mir vielleicht unmöglich sein würde. An Omars Seite ging ich auf das Haus zu, wobei uns unzählige Augenpaare folgten, da etliche Kinder, die scheinbar aus dem ganzen Dorf zusammengelaufen waren, auf der Straße standen und uns neugierig beobachteten.

Ich hörte Omars ruhige Worte, die nur mir galten: »Sie ist da, schau. Meine Mutter ist da.«

Zuerst konnte ich niemanden entdecken. Hielt ich nach einer jener kräftig gebauten Matronen Ausschau, die mir sofort mit lauter Stimme zu verstehen geben würde, dass sie hier ganz in ihrem Element, auf ihrem eigenen Boden war? Oder lag es an dem gesprenkelten Licht im Schatten der Bäume, dass ich sie nicht sofort erblickte? Erst als wir näherkamen, erkannte ich, dass dieser dunkle, zerbrechlich dünne Schatten ein Mensch war, eine kleine Frau in einem langen schwarzen *shrsh* aus Samt, der zu schwer für ihre zerbrechlichen Knochen wirkte. Ich war mir immer noch nicht ganz sicher, bis Omar, nachdem er kurz mit ihr gesprochen hatte, zu mir sagte: »Das ist meine Mutter.« Bei der ersten Umarmung war ich von ihrer Zerbrechlichkeit überrascht. Ich hatte Sorge, meine Wange zu fest an ihre zu drücken oder sie aus dem Gleichgewicht zu bringen. Ich hatte nur wenige Worte anzubieten, meine Arabischkenntnisse waren gleich Null. Und so versuchte ich alles, was ich sagen wollte, mit meinem Lächeln auszudrücken. Im selben Moment lächelte auch Omars Mutter und drückte darin ihre ganze gefühlvolle Wärme aus.

Als sie mit ihrem Sohn sprach, klang ihre Stimme zittrig, keiner ihrer Sätze und Fragen dauerte länger als ein Atemzug.

All das ließ sie älter wirken, obwohl sie, wie ich später heraus-
fand, noch nicht einmal fünfzig war. Ihr Gesicht mit den feinen Zügen, von der *:assaaba* umhüllt, war eingefallen und
verhärmt, ihre Hände dünn und knochig und der *shrsh* hing
schwer von ihren schmalen Schultern. Dennoch stand sie sehr
aufrecht da und durch ihre Haltung sowie das bunte Tuch,
das durch einen versteckten Kamm auf ihrem Kopf festgesteckt war, schien sie etwas von der Stärke zurückzugewin-
nen, die sie durch ihre Krankheit eingebüßt haben musste.

Als wir auf die Haustür zugingen, sah ich Omars dritte
Schwester, Aisha, deren Foto ich in seinem Zimmer in den
Staaten gesehen hatte, auf der Türschwelle stehen. Heute trug
sie ihre Alltagskleidung – ein *dish-dásha* – und ein kleines
Kopftuch, das im Nacken fest zusammengebunden war. Sie
wirkte kräftiger als ihre Mutter und hielt ein Baby in den
Armen. An ihrem Lächeln erkannte ich sie sofort, es war das
gleiche breite Lächeln wie auf dem Foto. Mit ihrer tiefen, aber
lebhaften Stimme wandte sie sich an Omar, sie schien ihm eine
Frage nach der anderen zu stellen und unterbrach sich dabei
mehrmals selbst, um mir mit starkem Akzent »*Welcome*!«
zuzurufen.

Durch den kurzen Flur wurde ich in das vordere Zimmer
geführt, in das direkt hinter uns die anderen Familienmitglieder sowie etliche Nachbarn hereinströmten, die gekommen
waren, um den Neuankömmling kennen zu lernen. Die Wände waren in einem blassen Cremeton frisch gestrichen – es
roch sogar noch nach Farbe – und an einer Seite des Raumes
hing ein hübscher orientalischer Teppich, etwas breiter als ein
Gebetsteppich. Zwei Wände hatten breite Fenster, von denen
eins auf den Vordergarten ging und das andere auf den seitlichen Hof.

Es gab keine Möbel. Omar sollte am nächsten Tag einen
großen Schrank aus der Stadt bekommen, den er an der fens-

terlosen Wand aufstellen würde. Doch bei meiner Ankunft war das Zimmer, bis auf einen großen orientalischen Teppich auf den Fliesen und ein paar dünne Matratzen, vollkommen leer. Als ich eintrat, waren die Frauen gerade dabei, noch weitere Matratzen hineinzutragen.

In diesem Zimmer stellte Omar mich Sahr vor, seiner unverheirateten Schwester, die sich zu Hause um ihre Mutter kümmerte. Sie war bei meiner Ankunft im Haus gewesen und trug daher keine Kopfbedeckung. So konnte ich ihr dickes, welliges schwarzes Haar bewundern, das sie an den Seiten ordentlich nach hinten gekämmt hatte. Sie trug einen leuchtend blauen *dish-dásha*, auf den eine große Blume in einem etwas blasseren Blau gestickt war. An der Art, wie Omar mit ihr sprach – offensichtlich bestürmten sie einander mit Fragen –, erkannte ich, dass Sahr als älteste Schwester für das Haus verantwortlich war. Sie wirkte nicht so temperamentvoll wie Aisha, aber dafür gelassener. Auch ihr Lächeln war ruhiger, obwohl ihre Augen sehr ausdrucksvoll wirkten, als sie mich auf Arabisch willkommen hieß. Während sie und Omar Neuigkeiten austauschten, bewegte sie den Kopf leicht vor und zurück, ernst und aufmerksam, wenn er mit ihr sprach, lächelnd und anerkennend, wenn sie ihren Blick auf mich richtete. Mehrmals hörte ich sie das Wort »*hilwi*« (hübsch) sagen, das einige der Frauen, die um uns herumstanden, wiederholten.

Mein Blick fiel auf einen jungen Mann, der ganz in der Nähe stand. Ich warf ihm ein Lächeln zu, das er umgehend erwiderte. Als wir einander vorgestellt wurden, erkannte ich in seiner Art zu grüßen das passivere und respektvollere Benehmen des jüngeren Bruders. Bilaal war neunzehn Jahre alt und machte einen freundlichen und gutmütigen Eindruck. Dieser erste Eindruck sollte sich noch bestätigen.

»Aber wo ist Randa?«, fragte ich. Ich hatte vor der Abfahrt die Namen der Familienmitglieder gelernt und wusste, dass

Omars Bruder Saleh, der zweite Sohn, fort war, Randa, das jüngste Familienmitglied, jedoch zu Hause lebte. Sie war siebzehn und sollte bald in ihr letztes Schuljahr eintreten. Laut Omar sprach sie von allen Geschwistern am besten Englisch. »Sie kommt noch«, antwortete Omar. »Sie ist jemanden besuchen gegangen. Die Nachbarn sind schon auf dem Weg zu ihr, um ihr zu sagen, dass wir da sind.« Während er sprach, bemerkte ich, dass ein kleiner Junge mit braunen Locken zu ihm hochsah und unablässig die gleiche Frage stellte, wobei er mit jedem Mal lauter und beharrlicher wurde. Omar antwortete kurz und drehte das Kind dann zu mir.

»Nasser. Das ist Nasser, Michèle. Weißt du, wer er ist?«

Ich ging in Gedanken schnell die Namensliste der Eltern und Kinder durch.

»Na:aamehs Sohn?«

»Ja, richtig.«

Omar lächelte mich an. Dann wandte er sich zu Nasser: »*Weyn omak?*« (Wo ist deine Mutter?)

Eine Woge von Ausrufen und Gelächter begleitete eine hübsche Frau mit einem vollen Gesicht und einer ebenso runden Figur, die in unsere Mitte trat. Es war Na:aameh, Omars zweite Schwester und die Mutter des Jungen. Sie wohnte ein paar Straßen entfernt und war hergekommen, sobald sie von unserer Ankunft erfahren hatte. Bis jetzt hatte sie weiter hinten in dem größeren Kreis von Leuten gestanden, die geduldig darauf warteten, uns begrüßen zu können. Gut gelaunt versuchte sie ein paar Worte auf Englisch zu sagen und entschuldigte sich anschließend, dass sie es so schlecht beherrsche. Dennoch gelang es ihr, mir klar zu machen, dass sie die Sprache in der Schule gelernt, aber seit ihrer Hochzeit keine Gelegenheit mehr gehabt hatte, sie anzuwenden. Anschließend stellte sie mich ihrer vierjährigen Tochter Manar vor, die mich mit großen Augen anstarrte.

Das ganze Zimmer war nun voll aufgeregter Leute, die ihre Fragen stellten oder darauf warteten, dass sie mich begrüßen durften. Ich hatte bereits vier von Omars sechs Geschwistern kennen gelernt, aber die Gruppe aus Verwandten und Nachbarn, die sich jetzt um mich versammelten, bestand vorwiegend aus älteren Frauen, die ich nicht kannte. Sie waren schwarz gekleidet und einige trugen den rotweiß karierten *kefiiyeh* auf dem Kopf. Ein paar hatten Tätowierungen aus winzigen blaugrünen Punkten auf ihren wettergegerbten Wangen oder am Kinn.

Eine der Frauen bot mir einen Platz am hinteren Ende des Zimmers an, auf der Mitte einer an der Wand liegenden Matratze. Sie gab mir vier pralle Polster, eine Art große Kissen, zwei für den Rücken und je eins für die Ellbogen. Anfangs sprang ich immer wieder aus dieser Position auf, um weitere Leute zu begrüßen. Doch dann hielten mich die Frauen, die sich neben mir niedergelassen hatten, an den Armen fest und gaben mir mit einem Kopfnicken – zur Untermalung ihrer Beteuerungen auf Arabisch – zu verstehen, dass ich sitzen bleiben konnte.

In diesem Moment wurde unser Gepäck hereingebracht und ich konnte meine Mitbringsel verteilen. Omar hatte mich bereits auf der Fahrt vom Flughafen gefragt, ob ich den Wein, das Buch, die Blumensamen, den Film für seine Kamera und die Schuhe für seine Mutter mitgebracht hatte. Ich hatte jedoch nur zwei dieser Geschenke bekommen können und bemerkte seine Enttäuschung. Die Sitte verlangte, dass jeder Besucher der von einer Reise zurückkehrte, so viele Geschenke wie möglich für die Familienmitglieder mitbrachte. Jetzt wurden meine Mitbringsel von allen begutachtet und ihr Wert eingeschätzt, nach dem, wenigstens zum Teil, dann auch der Wert meiner Person beurteilt wurde. Zugleich wurde mein Verhalten von den älteren Frauen unter die Lupe genommen, die mich als Besucherin und zukünftige Ehefrau des ältesten Sohnes, trotz allem aber mit besonderem Respekt behandelten.

Sie beherrschten die Kunst, mich zu beobachten, ohne dass ich mich dabei wirklich unwohl fühlte. Sie gaben mir das Gefühl, willkommen, ja sogar wichtig zu sein, wie eine ausländische Königin, die bei ihnen Hof hielt. Sie forderten mich auf, es mir bequem zu machen und einen Arm auf die Kissen zu stützen, so dass ich mit dem anderen die Geschenke verteilen konnte. Auch Omar hockte neben den Schachteln und händigte Geschenke an die Familienmitglieder aus, die sich darauf mit überschwänglichem Lob bedankten. In diesem Moment verstand ich die im Arabischen so häufig verwendete Grußformel auf eine neue und vollständigere Weise. *Áhlen wa sáhlen.* Diese Worte würden für mich zu einem Symbol der arabischen Kultur werden. Doch jetzt war der Tag noch lange nicht vorbei. Es war erst Nachmittag und die Begrüßungsrituale würden noch eine ganze Weile andauern.

An der Haustür entstand ein kleiner Aufruhr und die Leute ließen ein junges Mädchen durch, dessen Gesicht vor Aufregung gerötet war. Der Gegensatz zu den anderen Frauen wurde sofort deutlich. Sie trug Jeans und ein langes weißes T-Shirt, das ihr über die Hüften hing, und hatte das Tuch, mit dem sie ihren langen Zopf bedeckt hatte, bereits abgenommen.

»Randa!«, sagte ich, kaum hatte ich sie erblickt, woraufhin sie strahlte. Dann atmete sie tief ein und verkündete mit voller Stimme lebhaft, wenn auch mit Akzent: »Michèle! Ich bin sehrr froh, dich zu sehen!« Dann wurde Omar zu anderen Besuchern nach draußen gerufen und ich begann, mit Randa zu plaudern. Die Menschen um uns herum beobachteten uns neugierig, hörten angestrengt zu und baten Randa, zu übersetzen. Offensichtlich freuten sie sich sehr darüber, wie gut wir miteinander kommunizieren konnten. Randa hatte ihre Cousine von nebenan mitgebracht und stellte uns nun einander vor. Temaam war ungefähr im gleichen Alter, aber noch etwas dünner und hatte feine, scharfe Gesichtszüge. Sie trug ein traditionelles *dish-dásha*. Am nächsten Tag fiel mir auf, dass nun Temaam im Stil westlicher Teenager, in Jeans und T-Shirt, gekleidet war und Randa ein schwarzes *dish-dásha* mit weißer und silberner Stickerei trug.

Nachdem ich alle Geschenke verteilt hatte, entstand plötzlich Unruhe im Flur und die Frauen um mich herum erhoben sich. Sahr sagte zu mir: »Michèle, komm.« Und Randa fügte hinzu: »Michèle, jetzt sind viele Leute da. Komm mit uns.« Ich wurde in ein anderes Zimmer geführt, das weiter im Innern des Hauses lag und nicht so groß war wie das erste. Es war so voll, dass wir regelrecht aneinander gedrückt wurden. Doch dann rückten alle auf den Matratzen ein bisschen enger zusammen und schließlich fand jeder irgendwie einen Platz. Alles schien auf einmal weniger förmlich, entspannter zu sein. Es wurde mehr geredet und gelacht und im ganzen Raum liefen Kinder herum. Jetzt wurde ich erneut mindestens ebenso vielen Leuten vorgestellt. Aisha, die noch immer ihr Baby auf dem Arm trug, war uns gefolgt und fasste eine korpulente, robust wirkende Frau am Arm, die sich mit ernster Miene vor mich stellte. »Mishaal«, sagte Aisha und nickte ihr zu, »Umm Mohammed. Schwesterr Vaterr Omarr.«

Ich rechnete schnell zurück. Ah! Die Schwester von Omars Vater. Ich hatte gerade den Gruß »*Marhabah*« geäußert, als Na:aameh kichernd mit einer weiteren kräftigen Frau im Schlepptau von der anderen Seite des Zimmer herüberkam.

»Noch mal, noch mal. Schwesterr Vaterr Omarr. Umm Mahmoud. Schwesterr zwei. *La*. Schwesterr zwei.«

So ging es in schwindelerregendem Tempo noch etwa zehn Minuten weiter. Erst als ich jedem vorgestellt worden war und wir uns alle niedergelassen hatten, um Tee zu trinken, fiel mir auf, dass nur Frauen und Kinder bei uns waren.

»Wo ist Omar?«

Randa antwortete mir.

»Omar ist bei den Männern. Sie sind in einem anderen Zimmer.«

Ich hatte keine Zeit zu antworten, denn in diesem Moment nahm Randa mich liebevoll beim Arm und sah mich kokett an.

»Michèle, wer ist das?«

Sie zeigte auf das kleine Mädchen, das ich gerade eben erst begrüßt hatte. Es hatte sich auf der Matratze an mich herangeschlichen und blickte mich schüchtern an, bevor es der Versuchung, über mein Haar zu streichen, nachgab.

»Manar.«

Ich tauschte ein Lächeln mit Manars Mutter, Na:aameh, die auf das glucksende Baby auf ihrem Arm deutete.

»*Wa mann hatha, Mishaal?*« (Und wer ist das, Michèle?)

»Dein Sohn, aber du musst mich an seinen Namen erinnern.«

Aisha fragte: »Name? *Shou* Name? Ah! Name. *Ism.*«

Mehrere Stimmen antworteten gleichzeitig: »*Ism Mu'áwiya.*«

Dann wurde das Spiel ernst. Mehrmals wurde mir die Frage »*Mann?*« gestellt, während jeder lautstark forderte, mich über jemand anderen befragen zu dürfen. Meine Antworten lösten Freudenschreie aus. Bald jedoch begann ich nachzulassen und zögerlich zu werden, und wenn ich aufgab, wiederholten sie den Namen und das Verwandtschaftsverhältnis. Doch trotz meiner Fehltreffer schienen die Frauen an diesem ersten Nachmittag gehörig beeindruckt zu sein.

Am Abend schütteten Sahr und Randa Eimer voll Wasser auf der Betonterrasse aus, und nachdem sie sie mit langstieligen

Gummiwischern in großen Schwüngen gewischt und getrocknet hatten, legten sie entlang der Vorderwand des Hauses Matratzen aus. Dort setzten wir uns alle hin, den Blick auf den Garten mit seinem großen Zitronenbaum und den zwei Olivenbäumen. Direkt neben der Terrasse wuchs auf einem breiten Beet Minze. Randa pflückte einige Blätter ab, um daraus den abendlichen Tee zuzubereiten.

Hier konnte auch Omars Mutter sich wieder zu uns gesellen und sich an der Unterhaltung beteiligen. Rihaab hatte seit unserer ersten Begegnung im Garten nicht an den Gesprächen teilgenommen. Ich hatte sie ab und zu in einem Zimmer am Rand stehen sehen, niemals dort, wo sich die Besucher am dichtesten gedrängt hatten. Sie litt an einer Herzkrankheit und war in den vorangegangenen Monaten häufig im Krankenhaus gewesen. Sie kränkelte bereits seit fünfundzwanzig Jahren, hatte eine Operation jedoch stets abgelehnt. Jetzt konnte ihr die Chirurgie nicht mehr helfen. Das Essen verursachte ihr schreckliche Schmerzen, an denen sie, in etwas geringerem Maße, praktisch die ganze Zeit litt. Ich weiß nicht, ob es ihr an jenem Abend wirklich besser ging als sonst oder ob sie sich nur wegen mir tapfer hielt, doch nachdem die meisten Gäste gegangen waren, schien sie es zu genießen, im Kreis ihrer Familie zu sein.

Mit der Zeit lernte ich, dass es respektvoller war, ältere Leute mit »Mutter von« oder »Vater von«, gefolgt vom Namen des ältesten Sohns, anzureden. Omars Vater, Haatem, redete ich stets mit Abu Omar an. Rihaab dagegen nannte ich nicht Umm Omar, sondern bei ihrem eigenen Namen. Als man mir schließlich den Unterschied erklärte, hatten sich bereits alle daran gewöhnt und ihr schien es auch nichts auszumachen.

Im Verlauf der Unterhaltung an jenem ersten Abend hörte ich häufig das Wort *mustáshfa* und fragte mich, was es bedeutete.

Vor dem Zubettgehen, als sich mir vor lauter neuen Namen und Gesichtern der Kopf drehte, erzählte mir Omar, dass das Zimmer, in dem wir uns befanden – dasselbe, in dem ich zuvor die Familie und die Nachbarn »empfangen« hatte –, an das Haus angebaut worden sei.

»... dieses und auch das Zimmer auf der anderen Seite vom Eingang sind neu gebaut worden.«

»Es ist schön und es ist frisch gestrichen, nicht wahr?«

»Ja, ich habe an den Wochenenden, wenn ich von Mu'tah nach Hause gekommen bin, beim Streichen geholfen. Aber mein Vater hat unter der Woche die meiste Arbeit getan, um dieses Zimmer für dich vorzubereiten. Er ist über sechzig und ich habe ihm gesagt, er soll damit aufhören. Ich habe ihn gebeten zu warten, bis ich komme, aber er wollte nicht auf mich hören.«

»Ich muss deinen Vater noch kennen lernen. Ich dachte, er würde heute da sein.«

Omar rief der Gesellschaft draußen etwas zu und in dem folgenden Wortwechsel hörte ich erneut das Wort *mustáshfa* – eines der ersten arabischen Wörter, die ich in dem Dorf lernte. Ich fragte ihn, was es bedeutete.

»Krankenhaus.« Er hielt inne. »Ich dachte auch, dass er da sein würde. Aber er ist im Krankenhaus in Irbid. Er hat vor zwei Tagen einen Herzinfarkt gehabt.«

Der Lebensfaden

Irbid, eine der ältesten Städte Jordaniens, liegt sechzehn Kilometer von Kufr Soum entfernt. Mehrmals am Tag schlängeln sich drei kleine Busse durch die engen Straßen unseres Dorfes und holen die Fahrgäste direkt vor ihren Häusern ab. An-

schließend fahren sie durch andere Dörfer und mehrere Rand-
bezirke der Stadt, bevor sie eine der großen Busstationen in
Irbid erreichen.

Bei meinem ersten Besuch in Irbid bekam ich nicht viel von
der Stadt zu sehen, da wir die meiste Zeit im Krankenhaus verbrachten. Schon damals, beim Blick aus den Fenstern des Busses und später des Taxis, das sich durch die belebten Straßen
hupte, kam es mir vor, als sei Irbid kaum mehr als ein überdi-
mensioniertes Dorf. Vor dem Krankenhaus mussten wir lange
warten, da sie keine Besucher hineinließen. Viele Menschen,
die aus anderen Städtchen oder Dörfern der Region zu kommen schienen – man konnte es an den schwarz bestickten
Kleidern und den turbanartigen Kopfbedeckungen der älteren Frauen erkennen –, standen oder saßen auf der Eingangs-
treppe oder gingen in dem kleinen Hof auf und ab. Ich vermutete, ihnen war nicht klar, dass es feste Besuchzeiten gab. Oder
sie waren vielleicht auch mit dem Bus gekommen und so an
dessen Fahrzeiten gebunden gewesen.

Männer und Frauen, die im Krankenhaus ein und aus gingen und den Eindruck machten, als gehörten sie zum medi-
zinischen Personal, wurden von allen Seiten mit Fragen
bestürmt. Ich war über die Geduld, mit der sie antworteten,
ebenso erstaunt wie über die Hartnäckigkeit der Fragenden.
Auch Sahr sprach ständig irgendjemanden an. Omar dagegen
entfernte sich, nachdem er ein paar Erkundigungen eingezogen hatte, von der Menge und ging zu einer kleinen Steinmauer, an der er abwechselnd lehnte und hockte. Er hatte sich
zwar damit abgefunden, dass wir warten mussten, versuchte
aber auch nicht, Sahr von ihrer Fragerei abzuhalten. Vielleicht ahnte er, dass sie sich wegen ihrer Mutter Sorgen machte, denn Rihaab hatte uns begleitet. Ich wusste allerdings noch
nicht, wie ungewöhnlich das war. Damals ahnte niemand,
dass sie nach diesem Ausflug nur noch ein paarmal in diese

Stadt kommen würde, um ins Krankenhaus zu gehen. Rihaab stand an eine Wand gelehnt da und ließ hin und wieder ein leichtes Stöhnen vernehmen, bevor sie erneut in Schweigen verfiel. Auch Na:aameh wartete still mit uns. Da sie vor ihrer Heirat als Krankenschwester gearbeitet hatte, war sie sich wahrscheinlich über die Vergeblichkeit von Sahrs Bemühungen im Klaren.

Die Türen blieben weiter verschlossen, und da man sich nirgends ausruhen konnte und das lange Warten Rihaab zu sehr erschöpfte, brachte Sahr sie nach Hause. Wir anderen warteten noch beinahe eine Stunde. Das Gebäude, in dem das Krankenhaus untergebracht war, schien sehr alt zu sein und hätte dringend renoviert werden müssen. Als wir endlich hineingelassen wurden und eine Treppe sowie ein paar dunkle Gänge passieren mussten, die alle ebenfalls einen absolut baufälligen Eindruck machten, ging mir durch den Kopf, dass ich hier gewiss nicht gerne landen würde, wenn ich einmal ernsthaft erkranken sollte. Das Zimmer, in dem Omars Vater lag, war zu meiner Überraschung aber recht hell und freundlich und die vier Betten waren offensichtlich frisch bezogen worden.

Abu Omar saß im Bett, umringt von Ärzten und Krankenpflegern, die ihn, als sie uns bemerkten, allein ließen. Als er mich erblickte, begrüßte er mich mit einem Eifer, den ich von einem Kranken gar nicht erwartet hätte, wobei die formalen Worte *áhlen wa sáhlen* durch sein warmes Lächeln aufgewogen wurden. Im Unterschied zu Omars Mutter sah man Abu Omar nicht gleich an, dass er krank war. Sein Körperbau wirkte kräftig, und obwohl er langsam eine Glatze bekam, hatte er Kopfhaar und Schnurrbart dunkel gefärbt, wohl um jünger zu wirken. Auch sein volles Gesicht, das ich bei Na:aameh wiederzuerkennen glaubte, als sie an seinem Bett stand, sowie der Ausdruck verhaltener Fröhlichkeit in seinen Zügen verbargen sein wirkliches Alter.

Eine Woche später kam Abu Omar nach Hause, worauf sich dort erneut mehrere Tage lang die Besucher drängten. Diesmal kamen sie, um ihm seine Aufwartung zu machen und ihn zu seiner Genesung zu beglückwünschen.

»Das ist schlecht bei uns Arabern«, sagte Omar während eines der vielen Besuche zu mir. »Ein Mensch ist krank und geht ins Krankenhaus, nur um nach seiner Heimkehr wieder krank zu werden, weil er tagelang den endlosen Besucherstrom über sich ergehen lassen muss. Was soll man da machen? So sind die Sitten. Man kann sie nicht ändern.«

Er machte oft kritische Bemerkungen dieser Art und ließ sie stets mit den Worten »das ist schlecht...« oder »das ist falsch...« beginnen. Doch anderen Sitten gegenüber, die er akzeptierte oder über die er zumindest hinwegsah, verspürte er offenbar eine tiefe Verbundenheit und über diese sprach er nie. Es war, als spürte er, dass auch ich sie eines Tages akzeptieren, dass auch ich durch das Leben in seinem Dorf mit der Zeit eine ähnliche Verbundenheit entwickeln würde.

Und so begann das Gewicht der Zugehörigkeit in meiner einen Hand die Last der Isolation oder Abneigung auszugleichen, die in der anderen hinzukam.

In jenem Sommer starb Abu Omar. Über die viele Aufmerksamkeit, die ihm in seinen letzten Tagen zuteil geworden war, schien er sich letztendlich doch gefreut zu haben.

Das Gegenteil war bei Rihaab der Fall. Wenn sie krank war, wurde sie durch zu viel Besuch erschöpft, und wenn sie Schmerzen hatte, zog sie sich immer mehr in sich selbst zurück. Dann setzte sie sich still in eine Zimmerecke und stöhnte ab und zu vor sich hin. Wenn ich Omars Mutter so sah, war es mir oft unangenehm, jung und gesund zu sein. Ich brauchte eine Weile, um mich an diese Situation zu gewöhnen und zu lernen, mit dem Gefühl von Hilflosigkeit, das zurückblieb, zu leben. In den schlimmsten Momenten wollte sie nicht, dass man ihr zu nahe kam. Andererseits war es wichtig für sie zu wissen, dass ihre Töchter, vor allem Sahr, für sie da waren, wenn sie sie brauchte.

Omar dagegen konnte mit Rihaabs Krankheit nur schlecht umgehen.

»Es sollte überhaupt keine Krankenhäuser geben«, sagte er einmal zu mir, als er sich nach einem ihrer Anfälle, nach dem sie im Auto einer Nachbarin schnell ins Krankenhaus gebracht worden war, gerade zu beruhigen begann. »Man sollte die Kranken erschießen, alle auf einmal!« Dann machte er eine Geste, die zum Teil Enttäuschung ausdrückte und zum Teil abfällig wirkte. Rihaab wie auch ihre Töchter reagierten gar nicht weiter auf diesen Ausbruch. Sie sagten kaum etwas und warteten einfach, bis er vorbei war. Es schien, als wüssten sie, dass seine Reaktion der eigenen Hilflosigkeit entsprang. Warum sonst hätte er, ohne darum gebeten zu werden, vom Markt in Irbid ihre Lieblingsfrüchte mitbringen und sich überhaupt bemühen sollen, ihr alle Wünsche vom Gesicht abzulesen?

Omar hasste Krankenhäuser und den Aufenthalt in der Nähe von Kranken und wiederholte oft seine Meinung, das Beste sei, sie alle umzubringen. Sein Vater hatte sich schon vor langem davon frei gemacht und mit der Rolle des verantwortlichen Familienoberhaupts begnügt. Er und Rihaab hatten früh geheiratet und viel war von ihrer Liebe nicht mehr übrig gewesen. Er hatte die meiste Zeit seines Lebens als Polizist gearbeitet und bekam nun eine dürftige Pension vom Staat. Sie dagegen war ein Mädchen aus dem Dorf, das weder lesen noch schreiben konnte. Sie sei einfach, sagte Omar zu mir, nicht dumm, aber einfach. Er erzählte mir, was sie ihm, als er ein Junge war, während eines langen trockenen Sommers einmal gesagt hatte: »Wenn es nur regnen würde, mein Sohn.

Wasser ist etwas so Wertvolles. Weißt du, ich glaube, dass es ohne Wasser auf der Erde kein Leben gäbe.« Mit den Jahren hatten sich Omars Eltern immer weiter voneinander entfernt. Und durch Rihaabs lange Krankheit war der Riss nur noch größer geworden.

Als Saleh zurückkehrte, verhielt er sich seiner Mutter gegenüber nicht viel anders als Omar. Er war verheiratet und lebte in seinem eigenen Haus ein paar Straßen weiter. Er besuchte sie fast jeden Tag, aber sowohl er als auch der jüngere Bilaal schienen dem Leiden ihrer Mutter ebenso ratlos gegenüberzustehen wie Omar. Sie verhielten sich oft, als sei sie gar nicht da, wohingegen ihre Töchter immer versuchten, ihr wenigstens für eine kurze Zeit Erleichterung oder Trost zu bringen.

Die ersten Tage – und ein Zelt

Ich stellte bald fest, dass die Unmengen Besucher, die nach Abu Omars Entlassung aus dem Krankenhaus zu ihm nach Hause kamen, nichts Ungewöhnliches, sondern lediglich Ausdruck der alltäglichen zwischenmenschlichen Nähe in seinem Dorf waren. Raum, so schien es, existierte nur als etwas, das man teilte. Für mich wurde diese Nähe mit der Zeit zum liebenswertesten und gleichzeitig schwierigsten Aspekt des Dorflebens. Sie bereitete mir zugleich Freude und Qual. Und dadurch befand ich mich in einem Dilemma, denn mir war die ganze Zeit über bewusst, dass den Menschen im Dorf dieser enge Kontakt mehr bedeutete als als alles andere.

Wenn ich mich nicht gerade umzog oder mich im Seitengebäude oder dem kleinen Badezimmer außerhalb der Küche befand, war ich von Menschen umgeben. Und sogar an diesen Orten hörte ich, wenn ich wieder einmal zu lange gebraucht hatte, schon bald jemanden nach mir rufen. Vom Moment des Erwachens bis zum Schlafengehen – nein, bis zum Einschlafen, denn manchmal schliefen wir mit mehreren Menschen in einem Raum – hatte ich keine Chance, allein zu sein. Selbst wenn ich hin und wieder versuchte, etwas in mein Tagebuch oder einen Brief an meine Familie zu schreiben, wurde ich ständig gestört, auch wenn ich, in dem Versuch, mir eine Privatsphäre zu schaffen, die Tür hinter mir schloss. Omar war der Einzige, der dieses Bedürfnis nach Ruhe verstand und hin und wieder versuchte, die anderen von mir fern zu halten. Damals war ich schon dankbar, wenn ich auch nur eine Stunde für mich allein hatte. Doch als Omars Sommerkurse in Mu'tah begannen, war er die meiste Zeit fort. Er kam am Donnerstag – der dem Samstag in westlichen Ländern entspricht – oder, wenn es möglich war, am Mittwoch Abend zurück und fuhr gewöhnlich gegen Freitagmittag wieder ab.

Der nett gemeinte Wunsch, mich abzulenken, mochte der Grund sein, warum die Familie während Omars Abwesenheit dafür sorgte, dass ich immer von Menschen umgeben war. Stets waren irgendwelche Nachbarn oder Verwandte zu Besuch und es wäre unhöflich gewesen, mich nicht dazuzuholen und in die Unterhaltung einzubeziehen. Ich erkannte bald, dass ich bis dahin immer das Gefühl gehabt hatte, den mich unmittelbar umgebenden Raum zu besitzen. Er bewegte sich mit mir wie ein Kleidungs- oder Schmuckstück, das man am Körper trägt. In jener Anfangszeit im Dorf verflüchtigte sich das jedoch schnell. Mein Raumgefühl, die Vorstellung von Wänden und Türen oder von der Länge und Breite irgendwelcher Plätze, sowohl drinnen als auch draußen, wurde zwiespältig und wirr. Ich spürte, dass das Bedürfnis nach Einsamkeit von den meisten Dorfbewohnern als Anomalie wahrgenommen wurde, wie eine Krankheit oder ein schändlicher Luxus, den es zu verhindern galt. Häufig kam, kurz nachdem ich mich in mein Zimmer zurückgezogen hatte, eine jener älteren Frauen mit Turban herein und fragte: »*Enti mariida? Mariida? ta:abaana?*« Ob es mir nicht gut gehe oder ich müde sei. Oder sie spulte auf Arabisch eine längere Kette von Fragen ab, denen ich mich hilflos ausgeliefert fühlte.

Als ich einmal bei geschlossener Tür in meinem Zimmer saß und ins Schreiben vertieft war, riss jemand die Tür auf, ohne vorher anzuklopfen. Vor mir stand die Ehefrau eines Mannes, der im Dorf für seine strenge Religiosität bekannt war, einer jener Männer, die jeden Tag die Moschee besuchten. Unter anderem weigerte er sich, Frauen die Hand zu geben, da er dies als unrein empfunden hätte. Es gab nicht viele dieser streng religiösen Männer im Dorf, aber immerhin einige. Die Frau war ganz in Schwarz gekleidet und ihr Gesicht von einem Schleier umgeben, wie Rihaab ihn oft trug. Sie fragte mich, ob ich ins Zimmer gegangen sei, um zu beten. Sie wusste, dass ich keine Muslimin war, und ihr Tonfall schien ausdrücken zu wollen, dass sie dies missbilligte. Ich verneinte, woraufhin sie mir zu verstehen gab, dass sie selbst hergekommen sei, um zu beten, da der Rest des Hauses voller Besucher war.

Tatsächlich drangen aus den anderen Zimmern des Hauses murmelnde Stimmen.

Also stand ich auf, um aus dem Zimmer zu gehen. Sie wandte sich jedoch zur gleichen Zeit in Richtung Mekka, so dass ich zu einem Hindernis auf der direkten Linie zwischen ihr und Gott wurde. Mit einer majestätischen Armbewegung winkte sie mich zur Seite. Mir wurde wieder einmal bewusst, dass dieses Zimmer nicht mir gehörte, auch wenn ich darin all meine Sachen aufbewahrte und mich häufig dort aufhielt. Dennoch wunderte ich mich über die herrische Geste, mit der sie ins Zimmer geplatzt war und mich praktisch hinausgeworfen hatte.

Doch es gab auch andere, freundlichere Menschen, die schlicht nicht begreifen konnten, dass jemand etwas so Seltsames und Beängstigendes wie Alleinsein erstrebenswert finden konnte. Sie schienen sich auch zu fragen, warum ich so viel Zeit mit Schreiben verbrachte. Sie schnalzten mitleidvoll mit den Zungen, wenn sie mich dabei beobachteten. Mit ganzem Herzen Anteil nehmend, versuchten sie mich zum Lachen zu bringen, forderten mich auf, bei ihnen zu bleiben oder aus dem Zimmer herauszukommen.

Damals musste ich manchmal an Diyaa denken, einen ägyptischen Studenten, der im Wohnheim der amerikanischen Universität auf dem gleichen Stockwerk wie Omar gewohnt hatte. Er hatte uns öfter erzählt, ohne dass es ihm im Geringsten peinlich war, dass er nachts nicht schlafen konnte, weil er sich allein im Dunkeln nicht wohl fühlte. Kaum jemand von uns, nicht einmal die ausländischen Studenten, konnten das nachvollziehen. Er war nicht mehr ganz jung gewesen und hatte Frau und Kinder zurückgelassen, um in den USA einen höheren Abschluss in seinem Studienfach zu machen. Für uns war er ein typischer Mensch aus einer patriarchalischen Kultur, ein »Macho« im wahrsten Sinne. Wie konnte er nur auf diese Art reagieren und es auch noch offen zugeben? Einzig seine Landsleute fanden offensichtlich nichts Ungewöhnliches an seinem Verhalten. Sie hassten es ebenso, nach einem gemeinsam verbrachten Abend aufzubrechen und sich für die Nacht in einem kleinen Zimmer einzuschließen. Sie hatten es nie eilig, nach Hause zu gehen, und zögerten den Moment gerne hinaus.

Dann waren da noch die vielen Kinder, die ständig hereinkamen, mir Fragen stellten, die ich nur halb verstand, und mit mir plaudern oder spielen wollten. Oft gab ich ihrem Wunsch nach. Die reizende kleine Amira, Salehs Tochter, hatte mit ihren knapp zwei Jahren bereits einen starken Willen und unendlich viel Energie. Sie kannte keine Schüchternheit und schaffte es, die Erwachsenen zu allem zu überreden, was sie wollte. Sie war Omars Lieblingsnichte und er verwöhnte sie ebenso, wie ihre Eltern es taten. Alle lachten, wenn sie sich einem der Erwachsenen mit ausgestreckter Hand näherte und einen »*shling*« forderte. Dieses Wort war ein Relikt aus jenen Tagen, als Jordanien britisches Mandatsgebiet gewesen war. Es bezeichnete eine 50-Fils-Münze und zwanzig *shling* waren ein Dinar. Damit konnte sie sich im Dorfladen ein Eis kaufen. Als ich sie das erste Mal auf diese Art betteln sah, war ich überrascht, als Omar sie noch ermutigte. Er nickte ihr wohlwollend zu und sagte auf Arabisch: »Geh schon, bitte Baba um einen *shling*.«

Daraufhin lachte er und schickte sie mit einem kleinen Knuff in Richtung der genannten Person.

»Frag Onkel Aziz. So ist gut. Jetzt frag Michèle. Ja, geh nur, geh.«

Zögernd blickte sie dann zunächst zu ihm hoch und dann von einem Erwachsenen zum anderen, wobei ihr Mund sich zu einem Lächeln verzog. Entschlossen lief sie daraufhin mit weit aufgerissenen Augen zu der jeweiligen Person, wiederholte ihre Bitte und wartete mit geöffneter Hand: »*Shling? Shling?*« Wenn der *shling* hervorgeholt war, hielt sie ihn begeistert hoch, wobei sie die Freude und den Beifall aller widerspiegelte. Diese Szene wiederholte sich mehrere Male, allerdings war Amira weniger an dem Eis oder der Waffel interessiert, die sie mit ihrem *shling* kaufen konnte, als an der Wirkung, die sie bei den anderen hervorrief, wenn sie Erfolg hatte und die Münze bekam. Ich stelle mir vor, wie die Kinder damals in den Zeiten des britischen Mandats die Soldaten oder anderes »Personal« um einen Shilling baten. Und ich sehe Omar als Jungen vor mir, wie er das Gleiche mit den Touristen in Jerusalem tat, wo er aufwuchs, während sein Vater dort stationiert war. Ich weiß zwar nicht, ob es stimmt, aber zumindest erzählte er mir, dass er der Anführer einer Gruppe arabischer Jungen gewesen sei, die auf den Straßen der Stadt spielten und sich Kämpfe mit rivalisierenden arabischen Banden lieferten. Einmal hatten sie wohl auch einen jüdischen Jungen in den Abwasserkanal geworfen.

Na:aamehs Tochter, die vierjährige Manar, war viel ruhiger als Amira. Sie mochte mich von Anfang an und hielt sich gerne in meiner Nähe auf. Besonders faszinierte sie mein dünnes, glattes Haar. Es war ein so ungewöhnlicher Anblick, dass die Leute im Dorf es anstarrten und sich darüber unterhielten. Manar gab sich nicht mit dem Betrachten allein zufrieden, sondern spielte mit meinen Haaren, wann immer ich bei Na:aameh zu Besuch war. Sie experimentierte mit Bürsten, Kämmen und Nadeln und ich glaube, sie hätte stundenlang weitergemacht, wenn ihre Mutter, die meine Geduld lobte, nicht eingeschritten wäre. Ohne Groll hörte Manar auf, sobald sie dazu ermahnt wurde, und begnügte sich damit, sich mit mir zu unterhalten.

Na:aameh erzog ihre Töchter und Söhne dazu, stets hilfsbereit und aufmerksam gegenüber Besuchern zu sein. Manchmal versuchte Manar, Gästen ein Tablett mit Tee zu reichen, das zu schwer für sie war. Dann verschüttete sie es und wurde getadelt, aber sie nahm es nie übel und war kurz darauf wieder gut gelaunt.

Obwohl Manar das älteste der Kinder war, nahm Omar sie kaum wahr. Oft überschüttete er sogar Amira vor Manars Augen mit seiner Zuneigung. Wenn ich ihn darauf ansprach, erklärte er mir, dass Manar die Tochter seiner Schwester sei und daher nicht zur Familie gehöre.

»Sie gehört zur Familie ihres Vaters, Amira dagegen ist eine von uns.«

Obwohl dies sein Verhalten gegenüber den beiden Mädchen zum Teil erklärte, fragte ich mich, ob er nicht auch Amiras listige Intelligenz und ihre natürliche Kühnheit gegenüber Manars sanftem und angepasstem Charakter bevorzugte. All das wirkte sich jedoch in keiner Weise auf das Verhältnis zu seiner Schwester aus, die er häufig wegen der ihr eigenen Sanftheit, Geduld und guten Laune lobte. Auch tat seine offensichtliche Bevorzugung Amiras der engen Beziehung zwischen den Mädchen keinen Abbruch. Im Gegenteil, sie freundeten sich mit der Zeit immer enger an, als wollten sie Omars Aufmerksamkeit zwischen sich aufteilen, indem sie jeweils die Nähe der anderen suchten. Es erinnerte mich an das Verhältnis zwischen Randa und ihrer Cousine Temaam, Onkel Ahmeds Tochter, die nebenan wohnte und an meinem ersten Tag zusammen mit Randa ins Haus gekommen war, um mich zu begrüßen.

Wie viele Cousinen waren auch Randa und Temaam beste Freundinnen und Vertraute. Sie tauschten ihre Kleider und ihren Schmuck aus und gingen überall zusammen hin, wobei sie sich an den Händen hielten und aufgeregt miteinander tuschelten. Im Haus sah ich, wie sie sich während einer Unterhaltung häufig an den Armen fassten, lachten und drückten. Ihre Überschwänglichkeit war ansteckend und verbreitete im ganzen Haus eine Atmosphäre von Jugendlichkeit und Lebendigkeit – bis zu dem Moment, wenn Omar oder Abu Omar nach Hause kamen und der Kassettenrecorder ausgeschaltet werden musste. Im Gegensatz zu seinem Vater verlangte Omar nicht, dass jemand anderes ihn ausschaltete – er tat es selbst. Ohne ein Wort des Protests nahmen dann alle Frauen ihre vernachlässigte Tätigkeit wieder auf. Teemam war auf einmal verschwunden und Sahr trug Randa in ruhigem Tonfall auf, Tee zu machen, während sie fortfuhr, den Boden zu putzen. Ich selbst setzte mich dann zum Beispiel zu einer der anderen Frauen und half, die welken Blätter von den langen Stielen des *mlokhiiyeh* (eine essbare hanfähnliche Pflanze, aus der eine klebrige Suppe gekocht wird) abzuzupfen, die in einem großen Bündel auf dem Boden lagen. Ohne Groll fügten sich alle der neuen Situation.

Mit »alle« meine ich die jüngeren Familienmitglieder, die zu der Zeit im Haus waren, darunter gewöhnlich auch Bilaal. Ich beobachtete morgens oft, wie er vor dem kaputten Spiegel stand und sein nasses dunkles Haar zurückkämmte, damit es lässig wirkte und schön glänzte. An den meisten Tagen besorgte er Oliven, Eier oder Falafel für unser Frühstück. Dann verließ er das Haus, um sich mit den jungen Männern aus dem Dorf zu treffen, jüngere Brüder wie er selbst, die nach Abschluss der Schule nicht viel zu tun hatten.

Manchmal hing Bilaal auch im Haus herum und hörte Musik aus dem Kassettenrecorder. Wenn Sahr sich durch den Lärm bei ihrer Hausarbeit gestört fühlte, ging sie, bewaffnet mit ihrem Mopp und einem Eimer Wasser, schnurstracks in das Zimmer, in dem er sich befand, und machte sich energisch daran, den Boden um ihn herum zu putzen. Dabei scheuchte sie ihn unablässig schimpfend von einer Seite auf die andere. Manchmal erinnerte sie Bilaal daran, dass ihre kranke Mutter nicht gestört werden dürfe, worauf er sofort den Kassettenrecorder ausschaltete. Wenn sie aber einfach hereingestürzt kam und ihm eine Strafpredigt hielt, war er weniger fügsam. Er widersprach ihr mit erhobener Stimme und schaltete, kaum hatte sie ihm den Rücken zugewandt, die Musik wieder ein. Sahr fing daraufhin erneut an zu schreien und drohte ihm mit ihrem nassen Mopp oder fuchtelte mit einem ihrer *khofái* herum, bereit, ihn damit zu bewerfen. Sie konnte meisterhaft treffen. Dann endete der Streit meist in einer Art Ringkampf.

Vom jahrelangen Aufeinanderstapeln schwerer Matratzen, Teigkneten und Teppichausklopfen war Sahr stark geworden. Ich konnte es an ihren Unterarmen und Handgelenken sowie an den dicken Handballen sehen. Doch Bilaal war damals im besten Mannesalter und so waren sie einander im Kampf ziemlich ebenbürtig. Trotzdem ging Sahr aus diesen Auseinandersetzungen stets als Siegerin hervor, da sie Bilaal mit ihrer lauten Stimme so lange beschimpfte, bis sie ihn schließlich aus dem Haus getrieben hatte.

Auch Bilaal stand einem seiner Cousins besonders nah: Temaams Bruder Waliid – der junge Mann, der auf Hochzeiten Flöte spielte. Wenn die älteren Männer aus dem Haus waren, machten Bilaal und seine Cousins sich im Gästezimmer breit, lungerten auf den Matratzen herum und erzählten sich Witze oder Geschichten. Häufig legte Bilaal dabei seinen Kopf auf Waliids Schoß oder anders herum. Oft gesellten sich Waliids Brüder und andere junge Männer aus der Verwandtschaft zu den beiden. Die vielen Söhne von Abu Omars Cousin zum Beispiel, die am anderen Ende des Dorfes lebten, standen der Familie nahe und kamen fast täglich zu Besuch. An manchen Tagen schauten Temaam und eine oder zwei ihrer Schwestern vorbei, um Randa zu besuchen. Dann drängten wir uns in dem kleinen Gästezimmer mit seinem hübschen Teppich in hellem Beige und leuchtendem Blau, der das durch die zwei breiten Fenster strahlende Sonnenlicht reflektierte. Dort unterhielten wir uns, lachten und tranken Tee, während die Jungen mir schelmisch die Spitznamen ihrer Verwandten und anderer Leute aus dem Dorf nannten.

»Mishaal, Mishaal, wer ist das?«

»Das ist dein Cousin Fariis.«

»Nein, nein, er ist Miisterr _Hout_.« (Wal) Schallendes Gelächter folgte.

»Mishaal, wer ist das?«

Jetzt sprach Fariis, wobei er wiederum auf Bilaal deutete, und bevor ich etwas sagen konnte, antwortete er für mich.

»Das ist *Himaar* (Esel). Sag es, Mishaal: *Himaar*.«

So konnte es dann stundenlang weitergehen. Als ich Monate später zurückkehrte, um zu bleiben, verbrachten wir viele Wintertage auf diese Art, um den einzigen Kerosinofen des Hauses versammelt, an dem meine Socken zum Trocknen hingen und häufig ansengten, da ich sie in der allgemeinen Heiterkeit vergaß. Die jungen Leute deuteten auf einander und ließen mich auf Arabisch wiederholen: »Herr Wal«, »Esel«, »Dickerchen«, »Bär«, »Papa Quasselstrippe«. Bei der Suche nach dem witzigsten Spitznamen versuchten sie sich gegenseitig zu übertreffen. An solchen Tagen erweiterte ich meinen Wortschatz enorm.

Omar hatte in Mu'tah einen engen Freund gewonnen, Munir.

Er war so groß wie Omar, aber hellhäutiger und kahlköpfig, obwohl er erst Anfang dreißig war. Zum Ausgleich hatte er sich einen kleinen Spitzbart wachsen lassen, der ihn intellektuell wirken ließ. Er hatte markante Gesichtszüge, die zu seinem ruhigen, freundlichen Wesen passten. Mit der Zeit erwies er sich als einer von Omars treuesten Freunden.

Eines Tages waren Omar und ich mit einem anderen Freund, der uns im Auto mitnahm, bei Munir eingeladen. Omar erzählte mir, dass Munir auf dem Land lebte, wo seine Familie ein Grundstück besaß.

»Sie leben dort für die Zeit, bis sie ihr neues Haus in der Stadt beziehen können, in einem Zelt. Es heißt Camping, wenn man in einem Zelt lebt, nicht wahr?«

»Camping? Ja.«

»Ja. Sie campen, weil ihr Haus in der Stadt noch nicht fertig gebaut ist.«

Bereits nach kurzer Fahrt befanden wir uns in einer vollkommenen Wildnis. Als wir auf einen Feldweg gelangten, sah ich vor uns ein schwarzes Zelt aufgeschlagen, das jenen ähnelte, die ich von der Autobahn aus in der Ferne erblickt hatte.

Nicht weit von dem Zelt entfernt waren ein paar Pfähle in den Boden gerammt und Zweige darüber gebreitet worden, um einem Hahn und seinen Hennen etwas Schatten und Schutz zu bieten. Mehrere hübsche Ziegen mit langen seidigen Ohren liefen herum und an den dicken Stamm eines Busches war ein Kalb angebunden, das den Kopf tief in einen Sack Getreide versenkte.

In der Nähe des Zelteingangs wurden Matratzen ausgelegt, die mit Stoffen in leuchtend bunten Farben bezogen waren. Wir wurden aufgefordert, uns dort niederzulassen. Daneben hing eine Teekanne über einem offenen Feuer. Zwei ältere Frauen sahen auf und begrüßten uns. Beide trugen einen langen, schwarzen *shrsh* und hatten einen *silik* beziehungsweise einen rot karierten *kefiiyeh* um die Köpfe gebunden. Eine der Frauen war Munirs Mutter. Er ging zu ihr hinüber, neckte sie und scherzte mit ihr auf Arabisch, während sie uns die Kanne brachte. Wir saßen fast den ganzen Nachmittag lang auf den Matratzen im Schatten einer kleinen Eiche, plauderten und tranken Tee. Nach einer Weile steckte Munirs junge Frau ihren Kopf aus dem Zelt, wo sie sich offensichtlich die ganze Zeit über aufgehalten hatte, um uns zu begrüßen. Erklärte man mir später, dass sie schwanger gewesen sei und sich nicht wohl gefühlt habe? Vielleicht. Ich kann mich nicht erinnern.

Die Ziegen waren zahm und eine von ihnen machte es sich auf meinem Schoß bequem, während ich ihr den Kopf streichelte und die langen weichen Ohren, die ihr schmales Gesicht wie Locken umrahmten. Nach einer Weile wurde jedem von uns ein Glas Ziegenmilch angeboten. Sie schmeckte streng und prickelte leicht auf der Zunge.

Wir wollten gerade aufbrechen, als Omar mich mit gedämpfter Stimme aufforderte hochzublicken. In der Nähe der Büsche graste ein weißes Pferd. Als es uns bemerkte, hob es den Kopf und starrte zurück. Ich stand auf und ging mit Munir und Omar auf das Pferd zu, doch es trabte davon, als wir noch ein ganzes Stück entfernt waren.

Als wir wegfuhren, sagte Omar mit ruhiger Stimme: »Du verstehst das, oder? Sie leben in diesem Zelt, weil sie ein Haus in der Stadt bauen, und es ist noch nicht fertig.«

»Ja, genau«, erwiderte ich. »Sie campen nur.«

Ich kann nicht einschätzen, ob es Omar damals wichtig war, klarzustellen, dass Munirs Familie keine Beduinen waren, oder Munir selbst. Omars wiederholter Hinweis, dass ihre Wohnsituation nur vorübergehend sei, machte seine Befürchtung deutlich, ich könne glauben, Munir und seine Familie seien Angehörige eines »primitiven« Stammes. Ich konnte diese Sorge verstehen, obwohl ich nie ein solches Urteil gefällt hätte, nachdem ich erst so kurze Zeit in diesem Land war.

Die Mauer

Hochzeit: das Ende der Feier

Das Mittagessen bei Shareen ist nun vorbei, der *mensef* gegessen, die Platten weggeräumt. Gläser und Metallkaraffen mit kaltem Wasser werden gebracht. Bald darauf folgt der Tee. Jetzt wird bald die Zeremonie in der Kirche folgen.

Ich gehe in den Hof, in dem wir in der vorletzten Nacht gesessen hatten, und schlendere im Schatten der Weinrebe umher. Tagsüber wirken die Farben kräftiger, die Kontraste stärker. Sie lassen mich an andere Kontraste denken, daran, wie hier Gegensätze aufeinander prallen, ohne sich miteinander zu verbinden. Es werden keine Kompromisse gemacht. Scheinbar tauchen die Dinge, die ich an diesem Land besonders liebe, stets in genau demselben Augenblick auf wie diejenigen, die ich am wenigsten mag, so dass ich sie kaum noch auseinander halten kann. Alles, was mit Omar zu tun hat, mit seinen Schwestern, der Familie, den Nachbarn oder dem alltäglichen Leben – alles ist auf untrennbare Art miteinander verflochten. Wut und Fürsorge, Freude und Verlegenheit, Zuneigung und Bedrängnis, Großzügigkeit und Verschwiegenheit, diese und andere Dinge scheinen auf paradoxe Weise miteinander gepaart zu sein.

Vielleicht wirkt die westliche Gesellschaft auf viele Menschen aus dem Mittleren Osten genauso fremd. Ich weiß, dass sie es zum Beispiel sehr merkwürdig finden, wie wir uns um unsere Haustiere sorgen, während menschliche Wesen in Armut und ohne Bleibe durch unsere Städte ziehen. Es mag sein, dass Angehörige einer anderen Kultur solche Widersprüche einfach schneller erkennen.

Von der Mauer am Eingang aus blicke ich die Straße auf und ab. Zu meiner Linken steht in einiger Entfernung das große Zelt, in dem die Männer verwöhnt worden sind, darunter auch Omar. Dort geht es lauter her. Im Fortgehen starre ich abwesend auf das Straßenpflaster und die Büsche.

Wenn ich diese Welt verlasse, wird sie sich mir wieder entziehen. Sie wird zu *jener* Welt werden. Trotz all ihrer Bedeutung wird sie mit der Zeit verblassen und einem alten Schriftstück ähneln oder gemurmelten Wortfetzen aus einem entlegenen Zimmer. Und dann ist es an mir, die Fetzen aufzuschnappen, einen Gedanken hier, ein Wort da, flüchtige Eindrücke, die wieder zusammengesetzt werden müssen. Ich werde versuchen, sie auf Papier festzuhalten, diese Bilder und Skizzen, die einzelne Momente wiedergeben, aber ich frage mich, wie sie zusammenhalten können, wie ich ihr »Hiersein«, ihr »Jetztsein« aufrechterhalten kann, ihre schlichte Durchsichtigkeit, so dass jedes Bild ein Fenster zum nächsten ist. In Australien, wo ich stets zwischen Traum und Reflexion hin und her treibe, wird das schwierig sein. Doch fordert in diesem Land nicht nur das Handeln gegenüber der Reflexion sein Recht ein, sondern auch das Leben gegenüber dem Schreiben. Hier war jeder einzelne Augenblick stets so, wie ich ihn mir gewünscht hatte: Minztee unter dem Olivenbaum trinken, sich einem Hochzeits-*dubkeh* anschließen, mit Omar an den Abhängen des Wadi klettern – jeder Zeitpunkt voll ausgelebt, befriedigend im Vollzug.

Wie seltsam, dass mein Bewusstsein dieser Differenz, selbst eine Form der Reflexion, mich nun in die Vergangenheit trägt und schaukelt.

Ein Bad

Kufr Soum. Ein Garten wie dieser, nur größer. Abende mit Sonnenuntergängen unter Onkel Ibrahims Obstbäumen und das Bad, das ich bei meinem ersten Besuch hier nahm. Wir gingen gemeinsam zu seinem Haus: zwei Cousinen von Omar, Rashiid und Sobhiiyah, und ihr erstgeborener Sohn, Móntesir, ein hübsches, erst wenige Monate altes Baby, das ich einen Teil des Wegs auf dem Arm trug.

Ibrahim, einer von Omars Lieblingsonkeln – der jüngste Bruder seines Vaters – lebte mit seiner Frau Hind am Dorfrand. Der Weg dorthin wirkte überhaupt nicht steil, man konnte kaum erkennen, dass die Straße anstieg. Ab der Stelle, wo man in einen Trampelpfad abbiegen musste, wurde der Weg etwas steiler und das Gehen wurde ein klein wenig anstrengender. Doch wenn man beim Haus angekommen war, hatte man plötzlich den Eindruck einer großen Höhe und Weite und es war, als ob die Welt vor einem steil abfiel.

Der Begrüßung folgte eine lange Unterhaltung und ein herzhaftes Mahl, das »extra« Omar zuliebe aufgetischt wurde. Nach einem heißen Nachmittag, den wir im Innern des Hauses verbracht hatten, gingen wir nach draußen, um im Garten, den Ibrahim und Hind gemeinsam bestellten, Tee zu trinken. Wir bewunderten die vielen verschiedenen, auseinander stehenden Obstbäume. Von den Strohmatten aus, die auf der gepflügten Erde lagen, konnten wir in vielen Richtungen weit in die Ferne schauen. Das Dorf weiter unten war aus dem Blickfeld verschwunden.

Die breiteste Stelle des Wadi dehnte sich vor uns aus und gegenüber lagen andere Welten. Abgetrennt und in weiter Ferne, dennoch in der Nachbarschaft. Rechter Hand erhob sich der Jebel Sheikh, jener schneebedeckte Berg in Syrien, der von mehreren kleineren Bergen bewacht wird, die in seiner unmittelbaren Nähe stehen. Linker Hand sah man, etwas verschwommener, die viel umkämpften Golanhöhen, die sich weniger deutlich gegen den Himmel abzeichneten. Es waren andere Welten, aber sie lagen innerhalb unseres Blickfelds und waren daher Teil unserer Welt. Wir gossen uns Tee aus der Kanne ein, die Hind neben uns auf die Strohmatte gestellt hatte, und sprachen über einen Pfirsichbaum, den Ibrahim vor Jahren gepflanzt, und die drei Aprikosenbäume, die Hind im vergangenen Frühling eingesetzt hatte.

Bis zur Abenddämmerung blieben wir im Garten. Bei Sonnenuntergang brachte Hind eine Schale voll riesiger Granatäpfel. Sie hatten sie im letzten Herbst von ihren eigenen Bäumen gepflückt und so gelagert, dass sie wie frisch gepflückt schmeckten. Ich hatte nie zuvor einen Granatapfel gegessen oder auch nur aufgeschnitten gesehen und war erstaunt über das tiefe Rot der tränenförmigen Samen und die glänzende Durchsichtigkeit, die ihre säuerliche Süße vorwegzunehmen schien.

Als die Sonne untergegangen war, saßen wir immer noch im Garten, und als es schließlich dunkel wurde, willigten wir ein, über Nacht zu bleiben. Rashiid und Sobhiiyah wurden im Hauptzimmer untergebracht, Omar und ich dagegen bekamen, wahrscheinlich auf Omars Bitte hin, einen Raum für uns allein. Hind legte für uns zwei dicke Matratzen nebeneinander. Mir fiel auf, wie viel kühler es nachts hier war als in unserem Haus im Dorf, obwohl noch Hochsommer war.

Hind mochte Omar. Sie war auch eine Verwandte – eine Cousine zweiten Grades, glaube ich – und er fühlte sich im Haus seines Onkels ebenso daheim wie in seinem eigenen. Als wir uns unter die Decken kuschelten, ließ er mich an seinem Gefühl von Behaglichkeit teilhaben. Wir unterhielten uns mit gedämpften Stimmen, entspannt und friedlich, und Omar erklärte mir, in welchem Verwandtschaftsverhältnis sein Onkel und Hind zu seiner Familie standen. Ich erzählte ihm, wie sehr mir der Garten und die Lage des Hauses gefielen, und wir waren uns einig, dass es ein außergewöhnlich schöner Tag gewesen war. Während wir darüber sprachen, hielten wir einander im Arm und wärmten uns gegenseitig. Der Austausch von Worten wurde nach und nach zu einem Geben und Nehmen von Küssen und Zärtlichkeiten, bis uns, als Höhepunkt eines glücklichen Tages, die Leidenschaft übermannte.

Nichts bleibt so, wie es ist. Zwei aufeinander folgende Tage können so verschieden sein, dass man sich fragt, ob man sich überhaupt am selben Ort befindet. In jener Nacht träumte ich schlecht. Ein unbehagliches und zugleich vertrautes Gefühl der Schwere überkam mich im Schlaf und vermischte sich im Traum mit Bildern von dem Nachmittag im Garten. Der Morgen dämmerte bereits, als ich von einem Nässegefühl aufwachte. Leise schälte ich mich aus den Decken, starrte auf die Innenseite meiner Schenkel und fragte mich in meinem verschlafenen Zustand, wie dieses glänzende Granatapfel-Fruchtfleisch dorthin kam. Dann endlich begriff ich, was passiert war, und fragte mich voller Sorge, wen ich zu dieser nachtschlafenden Zeit um das bitten konnte, was ich brauchte.

Ich hatte bereits einmal bei Omar eine frühe, unerwartete Blutung gehabt, aber seine Schwestern hatten mich mit Damenbinden aus dem Dorfladen versorgt – genau die gleichen, wie man sie in westlichen Ländern bekam, sogar dieselbe Marke. Hind würde solche Dinge wahrscheinlich nicht vorrätig haben, dachte ich. Wozu sollte sie sie brauchen, wenn sie keine Kinder hatte? Wahrscheinlich hatte sie gar keine Menstruation. Wo sollte ich jetzt hingehen? Gab es wenigstens eine Toilette im Haus?

Einen Moment lang beobachtete ich den tief schlafenden

Omar und beschloss, ihn nicht aufzuwecken. Dann schlich ich mich aus dem Zimmer, um eine der Frauen zu suchen. Erleichtert sah ich, dass Sobhiiyah im Nebenzimmer bereits wach war. Sie sprach ein wenig Englisch und begriff mein Dilemma schnell. Gemeinsam fanden wir Hind, die in ihrer geräumigen Küche bereits mit der Hausarbeit begonnen hatte.

Hilfsbereit begann Hind sofort, an verschiedenen Stellen im Haus zu suchen, und kam schließlich mit einem sauberen Tuch und ein paar Sicherheitsnadeln wieder, welche ich benutzen konnte, wie sie mir versicherte. Dann zeigte sie mir die Toilette, ein kleiner gekachelter Raum mit Wasserhähnen, der hinter der Betontreppe lag, die zum Dach führte. Ich hatte ihnen zu verstehen gegeben, dass ich mich gerne waschen oder duschen würde, und als ich in die Küche zurückkam, standen zwei große Töpfe Wasser auf dem Herd und auf dem Boden dampfte es bereits aus einem runden Bottich. Hind goss noch etwas kaltes Wasser in den Bottich, prüfte die Temperatur und forderte mich auf hineinzusteigen. Weder sie noch Sobhiiyah bewegten sich von der Stelle. Hind war bereits dabei, mir aus meinem leichten Baumwollnachthemd zu helfen, und bedeutete mir, dass sie mir den Rücken waschen würde.

Ich war gerade in den Bottich gestiegen, als plötzlich Omars Schwester Sahr auftauchte. Sie hatte einen frühen Morgenspaziergang zum Haus ihres Onkels gemacht, um uns noch dort anzutreffen.

So nahm ich also mit Hilfe der drei Frauen und unter ihren prüfenden Blicken mein Bad. Hind rieb mir den Rücken mit einer dieser strohartigen, filzigen Bürsten ab, die sich wie Luffaschwämme anfühlen, nur kratziger. Sobhiiyah brachte noch einen Topf heißes Wasser vom Herd, und während sie es in den Bottich goss, stand Sahr, ein Auge auf sie, eines auf mich gerichtet, plaudernd daneben. Mir war klar, dass sie meinen

Körper begutachteten. Sie prüften meine Figur, suchten nach besonderen Merkmalen oder Makeln, versuchten mit Blicken meine Fortpflanzungsfähigkeiten zu erfassen. Geschäftig eilten sie hin und her, brachen ein ums andere Mal in Lachen aus und versuchten, mich ebenfalls zum Lachen zu bringen, indem sie immer wieder das Wort *hilwi* wiederholten. Ich war froh, dass sie mich zu mögen schienen. Was, wenn sie mich unzulänglich gefunden hätten? Ich fragte mich, ob sie den Männern solch vertrauliche Dinge berichten würden. Anderen Frauen mit Sicherheit. In diesem Moment fühlte ich mich unsicher und wusste nicht, wie ich reagieren sollte.

Mit äußerst gemischten Gefühlen saß ich dort, umgeben von den drei Frauen, in meinem Bad. Einerseits empfand ich es als Eindringen in meine Privatsphäre und es war mir peinlich. Auf der anderen Seite fühlte ich mich auch geehrt, wie eine Prinzessin aus einer Sage oder biblischen Szene, die von ihrer Amme und ihren Dienerinnen gebadet wird.

Nachdem ich mich angekleidet und mir das Haar gekämmt hatte, sagte Omar zu mir: »*Na:iiman*!« Das ist ein spezieller Gruß der Erneuerung für die, die gebadet und sich erfrischt haben. Als die anderen diesen traditionellen Gruß wiederholten, verstand ich, dass er für jene, die ihn verwendeten, nichts Besonderes war, ich dagegen empfand ihn wie eine Segnung.

Ibrahim lebt heute immer noch in dem Haus auf dem Hügel, Hind dagegen – nun –, *sie* ist inzwischen jemand anderes. Sie hatte zwei Fehler. Sie war nicht nur kinderlos, sondern auch noch mutig und hatte ihren eigenen Kopf. Als Onkel Ibrahim sich vor vielen Jahren eine zweite Gattin nahm, gab es zwischen den beiden Frauen so viel Zwietracht, dass dieses Arrangement unmöglich beibehalten werden konnte. Hind erwies sich als die Stärkere und so kehrte die andere Frau zu ihrer Familie zurück. Vor kurzem versuchte es Ibrahim erneut und nahm sich diesmal ein sehr unterwürfiges und deutlich jüngeres Mädchen. Sie war eine Taubstumme, von denen man in diesem Land sagte, sie hätten keine andere Chance als die, eine zweite Frau zu werden. Alle hielten ihn für verrückt. Was, wenn die Kinder mit der gleichen Behinderung zur Welt kämen?

Die Heirat fand statt, während ich gerade im Dorf lebte. Da ich viel für Hind übrig hatte, beschloss ich, die Hochzeit zu boykottieren. Niemand äußerte sich verächtlich über mich oder die Art, wie ich mit diesem Wort um mich warf, nicht einmal die wenigen Englisch Sprechenden, die es verstanden. Es herrschte einfach eine vollkommene Gleichgültigkeit gegenüber der Meinung einer Fremden zu Angelegenheiten, die das Dorf oder die Familie betrafen. Eines Tages wurde ich jedoch zu einer Zusammenkunft in ein Haus mitgenommen, bei der die junge Frau anwesend war. Man sagte mir nicht, wer sie war, und ich war von ihrer natürlichen und liebevollen Art angetan. Ihr Name ist Rabiiya:a, was Frühling bedeutet. Sie erwies sich in dieser Ehe als viel stärker, als ihre Stille und Unterwürfigkeit es vermuten ließen. Sie war hübsch, liebenswert und brachte innerhalb kurzer Zeit zwei gesunde Kinder zur Welt. Hind dagegen war älter und dicker geworden, hatte aber immer noch ihren ausgeprägten Willen. Nachdem sie sich sechzehn Jahre um ihren Mann, das Haus und den Garten gekümmert hatte, war sie nun diejenige, die ging.

Die Mauer

Ich bin gegen eine Mauer gestoßen, eine Mauer aus Worten, die die Leute hier davon abhält, ihre eigene Vergangenheit zu sehen. Fetzen und Fragmente von Erinnerungen, in der westlichen Gesellschaft über Generationen weitergegeben – all das, was in Büchern, Anekdoten, Unterhaltungen erhalten geblieben ist –, häufen sich von selbst an, unabhängig von meinen Wünschen.

Ich suche nach dem Riss, an dem ich klopfen kann, um die Mauer zu durchbrechen. Auf der anderen Seite werde ich mich dann zu diesem Ort und dieser Zeit umdrehen und den Blick auf die Dinge umkehren. Dann wird die Mauer zerbröckelt sein und wilde Kräuter und Blumen und Gräser werden wachsen, wie im Wadi. Wo die Mauer gestanden hat, wird ein Garten sein.

Und dies ist auch der Punkt, an dem eine tatsächliche Mauer in meiner Geschichte auftaucht.

Es war bei meinem ersten Kurzbesuch. Ich saß beim Briefeschreiben, als ich draußen ein aufgeregtes Stimmengewirr vernahm. Randa kam ins Zimmer und rief:

»*Aqraba*, Michèle! Komm und schau!«

Die ganze Familie hatte sich um eine alte verrostete Blechdose versammelt, deren Inhalt Cousin Waliid gerade vorsichtig auf dem Boden leerte. Obwohl dieses Schauspiel für die Umstehenden keine große Überraschung sein könnte, schnappten alle nach Luft angesichts des Skorpions, der aus der Dose fiel. Er richtete sich kurz auf und blieb dann stocksteif stehen. Ich hatte bis dahin erst ein einziges Mal, ein paar Jahre zuvor in Griechenland, einen Skorpion gesehen. Er war von einem fast durchsichtigen Rosa gewesen und ziemlich klein, höchstens vier Zentimeter lang. Dieser hier war dagegen riesig – zehn, zwölf Zentimeter lang – und schwarz. Sein Stachel war über seinem Rücken nach oben gebogen wie ein dickes Ofenrohr und reagierte sofort, als zuerst Waliid und dann Omar ihn mit einem Stock berührten. Nachdem die ganze Familie und die Nachbarn den Skorpion gründlich betrachtet und ihre Kommentare abgegeben hatten, tötete Omar ihn. Auch Randa nahm einen Stein in die Hand und half dabei, das Tier zu zerschmettern. Man erzählte mir, dass sein Stich wahrscheinlich tödlich gewesen wäre. Randa schlug immer wieder zu. Sie und Sahr waren schon oft von Skorpionen gestochen worden und hassten diese Geschöpfe, die agiler sind, als sie scheinen. Sie können mit Leichtigkeit Mauern hochklettern und in Häuser eindringen – einer der Gründe, warum die Frauen täglich die Böden der Häuser putzen. Noch während meines ersten Aufenthalts wurden beide Schwestern erneut von einem Skorpion gestochen.

Nachdem man mich nach draußen geholt hatte, fiel mir auf, dass ein großer Teil der niedrigen Mauer um Haus und Garten abgetragen worden war. Skorpione ziehen sich gerne in die Risse und Spalten einer Mauer zurück und beim Herausklopfen der Steine war dieser hier herausgekrochen. Die meisten Häuser in den Dörfern Jordaniens sind, wie in vielen ländlichen Gebieten auf der ganzen Welt, von solchen Mauern aus Natursteinen umgeben. Einige wohlhabendere Dorfbewohner hatten jedoch hohe Betonmauern um ihre Grundstücke gezogen, die man nur durch ein solides Eisentor betreten konnte.

Die Steinmauer um sein Haus, so hatte Omar beschlossen, sollte durch eine hohe Gartenmauer mit einem solchen Eisentor ersetzt werden.

»Aber ich liebe die Steinmauer«, sagte ich beim Abendessen. »Muss sie wirklich abgerissen werden? Sie ist hübsch und ländlich und...«

»Und gefährlich«, antwortete Omar. »Du hast gesehen, was heute passiert ist.«

»Aber wenn du sie schon ersetzen musst, warum dann nicht durch eine andere niedrige Mauer? Deine Eltern mögen es, wenn die Nachbarn vorbeigehen und grüßen. Sie werden niemanden mehr sehen können.«

»Das ist ja gerade das Schlechte daran. Meine Eltern sitzen dort den ganzen Tag mit ihren Teekannen und unterhalten sich mit jedem Affen, der auf der Straße vorbeigeht. Man hätte schon vor langer Zeit eine gute feste Mauer bauen sollen, aber ich war ja weg und glaubst du, hier würde sich irgendjemand um diese Dinge kümmern? Jetzt bin ich wieder da und ich werde eine hohe Betonmauer ziehen.«

Am selben Nachmittag ereignete sich an der Mauer ein zweiter Zwischenfall und die Nachbarn von der ganzen Straße versammelten sich vor unserem Haus. Es begann mit einem lauten Getöse im Garten – dort wurden gerade zügig die Steine der alten Mauer abgetragen –, das von raschen Wortwechseln und Ausrufen sowie einem merkwürdigen Schrei begleitet wurde. Ich war im Haus geblieben, um Sahr und Randa beim Abwaschen und Putzen zu helfen, doch nun eilten die beiden hinaus, um zu sehen, was passiert war. Ich wollte ihnen gerade folgen, als Omar hereinkam. Er ging direkt auf den Schrank in unserem Zimmer zu, in dem er sein Jagdgewehr aufbewahrte. Dann sagte er zu mir: »Bleib hier. Komm nicht nach draußen, bevor ich es dir sage.« Doch schon wenige Minuten später rief er nach mir: »Michèle, komm aus dem Haus, sonst wirst du erschossen!«

Verständnislos runzelte ich die Stirn, trat dann aber gehorsam aus dem Seiteneingang und ging auf die Straße, auf der sich bereits eine kleine Menschenmenge versammelt hatte. Omar rief mir zu: »Komm hierher hinter die Mauer. Wenn du im Haus bleibst, wirst du vielleicht durchs Fenster von einer

Kugel getroffen.« Dann übersetzte er seine Warnung offenbar für die Umstehenden, denn sie lachten jetzt und bestätigten, dass er eigentlich auf etwas anderes schießen wollte.

Anfangs spielte die Schlange Versteck mit uns. Jedes Mal, wenn ein Stein aus der Mauer entfernt wurde, suchte sie in einer anderen Spalte Zuflucht. So konnte Omar unmöglich auf sie zielen. Inzwischen war das ganze Dorf – Männer, Frauen und Kinder – durch das Geschrei angelockt worden. Sogar Onkel Aziz, der viele Straßen entfernt wohnte, war mit einigen seiner Kinder erschienen. Schließlich bekam Omar doch eine Chance und legte an. Obwohl die Schlange nur klein war, trennte er ihren Kopf mit einem einzigen Schuss ab. Sofort nahm Onkel Aziz einen schweren Stein und zertrümmerte den Schlangenkopf. Man sagte mir, das sei nötig, weil auch der abgetrennte Kopf einer Schlange noch beißen könne. Jetzt standen alle um die tote Schlange herum, um sie genau zu betrachten. Sie hatte eine schwarze Haut mit hellen Flecken und man erklärte mir, dass es sich um eine giftige Art handele. Omar legte trockene Zweige auf einen Haufen, ließ die tote Schlange darauf fallen und zündete das Ganze an. Ich dachte, er würde nun als Held gefeiert werden, aber obwohl die Schlange für den Rest des Tages Hauptgesprächsthema blieb, schien der Vorfall für die Dorfbewohner nichts Ungewöhnliches gewesen zu sein.

Ende Juni nahm Omar seine Lehrtätigkeit an der Universität Mu'tah auf. Einen Tag nach seiner Abreise bekam sein Vater Besuch von einigen Mitarbeitern der Straßenbaubehörde, die die Lage der neuen Mauer überprüfen wollten. Die niedrige Steinmauer hatte die Grenzen des Grundstücks markiert, oder zumindest das, was die Familie dafür hielt. Doch eine dauerhafte Konstruktion konnte erst gebaut werden, wenn die Pläne von offiziellen Regierungsvertretern geprüft und bestätigt worden waren. Diese zwei Männer setzten Abu Omar unverzüglich davon in Kenntnis, dass die ursprüngliche Mauer zu weit zur Straße hin gebaut worden war, die aber eines Tages wahrscheinlich verbreitert werden müsse.

Ja, die Mauer habe einen Teil der öffentlichen Durchfahrtsstraße in Anspruch genommen, und nein, das liege nicht an den Nachbarn auf der gegenüberliegenden Straßenseite, sondern an diesem Grundstück. Wenn eine neue Mauer gebaut würde, müsse sie näher am Haus, etwas weiter weg von der Straße, errichtet werden.

»*Wal romaaneh?*«, fragte Sahr. »Was ist mit dem Granatapfelbaum?«

Damit brachte sie die Bedenken ihrer Mutter zum Ausdruck, denn Rihaab und Omar hatten erst in diesem Frühling gemeinsam einen jungen Baum gepflanzt, um seine Rückkehr aus dem Ausland zu feiern; und es gab noch einen anderen, vier Jahre alten, den sie gepflanzt hatten, bevor er zum Studium in die Staaten aufgebrochen war.

Ihr Vater erwiderte, dass der junge Baum kein Problem sei, der Schößling dagegen direkt im Weg stünde. Man würde ihn umpflanzen müssen.

Rihaab jammerte, dass die junge Pflanze den Standortwechsel wahrscheinlich nicht überleben würde. Trotzdem war ich überrascht, wie duldsam und einsichtig Omars Eltern sich in Bezug auf das Grundstück verhielten. Da ich wusste, wie viel die Granatapfelbäume Omar und seiner Mutter bedeuteten, machte ich mir leichte Hoffnungen, dass dieses neue Problem Omars Meinung ändern würde. Doch bei seiner Rückkehr zeigte er sich angesichts der neuen Situation ebenso einsichtig wie seine Eltern. Im Grunde zeigte er fast gar keine Reaktion. Und ob sie nun ehrlich bedauerten, dass ihr Grundstück an den Rändern so zusammenschrumpfte, oder ob sie schon immer gewusst hatten, dass es über die Grenzen hinausging, niemand verschwendete Zeit damit, den Verlust zu betrauern. Das gab dem Geist Raum und Energie, sich den Dingen zu widmen, die getan werden mussten. Zu jener Zeit etwa übersetzte Omar mir ein altes arabisches Sprichwort: »Wer ständig zurückblickt, kommt nie voran.«

Eines Tages, als Omar zu Hause war, kam der mit dem Bau Beauftragte mit einem zweiten Mann, um sich über die Errichtung der Mauer zu beraten. Sie erschienen kurz vor dem Mittagessen. Abu Omar war ausgegangen und Rihaab, die selten mit uns aß, hatte sich in eines der hinteren Zimmer zurückgezogen. Das Mittagessen ist immer das reichhaltigste und Sahr war einen Großteil des Vormittags damit beschäftigt gewesen, einen Huhn- und Spinateintopf zuzubereiten, den ich besonders gern mochte.

Sahr hatte gerade das Hauptgericht auf den Boden zwischen Omar und mich gestellt, als die beiden Männer eintrafen. Sie wurden sofort aufgefordert, sich zu Omar zu setzen und mitzuessen. Diese spontane Einladung überraschte mich nicht, denn inzwischen wusste ich, dass dies die Art war, wie in diesem Teil der Welt Geschäfte erledigt wurden. Ich war hungrig und hatte bereits die große dampfende Schüssel und die Reisplatte fixiert, die unangetastet zwischen uns standen, während Omar die Männer begrüßte und sie sich niederließen. Doch Sahr kam nicht zurück.

»Geh, mein Schatz. Geh zu Sahr in die Küche. Iss heute dein Mittagessen dort. Ich muss mit diesen Männern etwas Geschäftliches besprechen.«

Die Männer blickten beschämt beiseite und ihre Scham schien noch größer zu werden, als ich nicht gleich reagierte.

Den ganzen Tag über hatte ich mir keine Gedanken über meine Rolle als Frau gemacht – bis zu diesem Augenblick. Ich beschloss, Omars Bitte nachzukommen und später darüber nachzudenken. So würdevoll wie möglich stand ich auf und ließ die Männer beim Essen allein. Bei früheren Gelegenheiten hatte es mir Freude gemacht, mit den Frauen zusammen zu sein. Was war diesmal anders? In diesem frühen Stadium hatte ich keinen Grund, diesen Vorfall überzubewerten. Und es wäre auch nicht dazu gekommen, hätte nicht der Anblick, der sich mir in der Küche bot, mein Gefühl der Kränkung noch verstärkt.

Sahr kauerte auf dem kalten, feuchten Boden über einem Teller Essen – in der gleichen Position, in der sie es fast den ganzen Morgen lang vorbereitet hatte, neben ihr Randa. Beide schlürften so schnell wie möglich ihre Suppe und beeilten sich, mit dem Essen fertig zu werden, um rechtzeitig wieder bei ihrem Bruder und seinen beiden Gästen zu sein und deren Teller abzuräumen.

Ich nahm ein paar Bissen zu mir, aber mir war der Appetit vergangen. Nach ein paar Minuten stand ich auf und ging in das vordere Zimmer, in dem ich normalerweise schlief und meine Sachen aufbewahrte. Es »mein« oder »unser« Zimmer zu nennen wäre nicht ganz richtig. Dennoch schloss ich die Tür hinter mir zu, warf mich auf eine der Matratzen und ließ zum ersten Mal einem Gefühl, das ich bis dahin kaum wahrgenommen hatte, freien Lauf. Es hatte sich während der letzten Tage unmerklich angestaut, mit jedem Moment, in dem ich wieder ein kleines bisschen Fremdheit und Andersartigkeit empfunden hatte: Omars Schwester, die immer kochte (niemals Omar selbst, wie er es in den Staaten getan hatte, niemals überhaupt einer der Männer); eine Nachbarin, die nur einen Tag nach der Entbindung bereits wieder aufstand, um den Haushalt zu erledigen, und die schuldbewusst darüber klagte, ein Mädchen zur Welt gebracht zu haben; Omar, der nach Hause kam und wortlos das Radio ausschaltete, woraufhin die Frauen offenbar sofort kuschten. Bilder solch flüchtiger Ereignisse, jedes so unauffällig, dass es nur einen minimalen Einfluss hatte, kamen mir wie feiner, vom Winde verwehter Sand in den Sinn.

Nachdem die Männer gegangen waren, kamen Sahr und Randa zu mir ins Zimmer und bald darauf tauchte auch Omar auf. Die Schwestern konnten nicht verstehen, was mit mir los war.

Sahr sagte, sie sei bloß in Eile gewesen und habe deshalb in der Küche so schnell gegessen.

Randa sagte auf Englisch: »Michèle, hast du uns früher schon einmal so essen sehen? Nein. Es ist nicht immer so. Es ist nur das eine Mal. Etwas Besonderes.«

Omar sagte: »Wir essen immer mit Verwandten und Nachbarn zusammen, aber wenn fremde Männer in ein Haus kommen, sollten die Frauen nicht gesehen werden. Diese Männer würden es nicht verstehen, wenn du mit uns zusammen isst. Sie würden sich sehr unwohl fühlen und du weißt, dass es als Gastgeber meine wichtigste Pflicht ist, dafür zu sorgen, dass sie sich wohl fühlen.«

Ich erhob Einspruch: »Aber warum habt ihr wie Tiere auf dem kalten Fußboden gekauert?«

Randa übersetzte, was Sahr ständig wiederholte: »Warum regt sich Mishaal so auf? Isst nicht jeder manchmal schnell, wenn er es eilig hat? Mal im Stehen, mal in der Hocke, das ist doch gleich, sonst dauert es einfach zu lang und es gibt viel anderes zu tun.«

Randa sagte: »Wir wollen nicht bei diesen Männern sitzen. Warum bei ihnen sitzen, Michèle? Sie reden über Geschäfte. Und ich sitze nicht gern bei fremden Männern.«

Und Omar fuhr fort: »Schatz, was soll man tun? Das ist der Brauch. Man kann es nicht ändern.«

Dann erlöste uns Sahr aus der Situation, indem sie eine

komische Bemerkung machte. Omar und Randa konnten nicht anders, sie fielen in ihr Lachen ein. Und ich schließlich ebenso.

Nur wenige Tage später kamen die beiden Männer mit vier oder fünf Arbeitern wieder, alles ägyptische Gastarbeiter, die sich an die Arbeit machten und die Betonsteine herstellten. Ich hatte nicht gewusst, dass in dem Dorf Ägypter lebten, denn sie wohnten in einer Straße, vor der ich kaum gehört hatte, eine Straße, die die meisten Leute mieden. Man erzählte mir, dass seit Neuestem nur die Hälfte der Arbeitskräfte aus Ägypten käme, der Rest aus dem Irak.

Bevor der eigentliche Mauerbau begann, versuchte ich ein letztes Mal, Omar zu überreden, dieses meiner Ansicht nach teure und unnötige Projekt aufzugeben, aber er ließ sich auf keine Diskussion ein. Er sagte mir lediglich, er wolle seiner Familie ein wenig Privatsphäre ermöglichen und sich um seine Eltern kümmern, die immer älter wurden. Es sei an der Zeit, dass er etwas für sie tue, sagte er. Meine Anmerkung, dass seine Eltern diese Mauer gar nicht wollten, blieb ohne Wirkung. Er hatte sie schon immer errichten wollen, fügte er hinzu; früher hatte er es sich nicht leisten können, jetzt dagegen schon.

Und dann sagte er etwas, von dem er wahrscheinlich dachte, es würde mein Innerstes erreichen. Zweifellos glaubte er, dass ich angesichts seiner Weisheit nichts mehr würde erwidern können. Er sah mir gerade in die Augen und nickte mit dem Kopf, um die betonten Silben hervorzuheben.

»*An Englishman's home is his castle*«, verkündete er.

Weggehen und Wiederkommen

Die Mauer war noch nicht fertig, als es Zeit für mich wurde, Abschied zu nehmen. Ich versprach Omar, dass ich nach zwei Monaten wiederkommen würde. Ich hatte das Dorf und die umliegende Landschaft lieb gewonnen, wusste aber noch nicht, ob ich mich an das Leben dort würde gewöhnen können. Um dies einzuschätzen, reichten sechs Wochen nicht aus. Omar versicherte mir, dass er mir helfen könne, eine Stelle als Hochschullehrerin zu bekommen. Dann würde ich nicht die ganze Zeit im Dorf leben, sondern in der Nähe meines Arbeitsplatzes. Ich willigte ein.

Aus den zwei Monaten wurden drei. Den ersten verbrachte ich in den Staaten, wo ich noch einige Angelegenheiten zu regeln hatte, bevor ich das Land für immer verließ. Und die folgenden zwei Monate besuchte ich meine Familie in Perth. Meine Schwester hatte einen Mann aus Perth geheiratet und meine Mutter war kurz darauf ebenfalls dorthin gezogen.

Für meine Mutter hatte dieser Umzug eine gewaltige Veränderung bedeutet. Sie fühlte sich einsam und isoliert. Und dann, nur wenige Jahre nach dieser Entwurzelung, erfuhr sie, dass sie unheilbar krank war. Aus diesem Grund hatte sie den Wunsch, ihre Familie um sich zu haben. Ich kam mir egoistisch vor, weil ich mich über ihr Bedürfnis hinwegsetzte, aber wenn ich zu lange in Perth blieb, würde ich jede Chance, mit Omar zu leben, verlieren. Er hatte Vertrauen in mich gezeigt, indem er beim ersten Mal gewartet hatte, bis ich ihm nach Jordanien gefolgt war, aber es war ein empfindliches und verletzliches Vertrauen. Wenn ich nicht bald zurückkehrte, würde er womöglich den Eindruck bekommen, dass meine Familie mich zu sehr beanspruchte, und denken, ich käme vielleicht gar nicht mehr zurück.

Ich versuchte, mein Dilemma durch einen Kompromiss zu lösen. Ich blieb doppelt so lange in Perth, wie ich ursprünglich geplant hatte. Zum ersten Mal sah ich meinen Schwager und meine beiden kleinen Nichten. Ich zeigte meiner Familie die Fotos, die ich bei Omar gemacht hatte. Alle bewunderten die Schönheit seiner Schwester und ihre hübsch bestickten Kleider.

Doch selbst solche glücklichen Momente überdeckten nicht die Sorgen, die meine Familie sich machte. Mein Aufenthalt in den Staaten hatte sie nicht sonderlich beunruhigt. Jetzt war ich kurz davor, in den Mittleren Osten zu ziehen. »So ein unberechenbarer Teil der Welt«, meinte mein Mutter und klagte über die schwierigen Lebensbedingungen, die mich dort erwarteten. Damals ahnten wir noch nicht, dass ihr selbst ein aussichtsloser Kampf gegen den Krebs bevorstand, der drei Jahre dauern sollte.

In weniger als einem Jahr würde meine Mutter nach Jordanien reisen und mich in Kufr Soum besuchen. Doch zu der Zeit, als ich in Perth war, wusste wir beide nicht, wann wir uns wiedersehen würden. Schließlich reiste ich ab.

Jordanien. Mein zweiter Aufenthalt – in dessen Verlauf wir heirateten und der für immer währen sollte – dauerte kaum neun Monate. Wie kann ich dann behaupten, dass ich diesen Ort von Anfang an gemocht habe und es eigentlich immer noch so ist? Omars Familie war stolz auf das Beste, was sie zu bieten hatte. Das Beste war allerdings kaum greifbar, denn Kufr Soum ist eines der ärmsten Dörfer des Landes, und dennoch war es real.

Es hatte sich etwas verändert. Omar schien zutiefst verärgert darüber zu sein, dass ich nicht früher zurückgekehrt war. Warum der eine Monat mehr einen so großen Unterschied bedeuten sollte, verstand ich nicht, aber ich hatte den Eindruck, dass etwas schief gelaufen war. In Gedanken versuchte ich, alle möglichen Gründe für seine heftige Reaktion durchzugehen: der Spott seiner Kollegen und Freunde, während er auf mich wartete, Absprachen mit der Universität bezüglich Wohnmöglichkeiten, die ungültig wurden, als ich nicht zur erwarteten Zeit kam, Zweifel und Misstrauen meiner Person gegenüber, die proportional zu der Zeit, die ich wegblieb, wuchsen, die Erkenntnis, dass er sich womöglich Ärger aufhalste, indem er eine westliche Frau mit nach Hause brachte, sogar – obwohl ich den Gedanken weit hergeholt fand – Gefühle einer anderen Frau gegenüber, durch die er in einen Zwiespalt geraten war. Weder damals noch später erfuhr ich, was die Ursache für Omars Sinneswandel gewesen war. Und es schien, als würde es ihm mit der Zeit tatsächlich gelingen, seinen Ärger zu vergessen.

Bei meiner Rückkehr Mitte November war die Betonmauer samt einem großen, schwarz gestrichenen Eisentor fertig. Das Granatapfelbäumchen, das Omar und seine Mutter gepflanzt hatten, überlebte die Umpflanzung nicht, aber der junge Baum, der sich nun außerhalb der neuen Mauer befand, gedieh weiterhin prächtig.

Fang mich, wenn du kannst

Die siebzehnjährige Randa stand sehr unter Druck, da die Abschlussprüfungen der Highschool unmittelbar bevorstanden. Doch sie wusste ihre Situation zu nutzen. Obwohl sie Sahr im Haushalt half, schaffte sie es häufig, von den lästigeren Arbeiten befreit zu werden, indem sie sich auf ihre Hausaufgaben berief. Mit diesem Argument gelang es ihr eigentlich immer, ihren Kopf durchzusetzen.

Und trotzdem beherrschte Randa es perfekt, die untergeordnete Rolle der Frauen zu spielen. Mit Bedacht wählte sie dafür die richtigen Momente, wobei sie genau zu spüren schien, wann sie ihre Meinung sagen und wann sie sich im Hintergrund zu halten hatte, wie sie um Dinge bitten musste und mit wem sie sprechen konnte. Wenn Omar auftauchte oder Gäste ins Haus kamen, war sie sofort mit der Teekanne zur Stelle und reichte, ohne ein Wort zu sagen, das Tablett mit den Gläsern herum. Später, während der Unterhaltungen, sprach sie nur wenig, warf jedoch ab und zu an der richtigen Stelle eine scharfsinnige Bemerkung ein. Häufig war sie es, die das Gespräch in Gang hielt, gerade so, dass sie auffiel, aber nicht zu sehr. Niemals widersprach sie Omar oder erhob die Stimme gegen ihn, stattdessen setzte sie sich auf eine stets sachliche Art gegen ihn zur Wehr. Ich konnte ihr nichts vorwerfen. Warum soll man seine Intelligenz nicht einsetzen, um sich jeden möglichen Vorteil zu verschaffen? Wenn Omar nicht da war, äußerte sie ihre Gedanken und Gefühle allerdings direkter.

Der Lerndruck, unter dem sie stand, mag den Ausbruch ihres religiösen Eifers ungefähr ab der Jahresmitte gefördert haben. Sie sprach nicht oft über ihre Religion, aber wenn sie es tat, lag in ihren Worten die ganze Leidenschaftlichkeit einer Jugendlichen. Einige Monate lang betete sie regelmäßiger und hingebungsvoller als irgendjemand sonst in der Familie. In dieser Zeit sprach sie oft mit mir über ihre Religion.

Obwohl mir bei jeder sich bietenden Gelegenheit etwas über den Islam erzählt wurde, hatte bisher niemand aus der Familie oder im Dorf versucht, mich zu bekehren. Ich hatte den Eindruck, dass mir, wenn überhaupt, eher kulturelles Wissen und Verständnis vermittelt, als die Religion schmackhaft gemacht wurde. Eines Tages begann Randa, die gerade mit ihren Hausaufgaben beschäftigt war, unvermittelt, etwas über den Islam zu erzählen. Irgendwann während unserer Unterhaltung nahm sie einen Füller und einen Bleistift und hielt sie im rechten Winkel übereinander, so dass sie ein Kreuz bildeten.

»Michèle, das ist sehr schlecht. Glaub das nicht.«

»Du meinst die Kreuzigung? Den Tod Jesu am Kreuz?«

»Ja, Michèle. Es ist nicht wahr. Issu starb nicht auf diese Art. Es ist eine Lüge.«

Dann führte sie Argumente an, die ich bereits kannte: Issu sei zwar gut, aber Mohammed der letzte der großen Propheten und der Islam daher die dringend notwendige Verbesserung des Christentums, so wie das Christentum eine Verbesserung des Judentums gewesen sei. Sie war begierig darauf, mir die *shahada* auf Arabisch beizubringen, das Glaubensbekenntnis des Islam: »Es gibt keinen Gott außer Allah; Muhammad ist der Gesandte Allahs.« Ein guter Muslim muss sich darüber hinaus an die vier Grundgebote des Islam halten: Er muss täglich beten, im Monat Ramadan fasten, ein Viertel seiner jährlichen Einnahmen als Almosen spenden und nach Mekka pilgern. Die *shahada* ist jedoch der erste Schritt. Obwohl ich damals bei dem Gespräch mit Randa den Eindruck gewann, dass sie mich unter Druck setzen wollte, hatten ihre Worte doch etwas so Frisches und Aufrichtiges, dass ich sie ihr nicht übelnahm und sie ihrer jugendlichen Überschwänglichkeit zuschrieb.

Manchmal half ich Randa bei ihren Englisch-Hausaufgaben. Ich tat es gerne; Unterrichten war das, womit ich meinen Lebensunterhalt verdiente, und es half mir, mich an einem Ort, an dem mir so vieles fremd war, wohl zu fühlen. Nach Omar war sie diejenige in der Familie, die am besten Englisch sprach. Zwischen den Unterrichtsstunden löcherte ich sie meinerseits mit Fragen zum Arabischen. Gegen Ende des Jahres half ich ihr, sich auf die gefürchteten *towjiihi*, die Schulabschlussprüfungen, vorzubereiten. Am glücklichsten waren wir beide, wenn sie mir beim Abwaschen oder Teekochen etwas von der arabischen Geschichte erzählen konnte. Ich hatte das Gefühl, als öffnete sich durch ihre Erzählungen, die sicher nur einen Bruchteil des Ganzen ausmachten, ein Spalt, durch den ich in einen weiten Raum sehen konnte.

Mehr als alle anderen hatte Sahr das Gefühl, dass Randa ihre Position ausnutzte. Über die Haushaltspflichten gerieten sie bisweilen so sehr in Streit, dass aus dem gegenseitigen Anschreien eine Art Ringkampf wurde oder sie einander mit Streichholzschachteln bewarfen, genauso, wie wenn Sahr mit Bilaal wegen des Radios kämpfte. Normalerweise warf Sahr mit einem ihrer *khofái*, den sie sich vom Fuß zog oder vom Stapel neben der Tür griff, wenn sie Randa in den Hof hinausjagte. Randa gelang es jedes Mal, Sahr knapp zu entwischen, wodurch Sahr bald außer Atem geriet und nur noch wütender wurde. Sahr sah sich selbst in ihrer Hausfrauenrolle gefangen und ließ ihre Frustration darüber an ihren beiden jüngeren Geschwistern aus, die sie als faul und verantwortungslos beschimpfte. Bilaal hatte im vergangenen Jahr bei seinen Abschlussprüfungen nicht besonders gut abgeschnitten und von ihm wurde weniger erwartet. Randa hingegen war klug, das war allen bekannt, ebenso wie die Tatsache, dass sie diese Klugheit zu ihrem Vorteil ausnutzte. Sahr war nicht das einzige Familienmitglied, das angesichts von Randas Machenschaften verzweifelte.

Ich erinnere mich an eine Situation, als Abu Omar Randa für etwas, was sie getan hatte, maßregelte. Es war während meines ersten Besuchs und wir befanden uns in dem Zimmer, das zum seitlichen Hof hinausgeht. Randa begann zu widersprechen, was sich für eine Frau des Hauses nicht gehörte.

Zu Anfang ließ Abu Omar sich darauf ein, aber als Randa nicht nachließ, entwickelte sich ein Streit und ich fürchtete bereits den Moment, in dem Haatem realisieren würde, dass er in eine Auseinandersetzung mit seiner Tochter verwickelt war. Ich hielt den Atem an und trat leise auf den Hof hinaus.

Wenige Augenblicke später kam Randa herausgerannt, wobei sie ihren Vater, der ihr mit erhobenen Händen folgte, lauter und heftiger denn je beschimpfte. Doch schon bald verwandelte sich das, was sich als Drama anbahnte, in eine Farce. Randa lief, gefolgt von ihrem Vater, auf den Olivenbaum zu und versteckte sich hinter seinem Stamm. Als er näher kam, sprang sie mal auf der einen, mal auf der anderen Seite des Baumstammes hervor, je nachdem, wohin er sich gerade bewegte. Plötzlich schoss sie hinter dem Baum hervor und kam auf mich zugelaufen. Sie stellte sich hinter mich, hielt sich an mir fest und spannte jetzt mich in ihr Katz-und-Maus-Spiel mit ein. Dabei gab sie immer wieder spitze Schreie von sich und rief:

»Michèle, Michèle, rette mich! Du musst mich retten!«

Abu Omar stand mit erhobenem Arm vor seinem geehrten Hausgast. Dann ließ er ihn langsam sinken und schüttelte den Kopf, als gestände er sich in diesem Augenblick nicht nur die unfreiwillige Komik der Situation ein, sondern auch seine Hilflosigkeit als Vater dieser widerspenstigen jungen Frau. Randa löste ihren Griff und er ermahnte sie mit ein paar Worten, wobei sie gerade so reuevoll und unterwürfig zu Boden blickte, dass er zufrieden gestellt war. Zu dritt gingen wir zurück ins Haus – mit einem Augenzwinkern angesichts dessen, was dort im Hof geschehen war ... oder nicht geschehen war.

Früher war die Steinmauer so niedrig gewesen, dass man von der Straße aus hätte sehen können, was in dem Hof vor sich ging. Durch die neue Mauer hatte die Familie eine Privatsphäre erhalten.

Dorfdeppen

In Kufr Soum gab es anerkanntermaßen zwei »Verrückte«
und einen Einfaltspinsel. Von keinem der drei erfuhr ich je den
Namen.

Der eine war groß wie ein Hüne und hatte einen kahl rasier-
ten Kopf. Er war nicht dick, im Gegenteil sogar gut gebaut,
und noch jung. Gelegentlich erlaubte seine Familie ihm, das
Haus zu verlassen, dann streunte er durch die Dorfstraßen.
Man konnte ihn unter einem Olivenbaum sitzend antreffen,
auf einem nicht eingezäunten Stück Land zwischen den Häusern. Dort war er in seiner eigenen Welt. Ungestört. Als ich ihn
zum ersten Mal sah, fand ich, dass er freundlich aussah, und
wäre überrascht gewesen zu hören, dass er jemandem Schaden zufügen konnte. Doch man sagte mir, dass er ganz plötzlich gewalttätig werden konnte. Manchmal hörte man seine
Rufe aus dem Teil des Hauses schallen, wo seine Familie ihn
einsperrte.

Was immer seine Gewalttätigkeit auslöste, die Dorfkinder
waren sicher nicht ganz unschuldig daran. Beim ersten Mal
konnte ich kaum glauben, was ich sah, und noch weniger verstand ich die allgemeine Gleichgültigkeit dem Vorfall gegenüber. Ich war mit Omar die Straße entlangspaziert. Es war
Nachmittag und wir setzten uns zu ein paar Nachbarn vor
deren Haus. Der junge Mann kam vorbei und ließ sich auf
dem Stück Land gegenüber nieder. Eine Gruppe Kinder war
ihm unter höhnischem Gejohle bis dorthin gefolgt. Als sie
anfingen, Steine nach ihm zu werfen, protestierte er zunächst
zaghaft, unternahm jedoch nichts. Ich rief den Kindern zu, sie
sollten es unterlassen, aber sie hörten nicht auf mich. Daraufhin bat ich Omar, ihnen Einhalt zu gebieten, worauf er seine
Unterhaltung unterbrach und ihnen ein paar tadelnde Worte

zurief. Als er sich wieder seinem Gespräch zuwandte, fuhren die Kinder fort, mit Steinen auf den Mann zu zielen. Dieser saß da und wehrte, leise vor sich hin schimpfend, die Steine mit über der Stirn gekreuzten Armen ab. Ich stand auf und ging hinüber zu den Kindern. Nachdem alle meine Versuche, sie von ihrem Tun abzuhalten, fehlschlugen, machte ich mich allein auf den Nachhauseweg, da ich den Anblick nicht mehr ertragen konnte.

Der andere »Verrückte« war ganz anders. Er lief immer draußen herum und liebte es, sich zu unterhalten. Die Leute amüsierten sich über das, was er sagte, und spornten ihn mit absurden Fragen zu seinem dummen Geschwätz an. Wenn sie lachten, lachte er auch. Sie nannten ihn »den Clown«. Er war völlig harmlos, eher eine Nervensäge, wenn er sich an einen hing, aber meistens wurde er von den anderen dazu provoziert, seine komischen Äußerungen noch einmal zu wiederholen. Er gehorchte stets. Auch Omar gehörte zu denjenigen, die ihn quälten und dann wieder fortgingen, wenn die Vorstellung sie langweilte.

Auch dieser arme Irre wurde von den Kindern nicht verschont. Sie verhöhnten ihn und manchmal bewarfen sie auch ihn mit Steinen. Einmal entdeckte ich Salehs Tochter Amira unter den Kindern. Bestürzt beobachtete ich, wie sie mit voller Kraft Steine auf den Mann schleuderte und ihm hässliche Worte zurief. Schon früher hatte ich einmal miterlebt, wie sie mit ihrem *khofái* immer wieder auf einen Skorpion eingeschlagen hatte. Damals hatten alle sie angefeuert, was auch sinnvoll gewesen war. Doch nun fragte ich mich, was Nawal, ihre Mutter, wohl unternommen hätte, wenn sie da gewesen wäre. Hätte sie Amira ermahnt oder sie einfach gewähren lassen?

Manchmal kam mitten am Tag ein freundlicher und leise sprechender Mann zu unserem Haus. Wenn er die Familie entspannt zusammensitzen und plaudern sah, kam er vorsichtig grüßend herbei und wurde dann meistens aufgefordert, sich dazuzusetzen. Wenn Essenszeit war, bot Omar ihm stets eine Portion von dem, was gerade auf dem Tisch stand, an.

Nachdem der Mann wieder fortgegangen war, meinte Omar zu mir: »Der arme Mann. Er ist einfältig und kann kaum für sich selbst sorgen. Er ist eine Waise. Seine Eltern sind beide gestorben, als er ein Baby war.«

Die Familie behandelte ihn stets zuvorkommend, wenn er bei uns auftauchte, besonders Omar und Saleh, der oft bei uns zu Besuch war. Die beiden Brüder häuften ihm Essen auf den Teller, boten ihm Tee oder Kaffee an und unterhielten sich mit ihm. Allerdings ging er nie weg, ohne vorher einen kleinen Preis zu zahlen, den die Brüder von ihm forderten: Sie zogen ihn stets ein wenig auf und kicherten über ihn, während er aß und zwischen den einzelnen Bissen ihre Fragen beantwortete, ratlos über ihre Reaktionen auf seine Antworten lächelnd.

Nachdem die neue Mauer fertig war, kam er nur noch seltener vorbei. Meist blieb er zunächst zögerlich draußen stehen und betrat den Hof nur, wenn das Tor offen war und er uns im Garten sehen konnte.

Es ist seltsam, wie eine Mauer einen am Ende vor den Folgen von Problemen schützen kann, die sie selbst mit verursacht hat. Ich bin sehr froh, dass ich bei den Ereignissen des letzten Jahres, die Omar mir in seinen Briefen beschrieb, nicht in Kufr Soum war.

Während einer Hochzeit war angeblich eine Schlägerei ausgebrochen. Zunächst hatte alles ganz harmlos ausgesehen, als mehrere junge Männer damit begannen, sich gegenseitig zu beleidigen. Doch dann stachelten sie sich gegenseitig zu immer wüsteren Beschimpfungen an, und, wie es so oft geschieht, richteten sich die Beleidigungen bald gegen Menschen, die gar nicht anwesend waren, Familien, die damals für das ganze Dorf eine Zielscheibe des Spotts waren. Der Streit eskalierte und hatte sich bald auf das ganze Dorf ausgeweitet.

Steine wurden gegen Fensterscheiben geworfen, worauf einige Männer mit Gewehren bewaffnet zu den Häusern der vermutlichen Übeltäter eilten. Durch die Überredungskunst einiger Dorfbewohner gelang es endlich, die Situation für diesen Abend zu entschärfen. Doch nur wenige Tage später löste sich irgendwo im Dorf ein Schuss und ein Mensch wurde getötet. Bald darauf ging ein Haus in Flammen auf. Omar schrieb, Bilaal habe nichts mit alldem zu tun gehabt, obwohl auch er auf der Hochzeitsfeier gewesen war, wo der Streit seinen Anfang genommen hatte. Ich konnte mir Bilaal beim besten Willen nicht mitten im Kampfgetümmel vorstellen, aber wenn im ganzen Dorf die Feindseligkeiten hervorbrachen, blieb offensichtlich niemand verschont. Omar schrieb, dass das eigentliche Problem mit der Machtposition der einflussreichsten Clans zu tun hatte. Die weniger mächtigen Familien hatten die Nase voll und wollten es den eingebildeten »Al-Soundsos« zeigen.

Damals rief Omar mich in Perth an, was er nur äußerst selten tat. Nachdem ich ihn nach der Familie gefragt und er mir alle Neuigkeiten berichtet hatte, erzählte er, dass sich die Lage im Dorf verschlimmert habe und die mächtige Familie sich auf eine Art räche, wie es nur gemeine und tyrannische Menschen tun könnten. Ich wusste, dass Omars Familie zu den unbedeutenderen gehörte. Obwohl sein Großvater als religiöser Mann hoch angesehen gewesen war, waren sie doch Außenseiter, da sie erst vor kurzem – vor fünf Generationen – aus Syrien gekommen waren. Auch Omar regte sich häufig über die Macht der großen Familie auf. »Ich habe diesen Clan so satt, es sind widerwärtige Leute!« Seine Stimme hatte durch das Telefon einen seltsam rauschenden Klang.

Ich konnte nicht verstehen, warum Omar so heftig reagierte. »Aber, Omar dein Schwager, Adnan … er ist einer von ihnen.«

»Mmmm«, bestätigte er nach einem Moment des Schweigens gleichgültig und fuhr dann mit den Neuigkeiten über die Familie fort.

Wann immer ich versucht hatte, Omar etwas über die Beziehungen zwischen den verschiedenen Familienmitgliedern und größeren Clans zu entlocken, reagierte er auf die gleiche Weise – indem er nichts oder kaum etwas sagte. Mir wurde schnell klar, dass er mir nicht gern davon erzählte. Einmal hatte er mir sogar unverblümt gesagt, ich solle nicht so viele Fragen stellen. Ich verstünde nichts davon, meinte er, und es ginge mich nichts an. Ich hatte erwidert, da wir ein Paar seien und er mich in seine Familie aufgenommen habe, sei es nützlich für mich, über diese Dinge Bescheid zu wissen, und notwendig, um die Gemeinschaft zu verstehen.

Trotz seiner großzügigen Art war Omar kein Mensch, der gern etwas von sich preisgab. Das meiste über ihn und seine Gefühle erfuhr ich in der ersten Zeit unserer Beziehung, als wir noch in den USA lebten. Damals hatte er mir viel über seine Familie und sein Land erzählt. Ich weiß, dass die Meinung verbreitet ist, die meisten Männer täten sich grundsätzlich schwer mit Vertraulichkeit. Die spärlichen Antworten, mit denen er mich häufig abspeiste, hätte ich also nicht nur auf seinen kulturellen Hintergrund, sondern auch auf die Tatsache schieben können, dass er ein Mann war. Doch man vergisst dabei zu leicht den Menschen. Omar war nie wirklich gesprächig und es gab Zeiten, in denen er sehr schlecht gelaunt und grüblerischer Stimmung war, vor allem in den eigenen vier Wänden und morgens, in der Zeit zwischen dem Aufwachen und dem Frühstück. In diesen Momenten kam ich als seine Frau ebenso wenig an ihn heran wie die anderen Familienmitglieder.

In einem Brief, den er kurz nach unserem Telefonat abschickte, teilte er mir mit, dass das Hauptproblem im Dorf die Armut und die mangelnde Bildung seien. Seit ich in Kufr Soum gelebt hatte, wusste ich, welch hartes Leben Omars eigene Familie führte. Im nächsten Brief, der etwa drei Monate später eintraf, erfuhr ich dann, dass »die Ungebildeten« im ganzen Dorf die Häuser »der Gebildeten« anzündeten. Jemand hatte beschlossen, dass Omars Haus dazugehöre, woraufhin sich eine Horde Menschen mit Fackeln vor seinem Tor versammelt hatte. Sie wollten über die Mauer klettern, schrieb Omar, aber er hatte diese Möglichkeit vorhergesehen und über Tor und Mauer einen elektrischen Draht verlegt. Und so wartete er, bereit, den Strom einzuschalten. Doch sie gingen von allein wieder weg.

Später erfuhr ich, dass Sahr das Tor und das Gitter über der Mauer blassblau gestrichen hatte. Bald werde ich es sehen, wenn wir nach dieser Hochzeit zurück ins Dorf fahren. Ich kann mir gut vorstellen, wie das blassblaue Tor wirkt – viel weniger bedrohlich als während der vielen Monate, die ich in Kufr Soum gelebt habe.

Gerüchte und Fragen

Ich mag die Winter in Jordanien nicht. Ich hatte erwartet, dass die Sommer dort sehr heiß waren, aber nicht, wie kalt die Winter werden konnten. Ein Kerosinofen stellte die einzige Heizung dar und er wurde von Zimmer zu Zimmer getragen, wo immer die Familie sich gerade versammelte. Der gekachelte Boden machte die Kälte noch schlimmer. Im Haus liefen alle barfuß und es gab nur in zwei Zimmern Teppiche. Ich trug die meiste Zeit Socken, aber sie wurden stets nass, weil der Boden zweimal am Tag geputzt wurde. Dann hängte ich sie zum Trocknen an den Ofengriff, wo sie meistens ansengten.

In Amman schneite es, in Irbid und den Dörfern im Norden dagegen fast nie. Stattdessen, wie um die trockenen Sommer auszugleichen, regnete es mehrere Wochen lang ununterbrochen. Es war Winter, als ich eine Stelle an der Yarmouk-Universität in Irbid angeboten bekam. Ich sollte an der philologischen Fakultät unterrichten. Da ich wusste, dass es etwas dauern würde, bis ich eine Wohnung auf dem Campus zugewiesen bekäme, blieb ich in der ersten Zeit im Dorf wohnen und fuhr die sechzehn Kilometer in die Stadt mit dem Bus.

Die Fahrten zur Universität gestalteten sich zunehmend schwieriger. Im Bus selbst gab es keine Probleme, aber das Ein- und Aussteigen, das Umsteigen in der Stadt und der Fußweg über den Campus zum Gebäude der philosophischen Fakultät wurden zu einem einzigen Hindernislauf durch Wasser und Schlamm. Wenn es regnete, war es kein leichter Nieselregen, sondern es goss stundenlang in Strömen. Die Straßen verwandelten sich in Ströme dreckigen Wassers, die man nur überqueren konnte, indem man hindurchwatete. Das alles wäre weniger anstrengend gewesen, wenn ich auf dem Campus oder irgendwo in der Stadt hätte wohnen können.

Omar sagte mir, ihm sei nicht erlaubt, seine Frau auf den Militärcampus in Mu'tah mitzubringen und mit ihr gemeinsam dort zu wohnen. Es machte mir nichts aus, denn ich wollte lieber in der Stadt, in der Nähe meines eigenen Arbeitsplatzes wohnen. Ich wollte das alles organisiert haben, bevor wir unseren Heiratsvertrag unterschrieben. Allerdings hätte es bedeutet, dass ich allein lebte anstatt bei Omar oder seiner Familie. Und das konnte er nicht akzeptieren.

Die Heirat mit einer Frau aus dem Westen brachte einem Mann nicht nur Vorteile. Sie wurde sogar eher als Rückschritt betrachtet, da die Menschen aus den westlichen Gesellschaften weder Würde noch Manieren oder Ehrgefühl zu besitzen schienen. Zudem wurde die Unabhängigkeit westlicher Frauen mit sexueller Freizügigkeit, und damit automatisch mit sexuellem Fehlverhalten, gleichgestellt. Egal wie »anständig« ich mich verhielt, allein die Tatsache, dass wir ein Paar waren, brachte Omar bereits in Schwierigkeiten. In Jordanien ist der Ruf eines Mannes sehr wichtig, erst recht, wenn man aus einem kleinen Dorf stammt, in dem jeder den anderen kennt. Man kann es sich nicht leisten, Schwäche zu zeigen.

Eines Tages fuhr ich mit Nawal, Omars Schwägerin, der Frau von Saleh und Mutter von Amira, im Bus nach Irbid. Sie sprach gut Englisch, wenn auch etwas förmlich und gestelzt. Obwohl sie häufig zu uns nach Hause kam, war es mir selten gelungen, mich mit ihr allein zu unterhalten, weil immer andere Leute da gewesen waren. Als wir jetzt nebeneinander im Bus saßen, fing sie an, mich über Omar zu befragen und darüber, was ich von der Familie hielt. Ich hatte das Gefühl, dass ich vorsichtig sein musste, denn Saleh hatte sich durch die Heirat mit Nawal an den größten und mächtigsten Clan im Dorf gebunden, mit dem Omars eigene Familie nicht immer gut ausgekommen war. Ich hatte auch den Streit mit den Nachbarn nicht vergessen, den ich kurz nach meiner Ankunft miterlebt hatte. Randa hatte mir erzählt, dass Nawal das Gerücht verbreitete, Omar sei ein »schlechter Mann«, da er mich, eine Frau aus dem Westen, mit ins Dorf gebracht habe. Mittlerweile hatte sie mich wohl akzeptiert, dennoch spürte ich bei ihr stets eine stärkere Zurückhaltung als bei irgendjemand anderem aus der Familie. Wann immer wir sie und Saleh bei sich zu Hause besuchten, war sie jedoch ausgesprochen höflich und gastfreundlich. Im Bus begann sie plötzlich darüber zu reden, wie »schwach« alle Männer in Omars Familie seien. Ob ich nicht auch fände, dass die Frauen am Ende stärker wirkten? Und ob Omar nicht im Grunde genommen der Schwächste von allen sei?

Zuerst war ich erstaunt. Omar betrachtete sich selbst als das stellvertretende Oberhaupt der Familie und nutzte jede Gelegenheit, die »Einfalt« seines Vaters zu entlarven. Auf den Dörfern war es durchaus nicht unüblich, dass einer der älteren Söhne zum Rivalen des Vaters wurde. Mit zunehmendem Alter des Vaters wurde es sogar von der Familie erwartet, aber gewöhnlich zeigte der Sohn dabei mehr Respekt als Omar. Sicher hätte niemand geleugnet, dass sein Stil autokratischer war als der seines Vaters. Omar selbst hielt dagegen seinen Bruder Saleh für einen Schwächling und Duckmäuser. Es stimmte, dass Saleh unentschlossener wirkte. Dafür war er, wie ich fand, auch sensibler, was die Bedürfnisse und Gefühle der Menschen um ihn herum anging. Ich fragte mich, ob Nawals Meinung über die Männer in Omars Familie vielleicht daher stammte und sie verallgemeinerte, was sie bei ihrem eigenen Ehemann beobachtete.

Doch mit Sicherheit wollte Nawal mich auch provozieren, war sie einfach neugierig, wie ich auf eine solche Behauptung reagieren würde. So kam es, dass ich während der ganzen langen Busfahrt in einen seltsamen Dialog verwickelt war, wobei ich versuchte, ihren Fragen auszuweichen, indem ich eine Menge Gegenfragen stellte.

Später dachte ich, sie habe mit der Schwäche vielleicht auf Omars ausweichende Art angespielt, die ihm trotz seiner zur Schau gestellten Männlichkeit zu eigen war. Vermutlich betrachtete sie die Tatsache, dass er eine Frau aus dem Westen nach Jordanien mitgebracht hatte, nur als weiteres Indiz dafür, dass er sich der Verantwortung gegenüber seiner Gemeinschaft entzog, und die zur Schau gestellte Stärke als

Vortäuschung. Die Frauen in Omars Familie waren zwar willensstark, aber das konnte man von Nawal durchaus auch behaupten.

Durch ihre bohrenden Fragen begann ich, über mich selbst ebenso nachzudenken wie über Omar. War es Mut oder Schwäche gewesen, dass ich ihm in seine Heimat gefolgt war? Die Herausforderung, mein menschliches Verständnis durch die Liebe zu erweitern? Oder bloß der Reiz des Exotischen im Rausch der Verliebtheit? Ich wusste es nicht genau. Heute kann ich es sagen: Verständnis und Romanze – oder romantisches Gefühl – widersprechen einander nicht. Das eine nährt das andere. Oder was treibt uns sonst an, was gibt uns die *Sehnsucht*, zu verstehen?

Zwei Frauen, ein Mann

Hochzeit: Reisende und die Rute

Ich saß auf einer Bank im Hof von Shareens Haus und dachte darüber nach, wie oft ich zwischen den verschiedensten Ländern hin und her gependelt war. Omar sagte einmal, dass die Liebe zum Reisen, die Suche nach neuen Erfahrungen, etwas sei, das uns verbinde. Warum treibt es uns, wie so viele andere Menschen, dazu, ein solches Leben zu führen? Man könnte viele verschiedene Gründe aufzählen: Abenteuergeist, Wunsch nach immer neuen Herausforderungen, Reiz des Exotischen, Flucht – vor der eigenen Lebenssituation, vor sich selbst.

Ich denke auch über die anderen Frauen aus dem Westen nach, die lange vor mir in arabischsprachige Länder gereist sind. Was hat sie angezogen? Ich wusste nicht viel über sie, als ich hierher kam. Erst als ich nach Australien zurückkehrte, las ich einige ihrer Bücher.

Es schien mir, als hätten sie alle etwas gemeinsam gehabt. Es gibt Frauen, die andere Teile der Welt bereist und über ihre Erlebnisse geschrieben haben. Manche von ihnen haben mit ihren Büchern großen Erfolg gehabt, Isak Dinesen mit ihrem Bestseller *Jenseits von Afrika* zum Beispiel. Doch Frauen, die in den Mittleren Osten reisten, wurden aufgrund dieser Tatsache meist eher für übergeschnappt gehalten, in gewisser Weise sogar exzentrisch.

Viele von ihnen, so zum Beispiel Isabelle Eberhardt, wurden

als pure Romantikerinnen abgetan – eine zu harte Kritik, wie ich meine. Isabelle umging das Problem der Rollenverteilung zwischen den Geschlechtern, indem sie Männerkleidung trug. Sehr viele dieser Frauen waren wohlhabende Adlige, wie zum Beispiel Lady Jane Digby und Lady Hester Stanhope. Einige ließen sich dort, wo sie lebten, auf Beziehungen mit Männern ein. Mehrere heirateten, so wie Omar und ich. Andere bewahrten sich eine gewisse Freiheit, indem sie etwas abseits lebten und sich nur auf unverbindlichere Freundschaften einließen.

Und dann gab es immer schon jene Frauen aus weniger privilegierten Schichten, die nicht über ihre Erlebnisse schrieben und sich den Lebensbedingungen in ihrer neuen Umgebung anpassten. Sie kommen heute immer noch in diesen Teil der Welt. Marion, die Schottin, die mit dem Arzt in Omars Dorf verheiratet ist, sowie eine Russin und eine Tschechin. Alle drei scheinen ziemlich glücklich zu sein. Sie sprechen nicht über ihre Erfahrungen hier. Sie leben sie. Ich war nicht die erste Fremde in Kufr Soum, nichts Besonderes also, und das Schreiben wird mich nicht dazu machen. Ich habe davon geträumt, der Welt vom Leben in Kufr Soum zu erzählen, von dem Privileg und der Ehre, als die ich es empfand, dort sein zu dürfen. Ich weiß, dass die Szenen und Ereignisse, von denen ich berichte, nicht mir gehören, genauso wenig wie die Orte, an denen sie sich abgespielt haben. Ich wollte, dass sie zu einem Teil meiner Welt wurden, aber sie haben ihr Eigenleben. Nicht einmal die Erfahrungen, die ich für die persönlichsten gehalten hatte, gehören wirklich mir.

Bei meinem ersten Besuch, als ich knapp über eine Woche in Kufr Soum war, nahm mich Omars Schwester zur Hochzeit einer Cousine mit. Als wir dort ankamen, hatten die Frauen gerade begonnen, den *dubkeh* zu tanzen. Ich schaute eine

Weile zu, dann führten Sahr und Aisha mich zwischen sich in den Kreis und hielten mich fest an den Händen.

Die dicht aneinander gedrängten Frauen tanzten so sicher, dass ich spürte, ich würde den Tanz stören, wenn ich nicht sofort mitkam. Sie stampften jeweils auf der unbetonten Taktzeit mit dem Fuß auf, was mir anfangs etwas Schwierigkeiten bereitete. Nach mehreren Fehltritten war es mir endlich gelungen, meinen Fuß im richtigen Moment auf den Boden zu bringen, als plötzlich die Mutter des Bräutigams (die Schwester von Omars Vater) im Inneren des Kreises erschien. Sie hielt einen kräftigen Ast in der Hand, eine Art großer Rute.

Ich wusste nicht, woher sie diese Rute hatte, denn es gab keine Bäume in der Nähe. Sie schlug damit auf meine Beine ein und rief mit schriller Stimme Worte, die ich nicht verstand, aber deren Botschaft nicht eindeutiger hätte sein können: Geh aus dem Kreis! Sahr begann zu protestieren, und als die Frau nicht nachließ, löste sie sich aus unserem Kreis, um sich direkt mit ihr auseinander zu setzen. Die junge Frau neben ihr schloss auf und nahm meinen Arm. Aisha nickte mir zu und sagte mit ihrem schönen breiten Lächeln: »Komm!«

Wir tanzten weiter und ich konzentrierte mich nun ganz auf die Schritte. Allmählich legte sich der Streit zwischen den beiden Frauen in der Mitte und Sahr schloss sich uns wieder an. Nach einer Weile gelang es mir, Schritt zu halten.

»Gut, Mishaal, gut!«, flüsterte mir Sahr in das eine Ohr. »Sehrrr gut!«, wisperte Aisha in das andere. Die jungen Mädchen, die direkt neben ihnen tanzten, begannen, auf Arabisch Bemerkungen auszutauschen. Die ältere Frau, die den Tanz anführte, blickte vom entfernten Ende des Kreises verstohlen zu mir her. Ein paar sagten etwas zu Sahr und riefen mir dann »gut« zu, begleitet von Nicken und Lächeln. Das war die Anerkennung, die ich brauchte. Und dann stand, ebenso unvermittelt wie beim ersten Mal, wieder die Mutter des Bräutigams vor mir. Ich tanzte weiter und sie nickte mir mit einem breiten Lächeln auf dem Gesicht wohlwollend zu.

Zwei Frauen, ein Mann

Ich frage mich, wie es wäre, zu einer Hochzeit zu gehen, bei der der Mann eine zweite Frau heiratet. Man hat mir erzählt, dass die ersten Frauen bei diesen Feiern meistens anwesend sind und sogar bei den Vorbereitungen mithelfen. Wahrscheinlich würde ich es mir bei einer solchen Hochzeit nicht verkneifen können, ständig die drei Hauptpersonen anzustarren und ihr Verhalten zu beobachten. Vielleicht war das der eigentliche Grund, warum ich nicht zu Onkel Ibrahims Hochzeit gegangen bin. Ich hatte Angst, dass ich sie anstarren würde. Wann überschreitet man die Grenzen gesunder Neugier, die mit bedeutungsvollem Wissen und Erfahrung verbunden ist?

Während meines zweiten, längeren Aufenthalts in Kufr Soum bekamen Omars Mutter und seine Schwestern regelmäßig Besuch von Khola, einer Nachbarin.

Zu Beginn ihrer Besuche sprach sie kaum ein Wort, sondern saß schweigend auf der dünnen Matratze am Boden und hielt ihr Kind in den Armen oder gab ihm die Brust. Ihre Kopfbedeckung, die sie nicht abnahm, umrahmte ihr volles Gesicht. Sie war aus dem gleichen grauen Stoff wie ihr weites Gewand und ähnelte eher einer Kapuze als dem Tuch, das die meisten anderen jungen Frauen trugen.

Nach einer Weile fing Khola jedes Mal an zu weinen und

146

Sahr und Randa trösteten sie. Mit dem Weinen wurde ihre Stimme immer höher, was einen seltsamen Kontrast zu ihrer äußeren Erscheinung bot. Dann brachen die Klagen gewöhnlich abrupt ab. Die Schwestern wiederholten häufig die Worte: »*La, la, Khola, leysh*...?« Es klang, als wollten sie Khola mit ihren Worten liebkosen. »Nein, nein, Khola, warum glaubst du das?... Es ist nicht so... Es wird schon wieder besser, du wirst schon sehen.« Ich bin nicht sicher, ob das wirklich ihre Worte waren, aber die Art, wie sie sie aussprachen, ließ es mich vermuten.

Khola kam stets durch den Seiteneingang herein und setzte sich ins Zimmer direkt neben der Küche, niemals ins Vorderzimmer, in dem normalerweise Gäste empfangen wurden. Manchmal reichten Sahr oder Randa ihr ein Glas Tee, aber die Schwestern unterbrachen ihre jeweilige Tätigkeit nie ganz, um sich der Besucherin zu widmen. Khola achtete offenbar darauf, die Geduld »meiner« Schwestern nicht zu sehr zu strapazieren. Nach einer Weile wurde sie sehr still und antwortete nur noch leise, wenn man mit ihr sprach. Dann stand sie mit einem Mal auf, verabschiedete sich, nahm ihr Kind und ging.

Anfangs hatte ich den Eindruck, dass Khola arm war oder in der Gemeinschaft nicht ernst genommen wurde, aber mit jedem ihrer Besuche erschien mir diese Möglichkeit unwahrscheinlicher. Vielleicht hatte sie ein Problem gehabt, das sich mit der Zeit ganz von selbst auflöste?

Ibtisaam sah ich zum ersten Mal in unserer Straße, als ich mit Sahr Verwandte besuchen ging und sie uns im Vorbeigehen kurz grüßte. Sie war klein und zierlich und strahlte eine große Selbstsicherheit aus. Offiziell lernte ich sie eines Nachmittags kennen, als Omar und ich sie in ihrem Haus, das gegenüber von unserem lag, besuchten. Sie und ihr Ehemann, Majiid, begrüßten uns äußerst herzlich.

Später grüßte mich Ibtisaam, wann immer ich ihr begegnete, mit besonderer Aufmerksamkeit. Ihre kleinen Schritte und ihre anmutige Haltung bestätigten meinen ersten Eindruck von Selbstsicherheit und innerer Stärke. Da sie immer viel zu tun hatte, hatten wir nur selten Zeit, länger miteinander zu plaudern. Sie arbeitete als Englischlehrerin und war offensichtlich froh über jede Gelegenheit, bei der wir uns trafen und miteinander reden konnten.

Wie viele der Dorfbewohnerinnen war Ibtisaam auf eine aufrechte und zugleich diskrete Art religiös, obwohl auch sie den *hajj* machte, also nach Mekka pilgerte. Als sie von der Pilgerfahrt zurückkehrte, machte sie aber kein großes Aufheben davon.

Eines Abends schlenderte ich mit Omar die Straße vor unserem Haus entlang. Die Sonne war gerade im Begriff unterzugehen. Solche Abendspaziergänge machten wir häufiger und manchmal schlossen sich seine Brüder oder Schwestern an. Am Ende der Straße ging der gepflasterte Weg in einen Feldweg über, der in den Wadi hinunterführte. Allerdings konnte man an jeder der angrenzenden Straßen oder Gassen abbiegen und in einer Schleife durchs Dorf wieder zurückgehen. Häufig blieben wir dann vor den Häusern von Freunden oder Verwandten stehen, um ein wenig zu plaudern. An diesem Abend wollten wir jedoch den kürzeren Weg zum Ende der Straße und wieder zurück laufen. In dem Moment, als wir vors Haus traten, sahen wir Majiid auf der Straße. Als er direkt zu uns herüberkam, bemerkte ich die zwei Frauen zunächst gar nicht. Dann sah ich sie am Eingangstor stehen: die zierliche Ibtisaam und neben ihr die größere, aber jüngere Khola.

Majiid sagte zu mir: »Du kennst Ibtisaam.«

Mit einem warmen Lächeln fragte sie mich: »Wie geht es dir, Michèle?«

Kaum hatte ich geantwortet, setzte Majiid erneut an: »Ich glaube, du hast Khola schon kennen gelernt, oder?« Khola lächelte ebenfalls, etwas schüchterner, und nickte, als ich sie begrüßte. Und dann, wie um die Vorstellungsprozedur ganz offiziell zu machen, deutete Majiid noch einmal nacheinander auf die beiden Frauen und sagte: »Das ist meine Frau und das ist meine Frau.«

Einen Augenblick lang sagte niemand ein Wort. Die beiden Frauen lächelten mich in ruhiger Selbstbeherrschung an. Ich hatte den Eindruck, dass Majiid und die beiden Frauen, ja, selbst Omar, auf eine Reaktion von mir warteten. Durch diese Erwartungshaltung hätte aber jede mögliche Reaktion von meiner Seite ihre Unmittelbarkeit verloren. Einen Moment schien alles stillzustehen. Dann sagte Ibitisaam etwas auf Arabisch zu Majiid, woraufhin die beiden Frauen sich verabschiedeten und durch das Tor traten. Majiid hingegen begleitete uns auf unserem Spaziergang bis zum Ende der Straße und plauderte angeregt mit Omar, während ich mich, noch ganz erfüllt von dem neuen Eindruck, in Schweigen hüllte.

Ich wusste, dass auch Omars Onkel Ibrahim, der mit Hind verheiratet war, über eine zweite Heirat nachdachte. Er hatte sich aber noch nicht entschieden. Die in Frage kommende neue Frau hatte ich damals noch nicht kennen gelernt und Onkel Ibrahim lebte auf der anderen Seite des Dorfes, etwas außerhalb auf einem Hügel.

Majiids Haus stand dagegen genau gegenüber von unserem. Und in ein paar Wochen würden Omar und ich unseren eigenen Heiratsvertrag unterzeichnen.

Wir hatten uns gerade auf den Heimweg gemacht, als Majiid mich auf Englisch ansprach.

»Nun, *Ya Mishaal*, was sagst du dazu, dass ich zwei Frauen habe?«

Es war ungewöhnlich, dass ein Mann mich nach seiner

Meinung fragte, und ich schwankte. Es schien mir, als ob die Höflichkeitsrituale im Dorf mehr als eine reine Formsache waren und im gesellschaftlichen Miteinander doch eine eigene Art von Aufrichtigkeit gefordert wurde. Aber wie konnte ich aufrichtige Worte finden, ohne vulgär oder unverschämt zu wirken?

»Ich bin nicht sicher. Ich weiß nicht genau, was ich sagen soll.«

»Im Islam, Mishaal, ist das gut und rechtmäßig und vor Gott vertretbar. Ibtisaam ist meine Frau. Wir bedeuten einander sehr viel. Ich habe eine zweite Frau geheiratet, weil ich keine Kinder hatte.«

Das Kind, das ich Khola hatte stillen sehen, war das jüngste von dreien. Als ich Majiid und Ibtisaam das erste Mal in ihrem Haus besucht hatte, waren dort weder sie noch irgendein Kind zu sehen gewesen. Khola und die Kinder waren bei ihrer eigenen Familie zu Besuch gewesen.

»Und Ibtisaam?«

»Sie ist natürlich einverstanden. Sie und Khola teilen sich die Kinder. Sie kümmert sich um sie, als wären es ihre eigenen.«

Ich stellte mir Ibtisaam mit Kholas Kindern vor, wie sie sie auf ihre freundliche, aber bestimmte Art erzog. Dann erinnerte ich mich daran, dass hierzulande Eltern ihre Kinder nicht besitzen, sie gehören sozusagen der ganzen Familie. Ich selbst hatte schon oft Babys im Arm gehalten oder mit kleinen Kindern gespielt, während ihre Mütter, Tanten und Cousinen anderweitig beschäftigt waren.

»Im Westen hat jeder Mann nur eine Frau, oder? Im Islam auch, Gott mag das lieber. Um mehr als eine zu haben, muss man sie gleich behandeln und das ist unmöglich. Aber wenn ein Mann keine Kinder hat, ist das ein guter Grund. Gott akzeptiert das.«

So wie Majiid es erklärte, klang es klar und einfach. Und doch hatte ich den Eindruck, dass diese Art der Ehe im Dorf inzwischen womöglich weniger akzeptiert wurde als früher.

»Ibtisaam und Khola sind sehr glücklich«, schloss er. »Glaub mir, sie sind wie Schwestern.«

Konnte er denn etwas anderes behaupten? Ich sagte ihm, dass ich keine rechte Vorstellung von Bigamie hatte. Hier waren nun allerdings zwei reale Frauen. Wir kannten uns, ja, aber ich wusste nicht, wie ihr tägliches Leben aussah. Als ich mich fragte, ob sie wirklich glücklich sein konnten, merkte ich, dass ich mich dabei an die jahrhundertealte europäische Vorstellung von Liebe und Glück in der Ehe klammerte. Eine Vorstellung, die in Wirklichkeit auf äußerst wackeligen Beinen stand und so fern der Realität war, dass sie nichts bedeutete. Vielleicht war das immer schon so gewesen und es fiel mir erst jetzt auf. Ich versuchte, mich zu erinnern, ob ich das arabische Wort für »Glück« schon gehört hatte. Ja, Randa, hatte mir kürzlich ein Sprichwort gesagt: »Geduld ist der Schlüssel zum Glück.«

Während der Unterhaltung mit Majiid war Omar schweigend neben uns hergegangen. Ich nahm mir vor, später zu Hause mit ihm über diese Begegnung zu sprechen, aber wir bekamen Besuch und auch in den darauf folgenden Wochen fand ich nicht den richtigen Moment, ihn anzusprechen. Wir planten unsere Hochzeit, danach würde meine Mutter zu Besuch kommen und anschließend wollten wir zu zweit eine Reise machen, zu der ich Omar nach vielen Wochen mühsam überredet hatte. Wir würden Jordanien zusammen mit meiner Mutter verlassen, meine Familie in Frankreich besuchen und dann nach Großbritannien fahren, wo Omar ein weiterführendes Studium aufnehmen würde. Ich stellte mir vor, dass er, wenn er erst einmal wieder eine Weile in der westlichen Gesellschaft gelebt hätte, die Welt mit anderen Augen sehen und mich und meine Bedürfnisse ebenso verstehen würde wie ich die seinen. Ich nahm mir vor, mich ganz auf unsere Beziehung zu konzentrieren, und hoffte, dass sich die Situation nach unserer Rückkehr deutlich verbessern würde.

Was Majiid und seine beiden Frauen anging, sollte es sehr lange dauern, bis ich sie wiedersah.

Himaar

Ich denke nicht, dass ich bei dieser Hochzeit viele Fotos machen werde, obwohl ich meine Kamera mitgebracht habe. Eigentlich empfinde ich eine Kamera eher als lästig. Ständig muss man daran denken, sie mitzuschleppen, und dann hat man sie entweder dabei, wenn man sie gar nicht benötigt, oder vergessen, wenn man sie am dringendsten bräuchte. Und oft endet das Ganze in Unmengen eintöniger, nichtssagender Aufnahmen. Ich auf einem Esel in Um Qeiss, zum Beispiel, mit meinem Schwager Saleh im Hintergrund.

Himaar. Esel. Es gibt ein anderes Foto, das ein Freund von mir vor Jahren geschossen hat: Ich reite auf einem Esel den blassen Steinweg von der Küste zum Dorf hinauf. Dann, Jahre später, entstand das Foto in Um Qeiss.

Wir besichtigten die Ruinen der antiken Stadt Gadara, die jetzt Um Qeiss heißt. Es war Frühjahr, ein paar Wochen vor unserer Hochzeit. Von allen Fotos, die ich auf diesem Ausflug geschossen habe, gibt es nur eines, das mir gefällt. Es ist das von Salehs dreijähriger Tochter Ghaida, die auf dem Schoß der kopflosen Gottheit sitzt: eine große Frau aus Stein, die über einen Haufen Säulen herrscht, von denen einige bereits umgestürzt sind. Ihr Schoß ist so riesig, dass er vielleicht als Sitz für eine Priesterin gedient haben mag.

Dann kam der Junge mit dem Esel vorbei.

Habe ich sie gebeten, den Jungen zu überreden, dass er anhielt und mich auf dem Esel sitzen ließ? So ähnlich muss es sich wohl abgespielt haben. Seltsamerweise war später, als ich nach Hause fuhr und die Filme entwickeln ließ, mein Schwager Saleh auf keiner der Aufnahmen mit dem Esel zu sehen. Und doch bin ich sicher, dass er direkt neben dem Esel stand, als ich Omar die Kamera reichte. Jetzt erinnere ich mich plötzlich . . . sein Bruder hatte lachend abgelehnt, sich mit dem Esel fotografieren zu lassen. Er hatte uns keinen Grund genannt, aber damals dachte ich, er wollte nicht für den Eseljungen gehalten werden, festgehalten in der Beziehung zu dem Tier, zu seinem Reiter, zu jemandem, der das Foto betrachtete.

Im Westen ist der Esel eine Art Ikone, mit der man bestimmte biblische Szenen assoziiert, aber auch ein Sinnbild für den bescheidenen Dummkopf. Doch wenn ich an Esel in Jordanien denke, kommt mir keine Vorstellung in den Sinn, kein »Bild« von dem Tier selbst. Woran ich mich erinnere, ist das Haus in der Stille der Nacht.

Während ich neben Omar auf der dicken Matratze lag, die seine Schwester Sahr immer für uns vorbereitete, wurde mir bewusst, dass mich der frühe Ruf zum Morgengebet geweckt hatte, den niemand sonst zu hören schien. Ich schlief wieder ein und wachte plötzlich erneut von Geräuschen auf, die einer Folge von übertriebenen Seufzern und Schluckaufs ähnelten, lang gezogen und überraschend laut und nah. Gerade waren diese merkwürdigen Geräusche verstummt, als sie in größerer Entfernung wieder einsetzten. Und als ob sie sich miteinander unterhielten, schrien fünf oder sechs Esel durch die Nacht, bevor die Stille vor dem Morgengrauen eintrat.

Esel kann man an ihrem Schrei erkennen; er ist nicht nur bei jedem Tier anders, sondern verändert sich auch mit dem Alter und der gesundheitlichen Verfassung. Manchmal husten oder niesen Esel sogar.

Am Morgen weckte mich eine andere Stimme von der Straße, laut und eindringlich: »*Bandoora. Bandoora.*« (Tomaten) Der Obst- und Gemüsehändler machte seine Runde im Dorf. Er wusste, dass die Frauen früh aufstanden. Draußen im Hof hörte Bilaal, der ebenfalls ungewöhnlich früh wach war, wie ich den Ruf des Händlers nachahmte. Er lachte und scherzte mit mir über mein Echo, ging hinaus und kaufte ein paar Tomaten für unser Frühstück.

Omar erzählte mir von einem traditionellen Spruch, der besagt: Wenn mitten in der Nacht viele Esel schreien, ist der Teufel auf der Durchreise.

Die Gebetsrufe am frühen Morgen scheinen niemanden außer mir aus dem Schlaf zu holen. Keines der Familienmitglieder hat jemals in den nächtlichen Schreien der Esel die Antwort auf den Gebetsruf erkannt. Dabei könnte man diesen Zusammenhang in meiner Muttersprache mit einem Wortspiel scherzhaft unterstreichen: das englische Wort »pray« (beten) klingt, wenn man das »p« wie ein »b« ausspricht, wie »bray« (schreien).

Ich liebe solche Wortspiele.

Doch hier im Dorf wird *kein* Englisch gesprochen. Arabisch ist die einzige Sprache und ich bin eine Fremde, die *ajnabiiyeh*, die Ausländerin. Dieser Ort gehört nicht zu mir. Was ich über nächtliche Gebetsrufe denke, unterscheidet sich nicht von dem, was ich über Esel denke. Es ist weder hier noch dort.

Später finde ich heraus, dass von allen Leuten im Haus Abu Omar der einzige ist, der auf den nächtlichen Gebetsruf antwortet. Er erhebt seine Stimme kaum über ein Flüstern, um die anderen nicht zu stören. Nachts betet er still, tagsüber hörbar, wenn auch niemals laut, und einmal in der Woche geht er in die Moschee. Mir kommt das Gedicht aus dem *Qur'aan* in den Sinn: »Sprich dein Gebet nicht laut, / Sprich es auch nicht leise, / Sondern suche einen Mittelweg, / Dazwischen.«

Es ist nicht irgendein Esel, der als Erster schreit. Eines Morgens, als ich ihn hörte, kam mir der Gedanke, dass es »unser« Esel sein könnte, das Tier von Onkel Ahmed. Dieser Esel war lange Gegenstand eines kleinen Familienzwists gewesen, weil Onkel Ahmed zwischen seinem und unserem Haus einen zusätzlichen Raum gebaut hatte, nicht für seine Familie (acht Kinder gelten in Kufr Soum nicht als viel und die Hälfte von ihnen ist sowieso verheiratet und lebt in der Stadt), sondern als Unterstand für den Esel. Kein Wunder, dass ich in manchen Nächten einen Esel so laut schreien hörte! Es kam buchstäblich von nebenan. Man konnte den Raum nur von außen betreten und der Boden war aus Erde, aber die Seitenwände wurden durch die Außenwände unserer beiden Häuser gebildet.

Die Steinhütten, die viele Dorfbewohner für ihre Tiere bauen, befinden sich oft unmittelbar neben den Häusern, sind aber nicht direkt mit ihnen verbunden. Omar und sein Vater, der kein Bauer ist, sondern ein Staatsbeamter in Pension, waren nicht glücklich darüber, dass der Esel praktisch im gleichen Gebäude wie wir lebte. Tatsächlich lebte der Esel genauso wenig »bei uns«, als wenn er in einem Stall untergebracht gewesen wäre, der weit entfernt lag. Aber Onkel Ahmed wurde ständig unter Druck gesetzt, ihn zu entfernen. Allerdings wuchs sich diese Angelegenheit niemals zu einem offenen Familienstreit aus.

Inzwischen ist der Esel fort. Ich weiß nicht, wann er weggebracht wurde. Es gab keinen Streit darüber und niemand verhielt sich irgendwie anders als sonst. Die Eltern und Kinder beider Familien gingen in ihren Häusern ein und aus wie immer, verrichteten die Hausarbeit oder entspannten sich einfach und genossen die Gesellschaft der anderen. Es war offensichtlich, dass es zwischen ihnen ein starkes Band der Zusammengehörigkeit gab, eine ausgeprägte gegenseitige Wertschätzung und Zuneigung zwischen Bruder und Bruder, Ehefrau und Ehefrau, Cousin und Cousin.

Picknicks und der Lehrer der Schafe

Der bedeutendste Fluss und eine wichtige Wasserquelle im Norden Jordaniens ist der Yarmouk. Ich war niemals an seinem Ufer gewesen, konnte ihn aber manchmal aus der Ferne sehen, wenn wir mit dem Auto fuhren. Jedes Mal wies irgendjemand mit dem Finger in die Ferne auf den Yarmouk, dessen bloßer Anblick ein schweigendes Einverständnis hervorzubringen schien, als ob die silberne Schlange, die sich dort durch die Hügel schlängelte, bei allen, die sie sahen, die gleichen Erinnerungen wachriefe. Ich hätte nicht sagen können, um welche Art Erinnerungen es sich handelte, aber ich hatte von den Schlachten und den Geschichten, die sich darum rankten, gehört. Ich wusste, dass die Jordanier den Fluss als ihr Eigentum betrachteten, als Zeichen, dass sie zu diesem Teil der Welt gehörten.

Er hatte auch politischen Zielen gedient, hatte den Grenzverlauf zwischen verschiedenen Ländern markiert oder Anlass für Spannungen wegen einer zunehmenden Wasserknappheit geboten. Ein Stück der Grenze zu dem arabischen Nachbarn Syrien wird durch den Yarmouk markiert und von einer anderen Stelle aus kann man zum See von Galiläa blicken.

Das muss der Ort gewesen sein, an dem ich einmal mit Omar, seinem Bruder Saleh und ein paar Freunden, darunter Munir, ein Picknick machte. Wir fuhren in einem der Lastwagen, mit denen oft Obst und Gemüse zu den Märkten transportiert wurden. Die Ladefläche war hinten und an den Seiten von einem Gitter in verschiedenen leuchtenden Farben umgeben. Wir hielten an einer erhöhten Stelle an, von der aus man einen schönen Blick nach unten auf den Wadi und die umstehenden Hügel hatte. Die Hügel lagen wahrscheinlich höher als unser Standort, aber ich hatte trotzdem den Eindruck, auf sie hinunterzublicken. Die Landschaft ähnelte einem großen Park mit vielen kleinen Eichen und anderen Bäumen – es gab mehr Bäume, als ich bis dahin irgendwo in Jordanien gesehen hatte, und überall wuchsen rote Mohnblumen und andere Blumen und Kräuter, die ich nicht kannte.

Nach dem Essen setzten wir uns auf einen Felsen, von dem aus man auf den Yarmouk tief unten im Wadi blicken konnte. Ein Hirte führte eine große Schafherde den steilen Abhang entlang. Wir konnten das helle Bimmeln der Glöckchen hören, die die Tiere um den Hals trugen. Die Herde brauchte lange, um vorbeizugehen. Auf dem gegenüberliegenden Ufer des Flusses ging die gleiche Landschaft weiter. Als ich jedoch durch mein Fernglas schaute, konnte ich in der Ferne Stacheldrahtzäune erkennen, ein allein stehendes Gebäude, das eine Art großes Wachhaus zu sein schien, und ein Militärfahrzeug, das eine Straße entlangfuhr.

Ich liebte die Picknicks und den Wadi, in den ich mit Omar und anderen mehrmals Ausflüge unternahm. Einmal fand Omar ein paar riesige Wiesenpilze, von denen wir einen, dessen Hut so groß war wie ein Teller, mit nach Hause nahmen.

Ein anderes Mal brachten wir große Mengen wilden Thymian mit nach Hause. Sein Aroma erinnerte mich an den *za:'ter*, den wir so oft zusammen gegessen hatten. An anderen Tagen, wenn Omar fort war, ging ich mit seinen Schwestern, gewöhnlich Na:aameh und Aisha, sowie ihren Kindern dorthin und manchmal auch mit Randa. Ich kann mich nicht erinnern, dass Sahr jemals dabei war. Sie blieb immer zu Hause oder besuchte Nachbarn. Wir pflückten am Rand des Wadi *seleq*, *khobeize* und andere Kräuter und kletterten dann ein Stück auf der anderen Seite hinauf. Dort trafen wir oft auf Schafherden, deren Glocken man weit über den Hang hinweg läuten hörte, aber die Schäfer waren selten nah genug, um uns zu grüßen.

Der Aufstieg lohnte sich wegen des Ausblicks über den Wadi. Einmal trafen wir auf eine Gruppe junger Männer, die ein Feuer gemacht und Tee gekocht hatten. Sie boten uns an mitzutrinken. Wir plauderten ein wenig und erfuhren, dass sie aus Yubla stammten, dem Dorf hinter dem Hügel. Das ist hier immer so. Man unterhält sich eine Weile mit jemandem, den man nicht kennt, und schon bald findet sich eine Verbindung.

Es gab auch die Zeit im Frühling, als wir in eine andere Richtung loszogen, dorthin, wo der Wadi nicht ganz so steil war. Wir entdeckten einen schönen Mandelbaum. Randa kletterte hinauf und warf *loz*, die Mandeln in ihrer grünen Hülle, hinunter, die ich zusammen mit den Kindern aufsammelte. An einem anderen Tag befanden wir uns auf einem Stück Land am Rand des Wadi, das Onkel Ahmed gehörte. Dort wuchsen Trauben in großen Mengen. Wir sammelten die Blätter ein und brachten mehrere Taschen voll nach Hause. Einer der schönsten Tage war der, den Omar und ich mit seinen Freunden aus dem Dorf Al-Rafiid verbrachten. Es waren Brüder, die Omar gern mochte und mit denen er oft jagen ging.

An jenem Tag wurde aber nicht viel gejagt. Wir machten ein Feuer in der Nähe einer der Quellen des Flusses und genossen unser Picknick – Lammkeulen mit Brot und Obst –, als ein Schäfer mit seiner Herde vorbeikam und uns ansprach. Die meisten Schäfer waren noch sehr jung, aber dieser war ein älterer Mann mit einer dunkleren Haut als der der meisten Jordanier. Man sah, dass er sehr arm war, seine spärlichen, abgetragenen Kleider waren von Staub bedeckt. Er redete, lachte und scherzte mit Omar und seinen Freunden. An einem Punkt wandte sich Omar mir zu und sagte: »Sieh dir diesen Schäfer an, er ist ein Lehrer.« Der Mann nickte und lachte. Ich wusste nicht genau, ob er das zu Omar gesagt hatte oder umgekehrt. »Er ist ein Lehrer«, wiederholte Omar und deutete dann auf das Schaf, das vertrauensvoll näher gekommen war, »und das sind seine Schüler.« Daraufhin lachten alle.

Der Schäfer blieb und trank mit uns Tee, lehnte aber das Essen, das wir ihm anboten, ab. Ausnahmsweise hatte ich meine Kamera mitgebracht und nach dem Tee machten wir ein paar Fotos. Leider ist der Film später verloren gegangen, so dass die Bilder nur noch in meiner Erinnerung existieren. Der Schäfer wollte nicht fotografiert werden, aber er willigte ein, dass Omar mich mit seinem Stab inmitten seiner Herde fotografierte. Ich fühlte mich wie eine Schäferin, denn an diesem Tag trug ich den traditionellen schwarzen *dish-dásha* mit dem roten Gürtel und den rot umrandeten Ärmeln. Schwarz und rot. Regenwolken und Blut – die Farben der Fruchtbarkeit, die junge Beduinenfrauen kurz nach der Hochzeit tragen. Ich glaube, es war das letzte Mal, dass ich ihn trug.

Großmutter

Omars Großmutter lebte gewöhnlich bei Onkel Adel, einem älteren Bruder von Abu Omar. Aber sie verbrachte auch Wochen oder Monate mit Ibrahim und Hind. Ohne sich vorher anzukündigen, machte sie sich ganz allein auf den Weg zu ihrem Haus.

Ab und zu machte Großmutter unterwegs bei uns Halt, blieb aber niemals über Nacht. Ich erfuhr, dass Haatem nicht ihr Lieblingssohn war, ihren Enkel Omar liebte sie dagegen sehr. Er erinnerte sie wohl in vielerlei Hinsicht an seinen schon lange verstorbenen Großvater, der dem Ruf nach ein guter Mann gewesen sein muss.

Man konnte nie wissen, bei wem sie als Nächstes leben wollte. Ich hatte den Eindruck, dass ihre Entscheidung einzig von der Zuneigung, die sie für ihre Söhne empfand, und von ihrer momentanen Laune abhing. Ihr Gesicht war tätowiert, faltig und wettergegerbt wie die Gesichter aller alten Frauen. Doch sie verfügte über einen scharfen Verstand. Stets den gleichen rot karierten *silik*-Turban auf dem Kopf, kam sie herein, setzte sich, um sich die Neuigkeiten und den Klatsch anzuhören, und ging dann wieder. Meistens nahm niemand aus der Familie besonders Notiz von ihr. Doch gerade dadurch bekam sie genau mit, was im Haus vor sich ging.

Schon früher war Großmutter diejenige gewesen, die alles und jeden im Auge behalten hatte. Häufig war sie genau dann zur Stelle gewesen, wenn etwas Aufregendes passiert war. So auch an jenem Tag, als Rihaab gerade einmal nicht aufgepasst hatte und der kleine Omar aufs Dach des Hauses geklettert war. Die Großmutter schaute zufällig nach oben, erfasste mit einem Blick die Situation und war im Nu aufgesprungen, um den kleinen Jungen aufzufangen. Sie schalt die Mutter, deren

Augen so unaufmerksam gewesen waren, ihre Unerfahrenheit und Sorglosigkeit. Und sie sorgte dafür, dass die Geschichte, wie sie dem kleinen Kind das Leben gerettet hatte, im Dorf die Runde machte. Doch während Freunde und Nachbarn ihre Bewunderung äußerten, sahen sie zugleich, wie ihr Tadel und ihre Herabsetzung Rihaab mit den Jahren das Leben schwer machten.

Noch in hohem Alter scharfsinnig und gewitzt, zieht Großmutter jetzt von Sohn zu Sohn, ihre Kleider in einem Bündel auf dem Rücken tragend, und liest unterwegs alle Neuigkeiten und Klatschgeschichten auf. Dabei lässt sie jeden von uns – mehr oder weniger direkt – wissen, wo er ihrer Meinung nach steht und welchen Wert er für die Familie hat.

»Wie viel verdienst du bei deiner Arbeit an der Universität, Liebes?«

Ich begriff, dass sie mich etwas fragte, obwohl sie eher vor sich hin murmelte, wie alte Leute es oft tun. War sie zu alt, um zu merken, dass ich ihrer Sprache nicht mächtig war, dass ich sie nicht verstehen konnte? Doch während sie neben mir saß, den ganzen Tag, wenn es sein musste, wiederholte sie immer wieder mit geduldiger Beharrlichkeit ihre Frage, wobei sie mich so lange am Arm berührte oder an den Kleidern zupfte, bis ich schließlich jemand anderen fragte, was sie sagte. Doch meistens konnten die anderen mir auch nicht weiterhelfen, weil sie Großmutter gar nicht richtig wahrgenommen hatten. Als ich bei Onkel Adel zu Besuch war, erlebte ich zum ersten Mal eine solche Situation, nachdem sie mir in einfachen Worten, die ich verstehen konnte, Komplimente gemacht hatte.

»*Enti kwáisseh*« (du bist hübsch) ... sie sah mich mit einer seitlichen Kopfbewegung an – kein Nicken, aber eine kleine nachdrückliche Geste, die mit der ersten Silbe des bedeutenden Worts *kwáisseh* zusammenfiel.

Doch was sagte sie dann?

Eine der anderen Frauen des Hauses wandte sich ihr zu.

»*Shou bidditch, Jiffeh?* ... *N:am* ...« (Was willst du, Groß-mutter? ... Ja ...)

Dann zu mir: »Ah! Sie will wissen, was du *bil jaama:eh* bekommst... an der Universität... wie viel Geld du im Monat für deinen Unterricht erhältst.«

»Mein Gehalt?«

»Ja. Gehalt.«

Ich nannte ihr die abgerundete Summe in Dinar. Daraufhin begann Großmutter zu rechnen und laut zu kommentieren, wobei sie es mit dem Gehalt von diesem und jenem verglich und sicherging, dass alle Anwesenden zuhörten, als sie die Zahlen wiederholte. Danach tätschelte sie meinen Arm und sah mich erneut an.

»*Enti kwáisseh.*«

Aliah und Aliaa

Nicht alle Onkel von Omar waren die Kinder seiner Groß-mutter. Sein Großvater hatte sich viele Jahre damit begnügt, mit seiner ersten Frau zu leben, obwohl er mit ihr keine Söhne, sondern nur Töchter hatte. Dann eines Tages, als er sich hin-ter einer Anhöhe von der Arbeit auf seinen Feldern ausruhte, belauschte er zwei Nachbarn, die im Vorbeigehen über ihn sprachen. »Er arbeitet so hart«, sagten sie, »und wie schade! All das für seine Neffen!« Daraufhin traf er auf der Stelle die Entscheidung, sich ein zweites Mal zu verheiraten. In seiner zweiten Ehe bekam er eine Tochter und zwei Söhne. So zumindest erzählt man sich die Geschichte in der Familie. Es muss ihm jedoch gefallen haben, mehr als eine Frau zu haben, denn kurze Zeit später heiratete er zum dritten Mal – Omars Großmutter, die ihm fünf Söhne und zwei Töchter gebar. Großmutter ist die Einzige, die heute noch lebt.

Onkel Aziz ist eines ihrer Kinder – ein leiblicher Bruder von Abu Omar. Er war auch einer von Omars Lieblingsonkeln. Er sprach ein bisschen Englisch, aber manchmal hatte ich Schwierigkeiten, die wenigen Wörter und Sätze zu verstehen, die er gern zum Besten gab und die aus der Zeit stammten, als er in der Armee gewesen war. Onkel Aziz war immer fröhlich und es machte ihm nichts aus, wenn ich eine Weile brauchte, um zu begreifen, was er sagte. Es machte ihm die größte Freude, vom »hubbly bubbly« zu sprechen – ein Ausdruck, den er so oft wie möglich wiederholte und mit komischen Gesten begleitete, die klar machten, dass er die Wasserpfeife meinte.

Onkel Aziz war genauso dünn wie Omar, und obwohl er im Alter von Omars Vater war, wirkte er doch um einiges älter, wenn auch energiegeladener. Zudem musste Aziz ziemlich spät geheiratet haben. Seine freundliche, rundliche Frau schien einige Jahre jünger zu sein und das älteste Kind war erst ungefähr elf.

Wann immer wir Onkel Aziz besuchen gingen, wurden wir von seinen zwei jüngsten Töchter erspäht, bevor wir das Haus betraten. Die beiden waren etwa sieben und acht Jahre alt – noch jung genug also, um außerhalb des Hauses zu spielen – und so ähnlich im Alter und Aussehen, dass man sie fast für Zwillinge halten konnte. Bei unserem ersten Besuch kamen die beiden auf uns zu, nahmen mich an je einer Hand und führten mich hinter den Häusern am Rand des Wadi entlang, wo man leicht auf dem lockeren Kies hätte ausrutschen und abstürzen können. Dabei wandten sie mir immer wieder ihre Gesichter zu und lächelten schüchtern. Allerdings überwanden sie ihre Schüchternheit so weit, um mich zu stützen, wenn mein Halt unsicher wurde, oder mich etwas kühner anzustarren, wenn sie dachten, ich sähe gerade nicht in ihre Richtung.

Anfangs hatte ich Schwierigkeiten, die beiden Mädchen auseinander zu halten. Sogar ihr hellbraunes Haar hatte ungefähr die gleiche Länge. Darüber hinaus machten mir ihre Namen Probleme; ich konnte sie nicht so aussprechen, dass sie voneinander zu unterscheiden waren. Ihre Eltern waren einer gebräuchlichen arabischen Sitte gefolgt, nach der man den Kindern ähnliche oder sich reimende Namen gab. Ich war nicht nur unfähig, die arabischen Laute hervorzubringen, die den Unterschied ausmachten, ich konnte noch nicht einmal einen Unterschied hören. Ich bat sie mehrmals, ihre Namen einen nach dem anderen zu wiederholen, und sie gehorchten stets, wenn auch mit fragenden Blicken und unter gelegentlichem Kichern. Sie fanden es seltsam und amüsant, dass ich den Unterschied, der ihnen so klar war, nicht erkennen konnte, aber sie waren stets geduldig mit mir. Unser kleiner Dialog, bei dem ich von einer zu anderen ging, klang in etwa so:

»*Shou ismik?*« (Wie heißt du?)

»Alia.«

»*Kaman?*« (Noch mal.)

»Ali.«

»*Wa enti?*« (Und du?)

»Alia.«

»*Wa enti, kaman?*«

»Alia.«

»*Wa kaman?*«

»Alia.«

Absurdes Theater.

Als ich enttäuscht den Kopf schüttelte, fingen sie an, ihrerseits Fragen zum Englischen zu stellen. Ich hatte den Eindruck, dass sie, abgesehen von ihrem Wissensdurst, meine Schwierigkeiten mit ihren Namen ausgleichen, das Gleichgewicht von Wissen und Nichtwissen zwischen uns wiederherstellen wollten. Sie fragten mich, wie man auf Englisch zählte, und sprachen die Zahlen genauso langsam und vorsichtig aus, wie ich zuvor ihre Namen wiederholt hatte –allerdings weitaus erfolgreicher als ich. Dann fragte ich sie nach den arabischen Zahlen, die sie mir bereitwillig beibrachten. In Gesprächen mit Erwachsenen hatte ich bereits beiläufig ein paar Zahlen aufgeschnappt, aber von diesen Mädchen lernte ich zum ersten Mal, richtig auf Arabisch zu zählen. Sie waren zugleich gute Lehrerinnen und gute Schülerinnen und bemühten sich ebenso eifrig, meine Aussprache im Arabischen wie die ihre im Englischen zu verbessern.

Manchmal, wenn sie mit ihren Eltern zu Besuch kamen und Amira und Manar gerade da waren, erzählten mir alle Mädchen zusammen Geschichten. Ihr unkompliziertes Vokabular sowie die bildhafte Art, mit der sie Wörter, die ich nicht kannte, erklärten, machten es für mich leicht, diesen Geschichten zu folgen. Im Zusammensein mit den Kindern lernte ich vieles über die Sprache und ihren Hintergrund, was ich sonst nicht mitbekommen hätte, so auch den einleitenden Satz vieler Volksmärchen: »*Marra fi wahed* ...« (Es war einmal...) Was ich von diesen Kindern über die arabische Sprache gelernt habe, ist mir besser im Gedächtnis geblieben als alles andere.

Onkel Abdullah und Tante Khadija

Das Wort *mustáshfa* (Krankenhaus) hörte ich sehr oft, sowohl aus dem Mund der Jungen als auch der Alten. Einmal nahm mich Omar zu seinem ältesten Onkel mit, dessen Frau im Krankenhaus lag. Unter normalen Umständen wären sie regelmäßig in unser Haus gekommen, aber seit Tante Khadijas Krankheit war das nicht mehr möglich.

Onkel Abdullah und Tante Khadija lebten in ärmlichen Verhältnissen am Stadtrand, am schmalen Ende eines Ausläufers des Wadi. Auf der gegenüberliegenden Straßenseite standen Häuser, hinter denen nur noch wenige abschüssige Straßen und Gebäude gebaut worden waren. Dahinter wurde der Abhang zu steil für eine Bebauung, aber auf unserer Seite führten die Hauseingänge direkt in den Fels. Omar hatte mich nicht darauf vorbereitet, dass ein Teil seiner Familie in einer Art Höhle lebte. Die Behausung war so groß wie ein geräumiges Schlafzimmer, wirkte aber recht gemütlich, mit hellen Matratzen und Decken auf dem Boden. Ich dachte auch, dass es im Sommer sicher kühl sein musste. Onkel Abdullah wirkte nicht so, als ob ihm etwas fehlte. Lag das daran, dass es hier keine Schande war, in einem Felsen zu wohnen, wie es die alten Nabatäer getan hatten? Oder einfach daran, dass dieses Paar sein Alter und seine Lage mit einer Würde trug, die ich bemerkenswert fand und die sie geistig jung zu halten schien?

Omar fragte mich, ob ich einen »grünen Schein« (einen jordanischen Dinar) hätte. Ich gab ihm ein paar Geldscheine, die er zusammen mit seinen eigenen Onkel Abdullah überreichen wollte, wie es Sitte ist, wenn ein Familienmitglied krank ist. Dieser weigerte sich aber, das Geld anzunehmen. Stattdessen bat er uns, Tante Khadija im Krankenhaus in Irbid zu besuchen. Wir könnten ihr das Geld geben, wenn wir unbedingt wollten.

Kurze Zeit später konnten auch sie uns wieder besuchen. Tante Khadija, die inzwischen mehr oder weniger genesen war, kam manchmal allein und setzte sich auf dem Hof in die Sonne. Sie trug den traditionellen *shrsh* und in ihrem Mund steckte eine Pfeife, die sich von dem blaugrünen Muster der Tätowierung abhob, welche fast vollständig ihr Kinn bedeckte.

Ich hatte dieses Paar besonders lieb gewonnen, da mir aufgefallen war, wie gut sie sich umeinander kümmerten. Ich staunte auch über die Würde, mit der sie von anderen behandelt wurden, sowie über ihre eigene. Während meines zweiten Aufenthalts besuchten Omar und ich ihre Tochter Ramtha in der Nähe der syrischen Grenze, wo sie geheiratet hatte und mit ihrer eigenen Familie lebte. Dort spürte ich das gleiche Einfühlungsvermögen. Die Kinder waren vielseitig und außerordentlich kreativ. Ein Sohn war Künstler und hatte bereits einige seiner Arbeiten ausgestellt. Wenn sie auch nicht am Hungertuch nagten wie das alte Paar, konnte man sie doch kaum als wohlhabend bezeichnen. Man hatte sie gern und respektierte sie für das, was sie waren, und für ihr Verhalten gegenüber den anderen. Ich fühlte die enge Verbindung zwischen den Fähigkeiten dieser jungen Leute und ihrem Charme, ihrer Bescheidenheit und ihrem Optimismus – Eigenschaften, die sie, davon war ich überzeugt, von ihren Großeltern mitbekommen haben mussten.

Koh̲l

Aus Angst, ihn zu verlieren, brachte ich meinen *koh̲l* diesmal nicht mit nach Jordanien. Ich ließ ihn in Perth, in einer kleinen Glasflasche, die früher der Aufbewahrung von Medikamenten gedient haben musste. Wahrscheinlich war sie noch von Rihaab.

An dem Tag, als ich den *koh̲l* bekam, begleitete ich Omar und Onkel Aziz, den Vater von Aliah und Aliaa', nach Irbid. Nachdem sie ihre Besorgungen erledigt hatten, betraten wir in einem abgelegeneren Viertel eines von mehreren Geschäften, in denen Antiquitäten und allerlei ungewöhnliche Gegenstände verkauft wurden. Dort gab es faszinierende Dinge: Kaffeekannen aus Messing, Wasserpfeifen und andere Gegenstände, deren Zweck ich nur erahnen konnte. Der Laden entsprach meiner Vorstellung von einem Kuriositätenladen jener Art, von denen man in französischen Romanen aus dem neunzehnten Jahrhundert liest. Der Besitzer des Geschäfts war jung, voller Energie und begierig, uns etwas zu verkaufen. Omar und Aziz waren entschlossen, sich nicht einwickeln zu lassen, und täuschten das beiläufige Interesse halbherziger Kunden vor. Ich spielte mit und folgte ihrem Beispiel, indem ich ein oder zwei Gegenstände in die Hand nahm und zu diesem und jenem eine Frage stellte. In gewisser Weise mussten wir uns gar nicht verstellen, denn wir hatten wenig Geld dabei und wussten, dass wir uns eigentlich gar nichts leisten konnten.

Omar rief mich zur Theke, wo der junge Mann ihm einen schwarzen Stein zeigte, der silbrig schimmerte. Sie erklärten mir, dass daraus der *kohl* für die Augen gemacht werde. Er sah aus, als würde er sich nicht leicht zerdrücken lassen, aber als ich ihn in die Hand nahm und die Finger über seine Oberfläche gleiten ließ, konnte ich mir vorstellen, dass er sich zu feinem Staub zermahlen ließ. Omar fragte, ob ich ihn haben wolle, denn er war sicher, dass seine Mutter wusste, wie man ihn bearbeitete. Mir gefiel die Vorstellung, bei der Verwandlung eines solchen Steins in feinen Puder von Anfang an dabei sein zu können. Der Verkäufer erklärte bereits, wie es gemacht wurde, und sein Wissen und sein Eifer gaben mir, noch bevor Omar seine Worte übersetzte, ein gutes Gefühl. »Man braucht einen Blechbehälter und etwas zum Zerdrücken«, erläuterte Omar. Der junge Mann wollte uns einen kleinen Messingmörser und einen Stößel verkaufen, aber Omar wusste, dass seine Mutter so etwas besaß. Ich dachte an Rihaabs Krankheit und fragte mich, ob sie noch genug Kraft haben würde, um den Stein zu *kohl* zu zerkleinern. »Meine Schwestern wissen, wie es geht, und wenn nicht, wird sie es ihnen zeigen, dann kannst du es auch lernen. Würdest du gern lernen, wie man es macht?« Ich brauchte nicht weiter überzeugt zu werden und so verließen wir den Laden mit dem Stein.

Einige Tage später hörte ich ein gleichmäßiges Klopfen im Haus. Ich folgte dem Geräusch bis in das Zimmer gleich neben der Küche. Dort saß Rihaab vor einem Mörser, der fast identisch mit denjenigen war, die wir im Laden gesehen hatten. Als wir ihr nach unserer Rückkehr aus Irbid den Stein gezeigt hatten, hatte sie sofort gemeint, sie wisse, wie man damit umgehen müsse. Aber ich hatte nicht erwartet, dass sie sich so bald an die Arbeit machen würde. Mit Sahrs Hilfe hatte sie den Mörser und den Stößel in dem dunklen, kühlen Raum im hinteren Teil des Hauses gefunden, der nur selten betreten wurde. Seine beiden Außenwände waren nicht aus Zementziegeln hergestellt wie der Rest des Hauses, sondern aus Stein und das einzige »Fenster« war eine kleine Öffnung dort, wo ein Stein weggelassen worden war. Man musste über eine hohe Stufe in den etwas tiefer liegenden Raum hinabsteigen. Wenn sich die Augen an die Dunkelheit gewöhnt hatten, konnte man an der gegenüberliegenden Wand die großen Behälter ausmachen, in denen Mehl, Zucker und Reis aufbewahrt wurden. In diesem Raum gab es oft Skorpione und Sahr war mehr als einmal gestochen worden, während sie im Dunkeln in den Vorräten herumgestöbert hatte. Auf der rechten Seite befand sich der alte Ofen, in dem sie manchmal Brot buk. Auf der linken standen Regale mit alten Koffern, Decken, Kleidern und anderen seltsamen Gegenständen, die den Frauen gehörten.

Im helleren Zimmer war Sahr nun dabei, nach Rihaabs

Anweisungen sorgfältig winzige Tropfen Wasser aus einer Tasse in den Mörser zu gießen. Dann begann das Stampfen wieder. Sie schlugen mir vor mitzumachen und so wechselten wir drei uns ab. Der Stein war bereits zu einer Art grobe Krümel zerkleinert, aber wenn ich diese bearbeitete, kam es mir vor, als ob sich fast nichts änderte. Später kam Na:aameh vorbei und sagte mir, dass man für das Stampfen mehrere Tage brauchte, wenn man eine oder zwei Stunden täglich arbeitete. Sie erklärte mir auch, dass das Geheimnis eines guten, feinen Puders in der Menge des hinzugefügten Wassers liege, zu viel könne es verderben. Rihaab wollte an dem Puder arbeiten, so viel sie konnte, aber wenn sie zu schwach wurde, lösten wir sie ab.

Wann immer die übrige Hausarbeit erledigt war und wir zusammen um eine Kanne Tee saßen, wurde der Mörser hervorgeholt. Jeder, der vorbeikam, wurde für diese Aufgabe angeworben – Nachbarn, Verwandte, manchmal sogar Gäste – und es schien ihnen nie etwas auszumachen. Das Zerkleinern des *kohl* nahm uns in einer Weise in Anspruch, die mich an andere Gruppenaktivitäten der Frauen erinnerte, nur dass hier auch Männer teilnahmen. Wenn Omar am Wochenende nach Hause kam, setzte auch er sich zu uns und stampfte. Die ganze Woche hindurch nahmen seine Brüder Saleh oder Bilaal, jedes Mal, wenn sie ins Zimmer kamen, eine Weile den Stößel zur Hand. Auch wenn sie anfangs überrascht waren, taten sie es anstandslos, zumal sie keine Wahl hatten, denn ihre Mutter hatte sie darum gebeten. Es wäre ihnen nie eingefallen, Rihaab eine Bitte abzuschlagen. Wenn Onkel Ahmeds Söhne vorbeikamen, war es dasselbe; sie halfen mit, ob ihre Schwester Temaam bei ihnen war oder nicht. Und dann waren da noch die Cousins aus dem Haus von Abu Karim. Kräftige, junge Männer, die plauderten und scherzten, während sie dasaßen und stampften, wobei einige nur anstandshalber ein paarmal den Stößel bewegten, während andere sich der Aufgabe ernsthafter widmeten.

Am Ende der Woche hatte der Stein sich in weichen rußigen Staub verwandelt, der klebte, wenn er zusammengedrückt wurde, und wie schwarze Seide glänzte. Rihaab sagte, es würde noch ein paar Tage dauern, bis er fertig sei. Wir wechselten uns weiter mit dem Stampfen ab und jeden Tag fügte sie noch einen oder zwei Tropfen Wasser hinzu. Im Laufe der Tage hatte sich das Geräusch des Stampfens verändert. Der hohle Klang, wenn der Stößel auf dem harten Messing des Mörsers aufschlug, wurde durch den Puder gedämpft und zu einem steten Pochen, das an einen sanften Flügelschlag oder das Klopfen eines Herzens erinnerte. Meine Augen würden gesegnet sein, sagte Rihaab, und der *kohl* sehr wertvoll, nachdem all diese lieben Menschen sich an seiner Herstellung beteiligt hatten.

Du

Hochzeit: zum Haus der Braut

Es ist die heißeste Zeit des Nachmittags. Nach der Hochzeitsfeier, die schon lange vorbei ist, wurde noch einmal Tee und Kaffee serviert und ich bin vom Garten ins Haus gegangen. Irgendwo draußen spielt wieder jemand Tabla.

Die Frauen um mich herum beginnen sich zu regen und gehen hinaus, andere aus den anliegenden Zimmern schließen sich an. In zerstreuten Grüppchen überqueren die Frauen den Hof, darunter die alten Weiber, die auf der Bank saßen. Singend biegen sie auf die Straße ein, wo schon andere Frauen laufen. Von vorne hört man den Klang der Tabla, deren Rhythmus den Takt vorgibt, als die Frauen aus vollem Halse eines der traditionellen Hochzeitslieder anstimmen.

Ein paar Meter vor mir entdecke ich Shareen und ihre jungen Freundinnen und schließe mich ihnen an.

»Wohin gehen wir?«

»Wir gehen zum Haus der Braut. Und danach in die Kirche.«

Wir folgen der Straße den Berg hinauf, biegen in eine andere Straße ab und dann in eine weitere, die nun steil abfällt, biegen wieder ab und gelangen schließlich zu einem Haus, auf dessen Vordertreppe sich schon eine Gruppe Frauen versammelt hat. Sie rufen und singen laut zu der Musik, die aus dem Innern des Hauses schallt. Als wir die Treppe hinaufsteigen, gibt es ein furchtbares Gedränge und wir kommen nur langsam voran. Hinter einem Durchgang erspähe ich ein Zimmer, in dem offenbar die Hauptfeierlichkeiten stattfinden. Am Eingang stehen einige Familienangehörige, die immer nur eine bestimmte Anzahl Leute hineinlassen.

Eine Weile bleibe ich an einem kleinen Fenster neben dem Durchgang stehen. Es hat ein verziertes Eisengitter, das mich an etwas erinnert. Ich weiß, dass ich genau dieses Muster schon einmal gesehen habe. Aber wo? Ich komme nicht drauf. Ich lenke mich ab, indem ich ein wenig auf die Straße schaue. Jemand hatte mir erzählt, wo sich die Kirche befindet. Ob ich dort Omar wiedertreffen werden?

Und wie wird es sein, wenn wir uns begegnen? Heute Morgen sind wir hergekommen, um als verheiratetes Paar einer Hochzeit beizuwohnen. Ein ganzer Tag ist mit Feiern und Festlichkeiten vergangen und ich bin noch immer bei den Frauen. Mit fehlt es so sehr an Vertrauen, in uns und in mich selbst, dass es mir nicht in den Sinn kommt, mich zu fragen, was ich eigentlich für ihn empfinde. Mein Verhalten wird von dem seinem abhängen, wird nur aus Antworten und Reaktionen bestehen. Ob er mich mit dem bewundernden und zufriedenen Blick begrüßen wird, den ich früher bei ihm sah, als ich das erste Mal hierher kam ... als ich noch Vertrauen hatte? Damals hatten wir beide Vertrauen. Wir glaubten aneinander, als wir dieses gemeinsame Leben begannen, und an unsere Fähigkeit, diesem Glauben gerecht zu werden. Jetzt warte ich und starre durch dieses verzierte Fenster.

Wo bist du, Omar? Ich wäre jetzt gern bei dir, nach all dieser Zeit, den Monaten, die sich zu Jahren ausgedehnt haben. Doch warum eigentlich, nach so langer Zeit? Was bindet mich an dich?

Schutz

Es ist die Schlankheit deines Körpers, die ich am meisten liebe. Es ist ein schmal zulaufender Körper; schmal zulaufende Füße, Hände und Finger. Dass du keine Brustbehaarung hast, passt perfekt zu deinem geschmeidigen Aussehen.

Nimm Muammar, deinen Freund, der uns an jenem Abend zur Hochzeitsfamilie gefahren hat. Er ist viel stämmiger. Er ist groß wie du, wirkt aber gedrungen, mit einem kräftigen, breiten Hals, der seinen rundlichen Kopf mit einem Körper verbindet, den ich nicht anders als bullig bezeichnen kann. Ein Stier, der Erscheinung nach zumindest, während du geschmeidig bist, wie man es von einem Steinbock, deinem Sternzeichen, erwartet. Muammar trägt auch einen Schnurrbart, wie so viele deiner Landsleute. Du nicht. Es scheint, als werde die fehlende Gesichtsbehaarung durch den Schwung deiner Wimpern ersetzt.

Oft standest du da, deine flache Brust vorgestreckt, selbstsicher und zugleich verletzlich: der großspurige Mann, der kleine Junge, der sich bemüht, stark auszusehen. Während du diese widersprüchliche Wirkung deiner Haltung nicht wahrzunehmen schienst, wirktest du – auf mich zumindest – zur gleichen Zeit so, als seist du dir vage bewusst, dass du dich verrätst, ohne genau zu wissen, warum. Ich lernte dadurch etwas über die Männer aus deiner Welt, etwas, das wenig mit den dunklen und bedrohlichen Bildern zu tun hat, die in meiner Welt so eifrig heraufbeschworen werden.

Zweimal weintest du in meiner Gegenwart, einmal wegen einer beruflichen Zurückstufung, als du dachtest, du würdest es niemals zu etwas bringen, und das zweite Mal, als ich dich verließ. Es sollte nur vorübergehend sein, aber es war, als wüsstest du, dass aus den Monaten Jahre werden würden.

Deine Tränen waren Tränen der Trauer und stiegen aus dem Wissen um zukünftige Verluste empor. Ich wusste es, da ich die gleiche Trauer empfand, und ich spürte, dass du um uns beide weintest.

Morgens im Dorf, lange bevor wir uns angezogen hatten, um in die Stadt zu fahren: Du hattest deine Hände und Arme mit Handcreme eingerieben, und bevor sie ganz eingezogen war, fuhrst du dir mit den Händen über den Hals und die Brust. Schließlich zogst du dir Hemd und Hose an, so dass deine jüngeren Schwestern, die schon angekleidet waren, wieder ins Zimmer kommen konnten, um sich zu kämmen, ihr Haar hochzustecken und sich zu schminken. Völlig unvermittelt sagtest du zu mir: »Sieh dir mal diese Nase an. Sieh mal, wie gerade sie ist. Hast du jemals eine bessere Nase gesehen? Natürlich nicht.«

Und dann, bevor ich antworten konnte, gingst du wieder zur Tagesordnung über, indem du von etwas sprachst, was wir zu tun hatten, einen Ort erwähntest, den wir aufsuchen mussten. Der Bus würde bald kommen.

Ich lächelte dich an und lachte in mich hinein. Ein Reim entstand in meinem Kopf: »Nothing more exposed than the nose.« (Nichts liegt offener als die Nase.) Alle möglichen Redewendungen, Vorurteile und Gewohnheiten, die die Nase betrafen, kamen mir in den Sinn. Mir fielen die Worte von Rabelais und anderen Schriftstellern ein: über Nasen und sonstige Teile der männlichen Physiognomie, als deren Stellvertreter sie galten. Ich dachte auch: Deshalb wurde Kleopatra besiegt. Sie musste zu jemandem – Cäsar? Antonius? – gesagt haben: »Sieh dir mal diese Nase an! Hast du jemals eine bessere gesehen?« Aber sie war eine Königin. Du dagegen warst ein Dorfjunge, der es zu etwas gebracht hatte, der aus seinem Studium in Übersee zurückgekehrt war mit der Ehre, die sowohl dem Ort als auch dir gehörte, und du lerntest niemals die Kunst des Selbstschutzes – jenseits des physischen.

Was für einen Unterschied bot dein Stolz auf deine Nase im Vergleich zu dem Bestreben deiner Mutter, dich und auch deinen Bruder unter einem Tuch zu verbergen, um den bösen Blick abzuwehren. Je schöner die Kinder einer Frau sind, desto mehr muss sie sie vor dem Neid anderer schützen, besonders vor der Missgunst kinderloser Frauen und solcher mit weniger schönen Babys. Deshalb durfte dich damals niemand sehen.

Doch dich zu zeigen ist noch nicht Ausgleich genug. Im Herzen noch immer der kleine Junge, musst du dich zeigen und bemerkbar machen. Du selbst hast mir erzählt, wie deine Mutter sich verhalten hat. Von dir weiß ich diese Dinge. Sie hat dich beschützt, aber was hüllt dich nun ein?

Zeit

Ich habe eine romantische Vorstellung von dir gehabt. Das war Teil der Mauer. Mein Teil. Es fühlte sich nicht an wie eine Mauer. Es war viel weicher und zarter – ein Traum, in dem wir schwebten, unberührt vom Rest der Welt.

Wir bewegten uns in der Zeit zurück. Jahrhunderte zurück.

Wir lernten uns in einem feindlichen Klima kennen. Die Revolution im Iran lag gerade erst ein paar Jahre zurück, aber ich glaube, dass viele Amerikaner sich noch gut an die »Geiselkrise« und den mit gelben Bändern behängten Campus erinnern können. Du wurdest wütend, als sogar die intelligentesten und kultiviertesten Studenten unter uns, Doktoranden

179

esoterischer Wissenschaften, einmütig die »Gesellschaft des Mittleren Ostens« als mittelalterlich bezeichneten. Ihre vorschnellen Urteile und fertigen Bilder machten auch mich ärgerlich. Doch im Rausch der Liebe und dem Wunsch, diesen Klischees nachzugehen, wandte ich mich dem mittelalterlichen Europa zu.

Später, viel später, wurdest du zu meinem Bezugspunkt, dem Ausgangspunkt meines Wissens, aber noch nicht am Anfang. Hatte ich zu Beginn nicht die Grundlagen des Altfranzösischen gelernt und in einigen literarischen Werken die ersten Anzeichen von Wissen über deinen Teil der Welt entdeckt? Das Mittelalter: eine Zeit, in der, trotz der verschiedenen Religionen, die Unterschiede zwischen unseren Kulturen nicht so groß waren, wie sie jetzt zu sein scheinen.

Da war das *Rolandslied*, das zur Zeit Karls des Großen spielte. Bei einer der seltenen Gelegenheiten, bei denen ich in deinem Zimmer mit dir sprach, erzählte ich dir alles über dieses Epos: Es beschreibt die Schlacht von Roncesvalles, beweint die Niederlage der Nachhut der französischen Armee gegen die Sarazenen und den Tod Rolands, des Neffen des Königs. Aber habe ich dir erzählt, dass die eigentliche Schlacht von 778 nicht gegen die Mauren, sondern gegen die Basken geschlagen wurde – Menschen, die seit Jahrhunderten gegen die Mächte zu beiden Seiten der Pyrenäen kämpften, um ihre Eigenständigkeit aufrechtzuerhalten?

Und habe ich dir erzählt, dass das Epos erst viel später geschrieben wurde? Um 1100, näher an der Zeit des ersten Kreuzzugs. Auf einmal ist es eine muslimische Armee – zur Zeit der Entstehung ein viel bedeutenderer Feind –, die als außerordentlich stark beschrieben wird, wobei ein paar ihrer Kämpfer als nicht weniger edel und heldenhaft herausgehoben werden als jene auf der französischen Seite. Trotzdem gab es die propagandistischen Behauptungen des Kreuzzugs, dass

die »heidnischen« Sarazenen drei Götter verehrten: »Maho-
met«, »Tergavat« und »Apollin« (Apollo) – ein Versuch, die
Vorwürfe der Muslimen gegen den christlichen Glauben an
die Dreifaltigkeit umzukehren. Falsche Darstellungen des
Mittleren Ostens haben eine lange Tradition.

Doch Liebe macht mutig. Ich liebte dich und wie der Ritter
von La Mancha in weiblicher Gestalt wollte ich hingehen und
das Gleichgewicht in der Welt wiederherstellen. Ein Kampf
für die Gerechtigkeit! Meine Liebe würde mir als Waffe die-
nen, die Einzige, die ich besaß. Durch die Liebe können die
Machtlosen Widerstand leisten. Sie ist zugleich Mittel und
Zweck.

Liebe kommt in der mittelalterlichen Literatur in Hülle und
Fülle vor. Nicht in den Heldengedichten natürlich, aber in der
höfischen Liebesdichtung und den Balladen sowie in den
Chantefablen. Ich weiß, dass ich dir nicht von *Aucassin und
Nicolette* aus dem dreizehnten Jahrhundert erzählt habe. Ich
bin sicher, dass dir diese wunderbare Geschichte gefallen würde ... oder vielleicht doch nicht ... Sie handelt von einem jungen christlichen Ritter und einem Waisenmädchen, die von
den Sarazenen gefangen genommen und von einer benachbarten Familie aufgezogen werden. Sie werden getrennt und ein
Großteil der Geschichte geht darum, wie sie einander suchen
und sich nach einander sehnen. Nach vielen Versuchen und
Abenteuern sind sie wieder vereint und schließlich stellt sich
heraus, dass das Mädchen sowohl christlicher als auch könig-
licher Abstammung ist. Jetzt kann die Liebe triumphieren!
Eine Heirat wäre unmöglich gewesen, wenn sie verschiedenen
Konfessionen angehört hätten.

Eine kleine Selbstparodie. Mein Florett gegen die Täu-
schungen romantischer Liebe, das mir erlaubt, ihnen nachzugeben. Wie das Gedicht, das ich für dich, Omar, schrieb, in
einer dem Altfranzösischen nachempfundenen Sprache. Es

musste ein Gedicht sein, das die Atmosphäre der alten Epen und Balladen miteinander kombinierte. Die mittelalterliche Lyrik war den schönen fremdartigen Klängen und Rhythmen der Gedichte, die ich aus deinem Mund hörte, so nah, wie ich es mir nur vorstellen konnte. Und die Dichtkunst ist eine Sprache der Liebe, die du akzeptierst. Ich weiß, dass du die ruhmvolle arabische Vergangenheit bewunderst, eine Vergangenheit, die der Ehre ihren rechtmäßigen Platz und jeder Geste eine Bedeutung gab. Es war die Vergangenheit der arabischen Dichtung. Es war die Welt von Sheikh Haatem, von dem du mir erzählt hast. Er war so arm, dass er, um die Ideale der Gastfreundschaft und Großzügigkeit nicht zu verraten, sein geliebtes Pferd tötete, der einzige Begleiter, der ihm geblieben war. Er servierte es mit großer Liebenswürdigkeit als Festmahl für einige unerwartete Gäste und trauerte erst, als sie weg waren.

Ich widmete mein Liebesgedicht dem Menschen, für den ich dich hielt, und dem, der du offenbar sein wolltest, in jener idealen Welt. Und da du kein Französisch sprichst, übersetzte ich es für dich in ein veraltetes Englisch. Hast du dieses Gedicht noch oder hast du es verloren?

Chanson cortoise
(Höfisches Lied)

Biaz doux sire, jeune et cortois,
(Guter, süßer Herr, jung und höflich,)
Si proz, gentil, et gran et droit.
(So achtbar, sanft und groß und aufrecht.)
Gent, hardi, et leste a l'amor,
(Anmutig, tapfer und geschickt in der Liebe,)
Merci a Diu por toz li jors
(Ich danke Gott für jeden Tag,)

Que par Son Vuel te preste a moi!
(An dem es Sein Wille ist, dich mir zu leihen!)

Tant biay vis avez, et li cors
(Dein Gesicht ist so schön und dein Körper)
Tant par est gent, tant par est fort,
(So anmutig, so stark,)
Si que la dame vostre mere
(Dass sich deine Frau Mutter)
Molt proz deit sentir, et molt fier,
(Sehr geehrt fühlen muss und sehr stolz.)
Et, par foi, ele n'a pas tort.
(Und wahrlich, sie täuscht sich nicht.)
   Ah! Li biax sort!
   (Ach! Welch schönes Schicksal!)

Molt fiers vos ancestres aussi.
(Auch deine Vorfahren sind sehr stolz.)
Iceulx vos voient de Paradis,
(Sie sehen dich vom Paradies aus,)
Iceulx qui ont li miens tues
(Jene, welche die meinen töteten)
De lors longues espees corbees
(Mit ihren langen, krummen Schwertern)
   An les guerres es temps enfuis.
   (In vergangenen Kriegszeiten.)

Amis, la vostre espee est droite,
(Freund, dein Schwert ist gerade)
Et faite por la gaine estroite,
(Und gemacht für eine enge Scheide.)
Or, oncques concquests save that
(Heute bieten sich keine Eroberungen)

183

Des dames et des dameiseles
(Als die von Frauen und Fräulein)
Hui ne s'offrent a l'arme adroite
(Der geschickten Waffe an.)
   Las! Triste esploit!
   (O weh! Armseliger Zustand [der Waffen]!)

Diu sait ben por queles raisons
(Gott weiß gut, aus welchen Gründen)
Jo vos ai pris por compagnon;
(Ich dich zum Gefährten genommen habe;)
Vos, seul, deduit et poesie
(Du allein schenkst mir Freude)
Me donnez por tote ma vie.
(Und Poesie für mein ganzes Leben.)
Cils sont, jo croie, li plus biax dons.
(Dies sind, glaube ich, die schönsten Geschenke.)

Portant, une chose m'effroie:
(Doch eines macht mir Angst:)
Ami, vos biaz longs cils de soie
(Freund, deine schönen langen, seidigen Wimpern)
Voilent des ialz li fin regard,
(Verschleiern den feinen Blick deiner Augen,)
Subtil comme cil Maistre Renard,
(So fein wie der von Meister Reinecke [Fuchs],)
Qui m'oste li gran part ma joie.
(Der mir den größten Teil meiner Freude stiehlt.)
   Malheur a moi!
   (Weh mir!)

Wodurch geschah am Ende diese Wende? Woher kam dieser plötzliche Umschwung zur Vorahnung? Wovor hatte ich

Angst? Ich glaube nicht, dass es unangebracht war. Deine Augen blickten eher verschmitzt als verschlagen. Deine Schläue war die eines Mann aus dem Dorf, nicht die wirklich verletzende Gerissenheit der Kultivierten. Nein. Es war unsere Ahnung von etwas, das wir nicht kannten – von all dem, was wir beide noch lernen mussten über das Leben in seiner Wechselhaftigkeit und mit dem Misstrauen vergangener Generationen –, das in der Tiefe unserer Herzen wach wurde und sich regte.

Doch dann überhäuftest du mich mit Freude und Dichtung. Das ist mir geblieben. Zu jener Zeit war ich selten diejenige, die sprach. Ich war die Zuhörerin. Ich hörte zu und sog deine Geschichten auf, wie es jemand, der Geschichten liebt, tun muss. Ich nahm die Färbung und den Rhythmus deiner Stimme mit der Luft, die ich atmete, in mich auf.

Ich konnte nie genau sagen, in welchem Moment du ins Arabische überwechseltest. Erst nach einer Weile fiel mir auf, dass du an irgendeiner Stelle das Englische verlassen haben musstest. Dann bemerkte ich am Duktus deines Vortrags, dass du zu einem Gedicht übergegangen warst. Oder ich bemerkte es, wenn du unterbrachst, wenn du einen Augenblick innehieltest und den Kopf schütteltest – vor Verwunderung über die geniale Wortwahl des Dichters oder über die Art, wie der Vers gemacht war, einfach und doch verdichtet. Dann wolltest du es mir zeigen: »Siehst du? So macht Abu Tammam das hier«, sagtest du und fandest keine Worte, realisiertest grausam, dass eine Übersetzung nicht helfen, eine mühselige Erklärung mich nicht in die Lage versetzen würde, zu verstehen, wie du verstandest, im Gleichklang mit dem Wunderwerk des Dichters zu schwingen. Du versuchtest es dennoch, bemühtest dich, deine eigenen Wiedergabe auf so wenige Worte wie möglich zu verdichten.

Das Gefühl der Vollständigkeit stellte sich für uns beide erst später ein, mit einem Kuss, einer Zärtlichkeit und dem wortlosen Geben und Nehmen, das darauf folgte.

Das Taschentuch

Du musst eines wissen, Omar. Ich würde mein Leben mit niemandem tauschen. Ich wünsche mir, dass auch du nichts bedauern wirst, was immer zwischen uns geschehen mag. Was auch der Grund gewesen sein mag, weshalb ich zu dir gekommen bin und mit dir und deiner Familie gelebt habe, ich tat es, weil ich es wollte und weil es für mich von Bedeutung war.

Vielleicht ist ja sogar mein ausgeprägter Sinn für Romantik der Grund gewesen. Wenn ich mich nicht den romantischen Dingen zuwenden könnte, wäre mir mein Leben nicht viel wert. Schon in der Kindheit haben mich die Geschichten aus Tausendundeiner Nacht tief beeindruckt. Ich liebte ihren Zauber und das Geheimnisvolle. Hinter ihrer volkstümlichen Einfachheit ist jede Geschichte eine weitere unberechenbare Reise, eine weitere labyrinthische Suche ... Der Olivenbaum aus meiner Kindheit hat seine Spur hinterlassen. Warum sonst hätte er mich beeinflusst? Und wenn meine Mutter Recht hatte, so war auch mein verträumter irischer Großvater für mich prägend. All diese Stränge sind miteinander verwoben und die Erinnerung selbst hat ihren Sinn, da wir unsere Identität – und die Bedeutung unserer Erfahrungen – zum Teil aus flüchtigen, nostalgischen Bildern der Vergangenheit erschaffen.

Einmal sah ich dir in jenem amerikanischen Studentenzimmer auf der zwölften Etage zu, wie du dich zum Ausgehen fertig machtest. In dem Moment, als du ein Taschentuch aus der

Tasche deines Anzugs zogst, tat sich plötzlich eine Welt vor mir auf. Es war mein Großvater, in der Wohnung meiner Großmutter, während einer seiner Besuche oder sogar, wie ich glaube, bevor er fortging, denn ich war noch ein kleines Kind. Ein hoch gewachsener schlanker Australier irischer Abstammung, sensibel, wie meine Mutter mir erzählte, poetisch und verträumt wie ich, aber auch sehr »gepflegt« – so sprach man zumindest damals von ihm. Er hatte eine eigene Art, sich zu bewegen, sich vorzubeugen und Gegenstände anzufassen. Eine behutsame Art.

Du, der du auf der anderen Seite der Welt lebtest, verschmolzest mit ihm. Die Geste und die Art, wie du dich dabei ein klein wenig vorbeugtest, waren seine. In dem Moment, als du das sorgfältig gefaltete Taschentuch aus deiner Tasche zogst, warst du er. In deiner Bewegung fiel die Zeit in sich zusammen. Und ich liebte dich.

In den Wadi

Ich erinnere mich an einen wunderschönen Tag, der alles, was du für mich warst, zusammenzufassen schien. Du tatest nichts Besonderes, nicht Außergewöhnliches. Und doch war ich den ganzen Tag über offen für das, was du und dein Land mir anboten – die Zeit, die wir miteinander verbrachten, und die Dinge, die wir unternahmen. Dieser Tag gehört zu meinen schönsten Erinnerungen.

Mein erster Besuch näherte sich seinem Ende. Als du mir erzähltest, du würdest mich am nächsten Morgen zur Jagd in den Wadi mitnehmen, konnte ich mir nicht vorstellen, wie man in der Landschaft, die ich gesehen hatte, jagen sollte. Sie wirkte zu trocken und es gab nur Sträucher. Wo war der Wald? Sie erschien mir auch zu biblisch, eine »Wildnis«, in der mit Sicherheit Hirten lebten. Aber was sollte man dort jagen können? Schafe? Ziegen? Esel?

Du hieltest dein Wort. Wir brachen kurz nach Sonnenaufgang mit einem kleinen Picknickkorb auf, den du selbst vorbereitet hattest. In einen Beutel aus Segeltuch hattest du *khóbuz* gepackt, runde, flache Brotlaibe, übereinander geschichtet und zusammengerollt, ein paar Tomaten, einige jener klebrigen grünen Früchte, die wie kleine Gurken aussehen, viel Salz – du liebtest Salz – und einige Orangen.

Der Abstieg war steil. Am Anfang führte er über einen breiten Feldweg – der Boden war hauptsächlich aus dickem, rostfarbenen Lehm – zum Dorf hinaus und dann zwischen vorspringenden Felsen talabwärts. Mal sprangen wir von einem Fels zum anderen, mal zwängten wir uns daran vorbei. Wir kreuzten viele schmale Pfade, die ebenfalls ins Tal hinabführten, aber sie wurden von den Schafherden benutzt und es würde den ganzen Tag dauern, ihnen zu folgen.

Nachdem wir wochenlang ständig von Menschen umgeben gewesen waren, konnte ich kaum glauben, dass wir nun endlich allein waren, ich mit leeren Händen und einem Gefühl von Leichtigkeit und Freiheit, du mit deinem Gewehr und dem Proviantbeutel. An diesem wilden Ort waren wir nur von Geräuschen umgeben; das Flirren der Weite der Hitze, Insekten, die im hohen Gras surrten, Vogelrufe und das Rascheln, wenn unsere Beine Sträucher und Büsche streiften. Hin und wieder durchbrachen die Schüsse aus deinem Gewehr die Stille. Auf einmal hörten wir in unmittelbarer Nähe einen Bach rauschen, doch bevor wir ihn erreicht hatten, ließen wir uns in das dunkle, weiche Gras unter einer Ansammlung von Granatapfelbäumen sinken. Deine langen, schlanken Hände streichelten mich, die Hände, mit denen du die Früchte und das Brot eingepackt hattest, mit denen du den Abzug betätigt hattest und mit denen du behutsam ein totes Vögelchen aufsammeln und es in ein Fach an der Seite des Proviantbeutels legen würdest. Ich konnte den Duft deines Parfüms wahrnehmen, das du dir täglich auf Brust und Arme riebst, ich nahm wahr, wie es sich in dieser Wildnis mit dem Geruch der Erde, der Steine, des Grases und der wilden Kräuter vermischte, die neben uns wuchsen.

Das war, nachdem du die Rebhühner verfehlt hattest, die beim ersten Schuss im Sturzflug herabgeflogen kamen und durch das Unterholz davonstoben, nicht so dumm, gleich wieder in die Lüfte zu steigen.

Es war auch, bevor du den taubenähnlichen Vogel zielsicher im Flug erwischtest. Er stürzte ab, seine Flügel erschlafften, als litt er unter der Hitze. Die Hitze, die ich kaum wahrnahm. Erst später, als wir zu einer Quelle kamen und in dem tiefen Teich badeten, den sie speiste. Rings um den Teich sickerte und sprudelte das Wasser aus dem Felsen. An einer Stelle hing ein großes, grünes Blatt in einer Felsspalte fest und formte das Wasser ungefähr in Höhe unserer Schultern zu einem kräftigen Strahl. Dorthin schwammen wir, um von dem kühlen Wasser zu trinken. Der Teich war von einer niedrigen Mauer aus Natursteinen umgeben, und nachdem wir uns wieder angezogen hatten, setzten wir uns nebeneinander auf die feuchten Steine. Wir ließen unsere Rücken in der Sonne trocknen, während wir mit den Füßen im kühlen Nass baumelten. Gegenüber der Quelle verließ das Wasser den Teich in Form eines sanft plätschernden Baches, der sich seinen Weg durch Steine und grüne Grasbüschel bahnte. Auf der anderen Seite des Teiches sahen wir einen Esel, der einen von vielen Schafhufen ausgetretenen Trampelpfad entlangtrottete. Als er sich dem Bach näherte, beschleunigte er seinen Schritt. Er war allein und trug keinen Reiter, aber wir waren sicher, dass er zu einem der Hirten gehörte, die wir in einiger Entfernung Flöte spielen hörten. Nachdem der Esel getrunken hatte, hob er den Kopf, wandte sich um und entfernte sich auf dem gleichen Weg, auf dem er gekommen war. Wir blickten ihm nach, bis wir ihn zwischen dem Gestrüpp aus den Augen verloren und das leise Geräusch seiner Hufe verstummt war. Schließlich brachen wir auf und folgten dem Verlauf des Baches, an dessen Ufer Oleander wuchs, und erfreuten uns an dessen leuchtenden Blüten. Nach einer Weile schossest du einen Vogel. Du hieltst ihn mit dem erschlafften Schnabel nach unten in die Höhe, um das Blut hinauslaufen zu lassen, das auf dem Boden eine kleine Pfütze bildete.

Wir folgten einem langen Weg, tief unten auf dem Talboden des Wadi, zu beiden Seiten erhoben sich die steilen Hänge. Du zieltest auf Rebhühner, betätigtest ein-, zweimal den Abzug, aber sie waren zu schnell. Liebevoll erzähltest du mir von ihrer Lebensweise, beschriebst sie wie die Traditionen eines anderen Clans. »Das sind die Sitten der Rebhühner«, sagtest du und erklärtest, wie schlau sie sind. Du sprachst so liebevoll von ihnen, dass ich mich fragte, ob deine Schüsse absichtlich ihr Ziel verfehlt hatten.

Dann verließen wir den Weg am Bach entlang und betraten ein Seitental des Wadi, das den Eindruck machte, als ob es nach einer steilen Klettertour auf den Gipfel eines der Hänge führen würde. Aber das Seitental öffnete sich nach allen Seiten, und nachdem oben am Hang ein Schäfer mit seiner Herde an uns vorbeigezogen war – die Glocken und das Blöken hallten noch lange Zeit nach –, erreichten wir einen anderen Bach. Du hieltest an, um unsere letzten Früchte in seinem Wasser zu waschen. Dabei fiel dir auf, dass das Obst einen seltsamen Geruch angenommen hatte. Du wundertest dich eine Weile darüber und meintest dann, die Ursache zu kennen. Wir gingen weiter den Bach entlang, bis wir zu seiner Quelle kamen, die aus einem Loch in einer Mauer sprudelte. Wir entdeckten einige Frauen und Kinder, die dort inmitten großer Haufen roher Schafwolle hockten. Zwei der Frauen schlugen mit großen Holzhämmern auf eine dicke Lage Wolle ein, die sie im Wasser unterhalb der Quelle ausgebreitet hatten.

Du grüßtest sie, und als sie fragten, woher du kämest, nanntest du ihnen den Namen deines Dorfes. »Aber ich habe in M... gelehrt«, sagtest du, da du wusstest, dass wir uns näher bei dieser Stadt befanden. »Ah, ja, wir sind von Agraba und meine Schwester lebt in Yubla«, antwortete eine der Frauen und nickte zu ihrer Nachbarin hinüber, »aber ich habe eine andere Schwester in M ... und ihre Tochter geht dort zur Schule.« Entspannt lachtest und scherztest du ein wenig mit ihnen, bevor du dich niederkauertest, um im saubereren Wasser den Schmutz der Wolle von den Früchten zu waschen. Dann gabst du allen von dem Obst ab, Frauen und Kindern, und es war immer noch genug für uns übrig. Wir saßen eine Weile mit den Frauen zusammen, plauderten und tranken heißen süßen Tee, den sie aus einer Kanne, die über einem offenen Feuer hing, einschenkten.

Dann gingen wir weiter, verließen das Bachbett und kletterten etwas weiter oben am Hang entlang. Unterwegs zeigtest du auf verschiedene Pflanzen und Büsche, nanntest ihre Namen und erklärtest mir, wofür man sie nutzen konnte. Deinen Augen entging nichts, nicht der winzigste Zweig mit zarten Blättern, der verloren zwischen dem gröberen Unterholz und den Disteln wuchs. Gewöhnlich zupftest du ein oder zwei Blätter von den Kräutern ab, die wir fanden, und zerdrücktest sie zwischen den Fingern, bevor du daran rochst. »Riech mal«, sagtest du dann und hieltest mir die zerdrückten Kräuter eines nach dem anderen unter die Nase oder riebst sie in meine Haut.

Ich hatte den Eindruck, dass wir ziellos umherwanderten,

aber du wusstest die ganze Zeit genau, wo wir waren und wohin wir gingen. Kurz vor Sonnenuntergang begannen wir, einen sehr steilen und felsigen Hang hinaufzusteigen. Du bewegtest dich mit Anmut und Leichtigkeit hinauf, schnellen und sicheren Fußes wie der Steinbock, der dein Sternzeichen ist, während ich immer wieder ausrutschte und außer Atem kam. Du necktest mich deswegen, botest mir aber deine Hand an und zeigtest mir, wie ich besser vorankam. Als ich dich fragte, warum wir diesen unwegsamen, steilen Weg genommen hatten, antwortetest du, wir müssten vor der Dämmerung oben sein, denn das sei die Tageszeit, zu der die Schlangen aus ihren Verstecken in den Felsspalten gekrochen kämen. Als wir oben angelangt waren, dämmerte es bereits, und wie ich fast schon erwartet hatte, befanden wir uns am Rand eines kleinen Ortes. »Wir sind in Al-Rafiid«, sagtest du. Wir waren unmittelbar auf dem Grundstück eines Hauses angekommen, das du gut kanntest.

Es gehörte lieben alten Freunden. Mehrere Brüder, die du seit Jahren kanntest, mit denen du aufgewachsen und zur Jagd gegangen warst, die du besucht und empfangen hattest und die überglücklich schienen, dich zu sehen. Als du ihnen erzähltest, wie wir den Tag verbracht hatten, brachten sie uns frisches Brunnenwasser auf die Vorderterrasse, damit wir uns erfrischen konnten. Wir wuschen uns Hände, Gesicht und Füße und bekamen Handtücher, um uns abzutrocknen, bevor wir ins Haus gingen – die Schuhe ließen wir an der Tür. Alle Generationen der Familie waren dort versammelt, Männer und Frauen, die Brüder und ihre Ehefrauen sowie Kinder jeden Alters. Wir wurden spontan zum Abendessen eingeladen, als gehörten wir zur Familie oder als hätte man uns erwartet. Es gab viel frischen Joghurt und Salat sowie andere gute Dinge, dazu Brot und Tee. Später begaben wir uns in ein Hinterzimmer und sahen uns den Falken an, den einer der

Brüder dort seit kurzem hielt, um ihn für die Jagd auszubilden. Deine Freunde brachten mir reges Interesse entgegen, das nichts mit purer Neugier gemein hatte, und wenn die Unterhaltung zu lang bei einem Thema verweilte und ich nicht mehr folgen konnte, sprachen sie über etwas anderes und bedeuteten mir mit Kopfnicken und warmem Lächeln, dass ich zu ihnen gehörte.

Schließlich nahm uns eine Bekannte, die in einem benachbarten Haus zu Besuch war, mit zurück nach Kufr Soum. Das Auto schlängelte sich in der Dunkelheit durch verschiedene Straßen und Dörfer. Wir fuhren so lange, dass ich gar nicht glauben konnte, wie weit du und ich an jenem Tag gegangen und geklettert waren. An diesem Tag war einfach alles perfekt gewesen. Vor dem Einschlafen dachte ich darüber nach, dass ich nie wieder einen solchen Tag erleben würde. Wage ich es zu denken? Es war ... der schönste Tag meines Lebens.

Das Gewehr

Du liebst dein Gewehr. Du liebst es, es zu benutzen, zu tragen, zu pflegen. Nach jedem Jagdausflug das gleiche Ritual: sichern, putzen, weglegen. Du nimmst dir Zeit. All dieses Putzen und Pflegen ist natürlich Teil der Verpflichtung des Besitzers, aber es macht dir auch Freude. Du plauderst mit deinen Jagdgenossen über dies und das, während sich das Tuch sanft am Lauf auf- und abbewegt. Es wirkt, als ob du es streicheltest.

Zweimal gabst du mir dein Gewehr zum Tragen. Einmal, als wir ein Picknick in dem Reservat machten, von dem aus man den Yarmouk überblicken kann. Damals war Winter. Ich trug ein langärmliges Hemd und darüber einen dicken, roten Strickpullover mit einem großen, weißgrauen Koalabären auf der Vorderseite. Darüber hatte ich das Gewehr geschultert. Es war seltsam, so dazustehen und mit einem Gewehr fotografiert zu werden – vor einem Baum, der sich über das Tal beugt, im Bildhintergrund der Fluss, auf dessen gegenüberliegender Seite Lastwagen mit uniformierten Soldaten hin- und herfuhren.

Das zweite Mal trug ich dein Gewehr bei einem unserer Jagdausflüge im Wadi. Wir kehrten auf einem anderen Weg zurück und kamen am anderen Ende des Dorfes an, wo der Cousin deines Vaters, Abu Kariim, lebte. Erinnerst du dich noch? Ich war noch nie dort gewesen und wir statteten ihm einen Überraschungsbesuch ab. Was sie wohl dachten, als du mit dieser Fremden auftauchtest, dieser Ausländerin, die ein Gewehr geschultert hatte? Sie mögen dich sehr und du bist ihnen immer willkommen. Sie verstehen dich, was auch immer du tust. Dennoch waren sie überrascht, als wir über den hinteren Weg zum Haus kamen, vorbei an den zahlreichen Ställen mit Kaninchen in allen Farben, die wie flauschige Plüschhasen aussahen. Ich hatte Gewehre immer mit Kaninchen in Zusammenhang gebracht und diese Szene kam mir auf merkwürdige Weise folgerichtig vor. Das einzige Mal, als ich wirklich ein Gewehr benutzt hatte, hatte ich in Australien auf Kaninchen geschossen. Ich hatte einen sehr guten Lehrer, so dass ich das Kaninchen beim allerersten Versuch mit einem sauberen Kopfschuss erlegte. Beim nächsten Mal gelang es mir nur, das Tier zu verwunden, woraufhin ihm der Hals umgedreht werden musste. Seitdem habe ich nie mehr ein Gewehr in die Hand genommen.

Bei Abu Kariim erklärtest du mir, dass einige Muslime Kaninchen essen und andere nicht. Der Prophet Mohammed habe nicht offen gelegt, ob es erlaubte oder verbotene Nahrung sei. Als er dazu befragt wurde, habe er nicht geantwortet. Ich habe mir oft vorgestellt, wie dieser Vorfall sich ereignet haben mag. Hier ist der Prophet, der eine seiner Erklärungen bezüglich reiner und unreiner Nahrung abgibt. Er hat bereits über Schafe, Rinder, Schweine, Katzen und Hunde, Meerestiere, Reptilien und vieles andere gesprochen. Jemand fragt ihn, welche Tiere man sonst noch essen darf. Die Fragen werden immer spezifischer. Er ist geduldig und antwortet jedem der Reihe nach. Dann ruft einer ihm zu: »Und Kaninchen? Dürfen wir Kaninchen essen?«

Es ist nicht die Frage nach dem Tier selbst, die ihn zögern lässt.

Es ist nur so, dass beim Kaninchen ein Punkt erreicht ist, an dem eine Stimme in ihm ruft: »Genug!« Aber er spricht es nicht aus. Ach! Auf welch idiotische Weise sich die Menschen mitreißen lassen, wenn sie die Religion wörtlich nehmen! Wissen sie denn nicht, dass Heuchelei genau dort beginnt? Doch Geduld und Freundlichkeit sind sein Kennzeichen. Deshalb tadelt er sie nicht. Er lässt die Frage einfach unbeantwortet und geht, mild und sanft, zum nächsten Punkt der Tagesordnung über.

Schreie

Du warst fordernd. Niemand beschwerte sich bei dir.

Deine Männlichkeit, die Art, wie du Kontrolle übernehmen und Dinge in Gang bringen konntest, dieselbe Männlichkeit, die die Leute anzog, überschritt stets auch Grenzen. Zumindest für mich. Oder ist das genau das Wesen von Männlichkeit?

Manchmal frage ich mich, ob du wusstest, warum du diese Mauer genau zu dem Zeitpunkt errichten musstest und wie sehr meine Gegenwart mit deiner Entscheidung zusammenhing. Lag es wirklich nur an den Umständen, daran, dass ich nicht in Amman oder Irbid leben konnte oder sogar auf dem Campus der Universität von Yarmouk, an der ich unterrichtete? Ich konnte dies nicht viel länger akzeptieren, sondern musste dir klar machen, dass du dich genauso täuschtest wie mich, indem du an diesen Gründen festhieltest. Wenn deine besitzergreifende Art bedeutet hätte, dass wir uns öfter gesehen hätten, hätte ich es als eine Art Kompensation für unsere Wohnsituation verstanden. Stattdessen bekam ich dich, dafür, dass ich deine Ehefrau war, nicht nur selten zu Gesicht, sondern mein Einfluss nahm sogar täglich ab, während der deiner Freunde und Kollegen immer stärker wurde.

Du nahmst die Verantwortung für deine Familie nicht auf die leichte Schulter. Du stelltest dich ihr. Wie ein Mann! Was das angeht, kann dir niemand etwas vorwerfen. Aber dass du mich ins Dorf geholt hast, nun, vielleicht war das eine Form von Ausweichen, wie Nawal andeutete. Ausweichen, indem man versucht, beides zu haben – der verantwortliche älteste Sohn zu sein (ich verstehe nicht, wie überhaupt irgendein ältester Sohn so eine Bürde tragen kann) und einen Teil der westlichen Gesellschaft ganz für sich zu haben, durch mich weiter davon zu kosten, nachdem du dort weggegangen warst. Nachdem die Eroberung und Unterwerfung zwischen den verschiedenen Teilen der Welt jahrhundertelang nur in eine bestimmte Richtung gegangen war, war dies ein Mittel, einen kleinen Gegensieg zu erzielen.

Und ich ... idealistisch, romantisch, weltfremd bis zu dem Punkt, dass ich mich über Konformität ärgerte, unglücklich über meine Kultur, deren Macht hauptsächlich im Konsum liegt, unglücklich über ihre Weigerung, sich vorzustellen, an der Stelle des anderen zu sein ... ich fügte mich. Ich begab mich tatsächlich an die Stelle des anderen. Zu dir. Und ich fand so viel von dem, wonach ich gesucht hatte, einschließlich der schönen Dinge, von denen du mir erzählt hattest – Wadis und Schlösser, Oliven- und Granatapfelbäume, die lebende Schätze tragen, auch Dinge, die in deiner Welt so normal und natürlich waren, dass du die Kluft zwischen ihr und meiner Welt nicht einschätzen konntest. In deinem Land kümmern sich die Menschen intensiv um ihre Mitmenschen, auf eine Art, die für die westliche Gesellschaft kaum vorstellbar ist. Wenn wir jemals dieses Gemeinschaftsgefühl besessen haben, dann ist es schon vor langer Zeit verloren gegangen. In deinem Haus konnte ich besser schlafen als irgendwo oder irgendwann anders, die Hälfte der Bürde meines Lebens war mir genommen und an einem zentralen Ort aufbewahrt worden – keinem realen Ort, aber einem gemeinsamen Platz im kollektiven Bewusstsein. Sogar tagsüber wogen die Sorgen leicht. Das waren Dinge, die ich liebte und die mich durchhalten ließen. Ich war entschlossen, eine Möglichkeit zu finden, wie wir trotz der Schwierigkeiten zusammen sein konnten, und die Herausforderung rechtfertigte mein »Abenteuer«, dass ich hierher gekommen war.

Als ich daher sah, dass du nicht nachgeben würdest, als ich sah, dass die Mauer höher wurde, dass wir nicht gemeinsam in der Stadt oder auf dem Campus deiner oder meiner Universität leben würden, fing ich an, nach Wegen zu suchen, wie wir trotzdem ein Paar bleiben konnten. Ich hatte das Gefühl, dass es gut für dich wäre, eine Weile fortzugehen, zurück in den anderen Teil der Welt, um mehr über dir fremde Lebensweisen zu erfahren. Noch als sich die Mauer bereits im Bau befand, saß ich mit dir vor dem Haus in der hellen Sonne und sprach über deine Ziele und Absichten. Nach meiner Rückkehr diskutierten wir noch einen ganzen Monat immer wieder, bis du schließlich bereit warst, dich über ein weitergehendes Studium im Westen, diesmal in Großbritannien, zu informieren. Es würde eine Ruhepause für mich sein, eine Zeit, in der ich dich bearbeiten, dir helfen würde zu verstehen, dass wir nicht so weitermachen konnten wie bisher. Dann, wenn ich dich würde überreden können, bei unserer Rückkehr die Dinge zu ändern, einzuwilligen, dass ich nicht die ganze Zeit im Dorf bleiben sollte …

Während ich mir meiner Motivation nur halb bewusst war, als ich dich überredete, deinen Weggang zu planen, machtest du weiter wie immer, einfach und vertrauensvoll, männlich und fordernd, Befehle erteilend, wie man es von einem ältesten Sohn erwartete. Da du hart arbeitetest, und daran bestand kein Zweifel, hattest du auch das Recht, etwas dafür zurückzubekommen – eine Art von Macht. Und so verteiltest du unsere Aufgaben und erwartetest von anderen, dass sie auf dich warteten.

Du warst vermutlich nicht der Einzige. Wenn du den ganzen Bus warten ließest, während du in dem Dorf auf halbem Weg zwischen Irbid und Kufr Soum zum Metzger gingst, nutzten andere die Gelegenheit und gingen ebenfalls dorthin. Andere Männer. Nur, dass du länger brauchtest, bis sogar sie ungeduldig wurden. Du wähltest ein Schaf aus und ließest den Metzger es zerlegen, wobei du sicher gingst, dass nichts fehlte: Kopf, Innereien und all das.

Kaum warst du aus dem Bus gestiegen, begabst du dich in die Küche und reichtest Sahr die Tüten mit dem frischen Fleisch. Sie war nicht darauf vorbereitet, nicht an dem Tag, zu der Uhrzeit. Sie war gerade dabei, Kleider zu waschen, mit der alten runden Waschmaschine, die sie nur für die große Wäsche hervorholte. Auf dem Boden stand das Wasser und überall lagen Berge von Kleidungsstücken herum. Als du die

Tüten auf einem großen Brett ausleertest, verströmten die Innereien einen starken Geruch. Du erklärtest mit gelassener Autorität, was mit all dem geschehen sollte, und Sahr antwortete nicht. Doch nachdem du das Zimmer verlassen hattest, beschwerte sie sich bitterlich bei mir. Ich versuchte, ihr zu helfen, aber was weiß ich schon über das Säubern der Eingeweide eines geschlachteten Tieres?

Das arme Mädchen! An ihr blieben alle unangenehmen Arbeiten hängen. Und das nur, weil sie sich so sehr um ihre Mutter – deine Mutter – sorgte, dass sie die Schule nicht beenden konnte. Du erzähltest mir, dass die Mädchen zu der Zeit, als Sahr ein Kind war, sowieso nicht lang auf der Schule geblieben waren. Nur zehn Jahre lagen zwischen ihr und Randa und alle Veränderungen, die sich woanders über Generationen und Generationen hinzogen, hatten hier in diesen zehn Jahren stattgefunden – dem Altersunterschied zwischen zwei Geschwistern. Oh, wenn man sie darum bittet, kann sie die Buchstaben lesen und ihren Namen schreiben, ich habe es selbst gesehen. Und ich weiß, dass du ihre Begabungen achtest und wertschätzt. In den Geschäften und auf den Märkten von Irbid ist es nicht von Bedeutung, ob man schreiben und lesen kann. Sie ist in der Lage, mit den besten Souk-Händlern zu verhandeln. Ich liebe es, sie in Aktion zu sehen, wenn wir gemeinsam in die Stadt gehen, obwohl sie ihre besten Geschäfte macht, wenn ich nicht dabei bin. Ein Ausländer im Schlepptau lässt die Preise erstarren. Die Beschränkungen, die jene Jahre der Veränderungen mit sich brachten, haben sie allerdings zänkisch werden lassen, weshalb Randa und Bilaal sich manchmal über sie ärgern. Der Ärger ist zwar vorübergehend, aber doch eine zusätzliche Belastung für Sahr.

An jenem Tag war Sahr schnell und effizient. Sie ließ nicht zu, dass ihre Verärgerung ihre Arbeit behinderte: Sie drückte die Innereien des Schafs zwischen Daumen und Zeigefinger aus, bis sie vollständig geleert waren, kochte sie, weichte sie in Zitronensaft ein und kochte sie erneut. Normalerweise hat sie genug Kraft, um die Kieferknochen zu brechen, aber diesmal musste sie eine Nachbarin zu Hilfe rufen, eine ältere Frau. Nachdem du ihr das Fleisch übergeben hattest, hattest du nichts mehr damit zu tun. Warum machtest du ihr so viel Arbeit?

Andererseits warst du es, der den Anlass für die Feier gab, deine Rückkehr vom Studium. Ja, ich nehme etwas vorweg. All das geschah während meines letzten Besuchs, eine Weile nachdem du aus Schottland zurückgekehrt warst. Du wusstest, dass viele Leute zu Besuch kommen und dir gratulieren würden. Tagelang. Sie würden erwarten, dass man sie bewirtet, und zwar reichlich, königlich. Auch Sahr wusste es. Wir alle verstanden das. Doch du hattest dich nicht verändert.

Die schlimmste Zeit mit dir war die während meines zweiten Aufenthalts, ein paar Monate, nachdem ich gekommen war. Es waren die frühen Vorboten zukünftiger Probleme, lange bevor ich begonnen hatte, regelmäßig nach Irbid zu fahren oder zu unterrichten. Ich hatte Kopfschmerzen und andere grippeähnliche Symptome, die von einem ansässigen Arzt mit Beruhigungsmitteln behandelt wurden. Als diese nicht halfen, beschlossest du Mitte Januar, dass ich mit dir für ein paar Wochen nach Mu'tah gehen sollte – trotz der Vorschriften, die es untersagten. Ich war froh über die Veränderung und glaubte, es würde mir gut tun, das Dorf für eine Weile zu verlassen und mit dir auf dem Campus zu bleiben. Auf diese Art würde es mir bald wieder besser gehen und ich würde bereit sein, meine Stelle anzutreten.

Anfangs kümmertest du dich viel um mich und ich wurde rasch wieder gesund. Unter deinen Kollegen und ihren Familien lernte ich ein paar interessante neue Leute kennen und nach einer Weile begannen die Ehefrauen, mich nachmittags, wenn du unterrichtetest, einzuladen. Doch bald spürte ich, dass dir meine Anwesenheit zunehmend unangenehm war. Ich wusste, dass du dich nicht wohl fühltest, weil ich eigentlich nicht dort sein durfte. Wir würden im Juli heiraten, sechs Monate später, und bis dahin würde es schwer sein, deinen Vorgesetzten meine Anwesenheit zu erklären. Du stelltest mich immer als deine Frau vor.

Ich spürte, dass du mich nur duldetest, dich damit abfandest, deine Wohnräume mit einer anderen Person zu teilen. In deiner Routine ließest du dich dadurch nicht stören. Du achtetest stets darauf, keine Spuren meiner Anwesenheit vorzufinden. Keine zusätzlichen Kleider und Handtücher an Stellen, wo du sie sehen konntest, nicht einmal, wenn sie zum Trocknen aufgehängt waren, kein zusätzliches Geschirr, das nicht abgewaschen, getrocknet und eingeräumt war, keine Fusseln auf dem Teppichboden. Du hattest dich in den letzten Jahren fern der Heimat so an das Leben als Alleinstehender gewöhnt, dass du es nun nicht mehr ertragen konntest, über längere Zeit eng mit jemandem zusammenzuleben.

Mir fiel bald auf, dass du dich mir gegenüber immer dann am freundlichsten verhieltst, wenn wir mit deiner Familie im Dorf waren oder in der Wohnung in Mu'tah Besuch empfingen – wie zum Beispiel jene Armee-Stabsunteroffiziere, Hauptmänner und Leutnants, die abends kamen und immer ihre Uniformen trugen. Sie brachten mir zwar eine steife Höflichkeit entgegen, fühlten sich aber wohler, wenn ich mich zurückzog.

Für mich wurde die Spannung, wenn wir allein in der Wohnung waren, immer unerträglicher. Dann fühlte ich, wie tief deine Enttäuschung darüber, dass ich einen Monat später als verabredet zurückgekehrt war, dein Vertrauen verletzt hatte. Die romantische Anfangszeit war einer Phase der Bemühungen und Kompromisse gewichen.

Und doch war es nicht so, dass du nicht mehr an uns glaubtest. Wenigstens hatte ich nicht den Eindruck, denn auf deine Art bemühtest du dich um uns, bereitetest Mahlzeiten für uns zu, erzähltest mir von deiner Arbeit und fragtest mich nach meiner Meinung. Geduldig erklärtest du mir vieles über das Leben in Jordanien. Aber du hattest an jeder Kleinigkeit, die ich tat, etwas auszusetzen und sprachst selten über unsere Beziehung. Wann immer dir danach war, sprachst du aus, was dir durch den Kopf ging, ohne dir meine Sorgen anzuhören. Du reagiertest auch schnell gereizt, wenn ich eine Unterhaltung fortsetzen wollte, die du als abgeschlossen betrachtet hattest. Irgendwann wusste ich nicht einmal mehr, ob ich mich in ein anderes Zimmer begeben oder lieber im gleichen Zimmer bleiben, auf der Couch sitzen oder vielleicht Tee machen sollte.

Auch wenn du fort warst, konnte ich mich nicht entspannen. Ich dachte dann darüber nach, wie wir einander erreichen konnten, fühlte, dass es nicht klappen würde, und war mir verzweifelt darüber im Klaren, dass unser gemeinsames Leben davon abhing, ob es uns gelingen würde. Doch ich litt auch unter der Trostlosigkeit des Ortes. Ich kannte nicht einmal die unmittelbaren Nachbarn und die Kälte war – obwohl die Wohnung geheizt war – so durchdringend wie im Norden. Zeitweise war der ganze Campus in Nebel gehüllt, der sich erst durch den beißenden Wüstenwind auflöste, welcher oft tagelang wehte. Ich weiß nicht, wie du diesen Wind ertragen konntest. Er pfiff und ächzte durch alle Gebäude und rüttelte an den Scharnieren der quadratischen Metallrahmen, die in die Türen eingelassen waren. Dieser furchtbare Wind fegte durch meine Seele und riss die Bilder der Lavendelgärten unserer gemeinsamen Zukunft, die anfangs dort Wurzeln geschlagen hatten, mit sich fort.

Sogar wenn alle Türen und Fenster geschlossen waren, war

ich nicht in der Lage, das an- und abschwellende Heulen des Windes auszusperren. Und auch die anderen Geräusche, die mit dem Wind vom militärischen Flügel des Campus herüberwehten, das Brüllen der Soldaten, mal laut und deutlich, dann wieder verschwommen und leise, ließen mir keine Ruhe.

Perlen

Ich bekam zwei Perlenketten geschenkt, eine von deinem Schwager, Adnan, die andere von deinen Cousins, Onkel Kariims Söhnen. Ich habe sie noch. Die eine besteht aus klaren, eckigen Glasperlen, die auf eine rosafarbene Kordel aufgezogen sind wie eine Angelschnur, die ihre pastellfarbene Blässe durch die Glasprismen schickt und sie erröten lässt. Drei runde Medaillons hängen klimpernd wie kleine, leichte Münzen an drei kurzen feinen Ketten, die am Verbindungsglied befestigt sind. Auf jede elfte Perle folgt eine kleine Trennscheibe aus Metall. Elf und elf und elf. Dreimal zu lesen.

Die andere Kette ist traditioneller, ihre Perlen rund und von einem leuchtenden opaken Blau, fünfzehn auf jeder Seite des Verbindungsglieds an der seidig blauen Schnur. Sie treffen auf dreißig gelbe Perlen in der Mitte. Die gelben Perlen sind durchsichtig, wodurch die blaue Schnur grün wirkt. Sie ist am Verbindungsglied verknotet und teilt sich dann in drei kurze Schnüre auf, mit einer Quaste aus blauen, gelben und silbernen Perlen an jedem Ende. Zweimal fünfzehn, dann dreißig und wieder zweimal fünfzehn. Dann die neun Perlen der Quasten. Die Kombination wechselt bei jeder Kette, aber am Ende sind es immer neunundneunzig, die Namen Allahs, dessen einer Name auf den kleinen Medaillons der ersten Kette eingraviert ist.

Die Perlen müssen auf der Schnur gerade genug Spiel haben, damit man sie bewegen und zählen kann. Ich berühre sie und stelle mir das Gewicht einer größeren Perle oder einer Kugel auf einem Abakus vor. Zählen wirklich alle stets die Namen auf? Der Barmherzige, der Gnädige, der Vergebende: Attribute, durch die wir den Herrn, den Einen Göttlichen, erkennen.

Oft saß ich stundenlang in dem kleinen Zimmer inmitten von Familienmitgliedern und Gästen. Ich saß dort mit der einen oder anderen meiner Perlenketten und beobachtete die Menschen um mich herum, unfähig, ihre Sprache zu sprechen. Doch dadurch lernte ich die vielen Möglichkeiten, sich ohne Worte zu verständigen, umso schneller.

Die älteren Männer reden und zählen, zählen und reden. Einige von ihnen sind auf eine würdevolle Art beleibt. Manche legen die Perlen nie aus der Hand. Sie scheinen im Hier und Jetzt völlig versunken, als nähmen die dicken Perlen in den pummeligen Händen den Platz anderer Dinge ein, die sie gern festhalten würden, fleischiger Dinge, rund wie Perlen. Wenn sie mich meine eigenen Perlen zählen sehen – für mich ist es, als legte ich eine Patience –, wenn die fremde Sprache mir zu viel geworden ist und sich wie ein sich knarrendes Tor vor mir schließt, dann wundern sie sich und werden misstrauisch. Sie ist doch eine Christin, oder? Eine alte Frau stupst ihren Mann an und nickt in meine Richtung: Betet sie etwa? Ach, wie gut, sagt sie dann zu mir, du wirst eine Muslimin, und nickt anerkennend, während ich geduldig zähle, eins, zwei, drei, Unser Vater im Himmel, oder *Al-ḥamdulillah, rab al :allamein* (Ehre sei Gott, dem Herrn der Welten), und die anderen Menschen und die Worte, die von ihren Zungen rollen, sich langsam um mich drehen.

Ich habe dich niemals mit einer Perlenkette gesehen. So etwas ist nicht nach deinem Geschmack. Eine fromme Erscheinung abzugeben gehört nicht zu deinem Selbstbild. Gott wird tun, was Er tun wird, und eine Perlenkette wird keinen Unterschied machen. In der Männerwelt muss man Entschlossenheit, Konzentration und Stärke beweisen. Dieses Spielen mit Perlenketten würde dir nicht stehen, dir, der meint, was er tut, und tut, was er meint, keine Geste zu viel. Du spielst überhaupt nicht gerne, außer mit Karten natürlich. Aber das Perlenzählen, nein, das ist ein Zeichen von Schwäche.

Deine jungen Cousins wissen, wie sie mit den Perlen umgehen müssen – diejenigen, die solche Ketten besitzen. Im Gegensatz zu den alten Männern ist es bei ihnen keine Gewohnheit, keine dekadente Abhängigkeit. Sie schleudern die Perlenketten umher, während sie sich unterhalten, werfen sie sogar auf den Boden, wenn sie die Pointe eines Witzes unterstreichen wollen. Doch die Jugend ist kein Vorbild für einen Haushaltsvorstand. All deine Handlungen sollen deinem Vater klar machen, dass du als ältester Sohn nun die Verantwortung trägst. Wenn du wieder fort bist, wird er in Ruhe gelassen und alle nehmen ihre Arbeiten und Beschäftigungen im Haus wieder auf. Du solltest einen eigenen Haushalt haben, wie jeder ältere, starke und entschlossene Mann. Das würde viele Probleme lösen.

Ich zähle immer noch, aber ich werde allmählich müde. Der Tee kommt, und während ich dankbar meine Perlen beiseite lege, denke ich an die antike Verehrung von Steingötzen, die nun unterdrückt wird. Zwar werden sie noch berührt, aber als bloße Symbole des Unsichtbaren. Vielleicht wie ein Wein, von dem nur noch der Bodensatz im Glas ist?

Vergessen

Als wir im Taxi das erste Mal von Amman nach Irbid zurückfuhren, sagtest du mir etwas sehr Wichtiges. Ich merkte es an der Art, wie du sprachst. Und es hinterließ einen Eindruck bei mir. Du sagtest: »Vergiss die Vergangenheit.« Eine einfache Aussage, die du erklärtest und ausschmücktest und mit zusätzlicher Bedeutung versahst. Die Gründe, die du anführtest, die Worte, die du verwandtest, deine Gesten und all die kleinen Dinge, die das Gewicht und die Weisheit deiner Worte unterstrichen, sind vergessen.

Nur diese Szene kommt zurück. Das Taxi schlängelt sich durch die Hügel, an der Straße stehen viele kümmerliche Kiefern, ein paar Zypressen und andere Bäume, die ich nicht kenne – genug Laub zu beiden Seiten, um Schatten zu spenden. Es muss die einzige Gegend Jordaniens sein, in der man für längere Zeit im Schatten fahren kann. In der Ferne sehe ich vereinzelte Olivenhaine an den steilen Hängen, hier und da schwankt ein Haus am Rand eines Abhangs in tieferes Grün.

Der Mann, seine Frau und ihr kleiner Junge auf dem Rücksitz des Taxis sind sehr ruhig, der Fahrer schweigt –, wie es alle Fahrer zu tun scheinen –, und ich beginne mich unwohl zu fühlen. Du sprichst zu mir mit deiner sanften, leisen Stimme, in der für die anderen fremden Sprache. Du erklärst mir, warum die Vergangenheit hinter mir liegt, dass ich nun hier bin und das mein Leben ist. Was hast du damals genau gesagt?

Plötzlich entsteht Aufregung auf dem Rücksitz des Taxis. Der Mann und die Frau sprechen beide mit dem Fahrer, der daraufhin an die Seite fährt. Wir steigen alle aus und der kleine Junge übergibt sich am Straßenrand. Wir beide stehen etwas abseits. »Sieh dir diese Familie an«, sagst du zu mir, »es sind Palästinenser.« Ich frage mich, warum du mir das erzählst und woher du es weißt. Ich suche nach den Anzeichen, die es dir verraten haben. Ist es das bestickte Kleid der verschleierten Mutter, das ihre füllige Gestalt verdeckt? Ist es ihr Akzent oder irgendein arabischer Dialekt? Dabei haben sie doch kaum gesprochen. Oder ist es ihr allgemein armseliger Anblick? Kommen sie aus den Randbezirken von Amman oder Irbid?

Der Fahrer hätte Grund genug, verärgert zu sein, aber wenn er es ist, dann zeigt er es nicht. Er ist geduldig mit dem Jungen, akzeptiert die Entschuldigungen der Eltern. Diese sind dabei nicht unterwürfig, sondern sprechen mit ruhigen, gleichmäßigen Stimmen, ohne ihre Würde zu verlieren. Der Vater wischt den Sitz mit einem großen Taschentuch ab und der Fahrer gibt ihm noch ein paar Papiertücher. Als wir wieder einsteigen, riecht es immer noch nach Erbrochenem, und gerade als ich daran denke, dass der Junge die ganze Fahrt hindurch ruhig war und sich nicht beschwert hat, obwohl er versucht hat, seine Eltern in der letzten Minute zu warnen, sprichst du ihn an. »Du bist ein guter Junge«, höre ich dich auf Arabisch sagen. Dann machst du einen Witz und bringst ihn zum Lachen.

Bei geöffnetem Fenster geht die Fahrt weiter und der unangenehme Geruch hat sich bald verzogen. Du nimmst unser Gespräch wieder auf, erwärmst dich wieder für dein Thema, reihst Argument an Argument. Einen Augenblick lang erhasche ich einen Blick von der Welt, wie du sie siehst – ein Raum, in dem die Vergangenheit nicht existiert. Es gibt nur das Jetzt, ich bin bei dir und wir »gehen zusammen wie einer«.

So hast du es gesagt. Aber wie es dazu kam, dass ich diesen flüchtigen Blick auf deine Welt werfen konnte, weiß ich nicht mehr. Jener Tag, an dem wir mit dem Taxi gefahren sind, gehört der Vergangenheit an. Jetzt gibt es nur die Gegenwart, die neue Gegenwart, in der ich nicht mit dir in diesem Land bin und du fort bist.

Bidoun Kaalima

Hochzeit: Raqsi!

Shareens Bruder ist nicht da, auch die anderen Männer nicht, die bei ihm zu Hause sind, tanzen und ihm bei den Vorbereitungen helfen. Wir befinden uns im Haus der Braut und werden von weiblichen Familienmitgliedern in einen langen und breiten Raum geführt, der, bis auf die Metallklappstühle an den Wänden und ein Sofa am entfernten Ende, vollkommen kahl ist. Genau in der Mitte des Sofas sitzt die Braut, ganz in Weiß. Ich finde es ungewöhnlich, dass die Braut sitzt. In den Dörfern im Norden stehen die Bräute stundenlang auf einem Podest oder etwas Ähnlichem. Ich erinnere mich, dass es einmal ein Tisch war, der nicht besonders stabil zu sein schien, mit Teppichen und anderen Wandbehängen dahinter.

Die Bräute sprechen oder bewegen sich nie. Sie erinnern an Statuen, ihr Lächeln wirkt so versteinert wie der Blick ihrer Augen. Manchmal liegt es an der Nervosität, manchmal an der Schüchternheit oder der Unterwürfigkeit der jungen Frauen. Sie sind immer auf eine perfekte Art schön. Jedes Haar und jede Falte des Kleides sitzt genau an der richtigen Stelle und würde sich bei der kleinsten Regung lösen.

Diese Braut hier sieht entspannter aus. Wahrscheinlich ist es im Sitzen leichter. Ihre Mutter und andere Frauen, die sich um sie kümmern, gehen leise zum Sofa hinüber. Es wird Musik gemacht. Im Gegensatz zu den Musikern, die auf der Straße spielen, sind es hier Frauen. Die Tablaspielerin ist besonders gut, sie schlägt die Trommel rasend schnell. Einige Frauen tanzen selbstvergessen mit wilden Bewegungen, als wollten sie die Unbeweglichkeit der Braut ausgleichen. Wir setzen uns an die Wände des Zimmers und schauen den Tänzerinnen zu.

Bei unserer eigenen Hochzeit wurde nicht getanzt. Wir waren beide schon etwas älter und Omar konnte sich die Feierlichkeiten nicht leisten. Dass er eine Frau aus dem Westen heiratete, bot ihm die Möglichkeit, die Sitten zu umgehen: das Haus und neue Möbel, die für das neue Paar vorbereitet werden müssen, das Unterhaltungsprogramm während der viele Tage dauernden Feier, das sonst alles von der Familie des Bräutigams bezahlt wird, und der Goldschmuck, den er seiner Frau als Bürgschaft für zukünftige Verluste schenken muss. Ich hatte nichts von alldem erwartet. Im Prinzip verdiente unsere Hochzeit kaum diesen Namen. Es war eher eine stille und feierliche Trauung, jener Akt, den die muslimischen Paare vollziehen, wenn sie einen Vertrag vor einem Richter unterzeichnen. Es ist keine religiöse Zeremonie, sondern ein amtliches Verfahren mit religiösen Untertönen. Kurz danach fuhren wir nach Schottland, gerade als man von mir erwartete, dass ich das sesshafte Leben einer Ehefrau begann, ein Leben in diesem Land. Es gibt keine Fotos aus jener Zeit, aber ich weiß, dass ich nicht steif und reglos dastand wie jene Bräute in all ihrem Tüll.

Die Tänzerinnen fordern einige von uns anderen zum Mitmachen auf. Ich zögere, aber eine der Frauen kommt auf mich zu. »*Raqsi*!«, ermutigt sie mich und zieht mich in den magischen Kreis. Es ist unmöglich, sich dort nicht gehen zu lassen. Wir sind frei, wir tanzen füreinander und besonders für *sie*. Für die Braut. Unsere gemeinsame Vitalität eilt ihrer Zukunft entgegen, beschwört Hoffnung, Erwartung, den Wunsch nach Glück. Nun bin ich an der Reihe, in der Mitte des Kreises zu tanzen, begleitet nur von der Freude, die aus den Augen und Mündern um mich herum sprüht.

Als ich den Kreis der Tanzenden wieder verlasse, gibt es nicht mehr viele Menschen, die darauf warten, in das Zimmer gelassen zu werden, und ich gehe den fast leeren Gang entlang zurück. Dabei komme ich wieder an dem kleinen Fenster vorbei, das auf die Straße hinausgeht, und dieses Mal gibt es mir unvermittelt sein Geheimnis preis. Ich erkenne es wieder, kann mich aber nicht daran erinnern. Form und Muster der Stäbe sind die gleichen wie die eines anderen Fensters, eines, aus dem ich so oft erwartungsvoll geblickt hatte.

Bidoun Kaalima 1

Die Stäbe des Eisengitters verliefen dicht nebeneinander horizontal durch das Fenster. In der Mitte waren sie zu dekorativen Schnörkeln und Spiralen geformt. Durch sie blickte ich in den Garten und weiter bis zum Eisentor mit seinem schwarz angemalten Gitterwerk. Ich hatte das Knirschen eines Fahrzeugs auf dem Straßenbelag gehört, und als ich Sahr und Randa hinausgehen sah, wusste ich, dass Omar angekommen sein musste. Als er aus dem staubigen alten Mercedes seines Freundes stieg und seine Schwestern dort stehen sah, fragte ich mich, ob er auch mich dort erwartet hatte. Doch sein gebieterischer Blick hatte die Szene nur kurz gestreift, während er sich noch immer mit den Männern unterhielt.

Ich wollte hinauslaufen und ihn in den Arm nehmen, aber was er mir bei meiner Ankunft über das Küssen und Umarmen in der Öffentlichkeit gesagt hatte, entsprach der Wahrheit. Ich hatte das Verhalten seiner zwei verheirateten Schwestern und ihrer Ehemänner, die täglich zu Besuch kamen, beobachtet. Keine Berührung, keine Blicke, Worte oder Zärtlichkeiten. Nichts außer der aufmerksamen Art, mit der Aisha ihrem Ehemann Moussa den Tee einschenkte, oder der Art, wie Moussa, wenn es Zeit zu gehen war, leise mir ihr sprach, während er ihr schlafendes Baby in eine Decke hüllte und es an seiner Schulter in die Nacht hinaustrug.

Omar beugte sich zum Fahrer und den beiden anderen Insassen hinunter und plauderte mit ihnen. Hin und wieder lachte er kurz auf. Während ich dem An- und Abschwellen ihrer Stimmen lauschte, wunderte ich mich über meine Reglosigkeit und über meinen Körper, der sich nach Tagen besorgten Wartens angespannt und ungeduldig anfühlte.

Es war jede Woche das Gleiche. Wenn er abgefahren war, gewöhnte ich mich rasch an das Alltagsleben mit den Frauen – das, abgesehen von Omars Abwesenheit, eigentlich ganz angenehm war – und dann begann wieder das Warten. Seine Schwestern schienen immer schon im Voraus zu wissen, wann er zurückkehren würde.

»Omar kommt *boukra*, kein *shams*, sehrr sehrr schwarz, Mishaal.«

Wenn Randa da war, verbesserte sie ihre Schwester: »Er wird morgen kommen, Michèle, spät in der Nacht, in der Dunkelheit.«

»Ja«, bestätigte Sahr, »sehrr Nacht.«

Oder Randa kam direkt zu mir und packte mich aufgeregt bei den Schultern.

»Michèle, Michèle, er kommt morgen Nachmittag. Er unterrichtet nicht *al-arba:a*.«

»*El-arba:a*? . . . Ach ja, Mittwoch.«

»Ja, Mitt – woch Michèle, ein Tag mehrr hierr bei uns!«

Alle sprachen darüber und seine Mutter freute sich mit

ihnen. Doch wenn Omar dann da war, ging die ganze Familie, vor allem die Frauen, wieder ihren alltäglichen Verrichtungen nach, als sei er nie weg gewesen.

Nun stand Omar immer noch da und schwatzte mit dem Fahrer, woraufhin ich beschloss, das Zimmer zu verlassen und in den Hof zu gehen, in die Nähe des Brunnens, wo ich mehr sehen und hören konnte, ohne mich aufzudrängen. Seine Schwestern sprachen ihn nicht an und blieben respektvoll und geduldig neben dem Tor stehen. Etwas von dem Gespräch der Männer drang zu mir. Ich erkannte ein paar Worte, die ich schon oft gehört hatte.

»*Fooot.*« Kommt rein.

Er sagte es zu den Männern im Auto, wiederholte es immer wieder, wobei er jeden mit Namen anredete. Munir war unter ihnen sowie einige Männer in Armeeuniform. Er drängte sie.

»*Ahléyn, ahléyn, fooot shrob shai.*« (Seid willkommen, seid willkommen, kommt herein und trinkt einen Tee.)

Mir war klar, dass sie einwilligen würden. Er sprach ernst und scherzhaft zugleich mit ihnen und sie waren bereit, seinem sanften Drängen nachzugeben. Der Motor wurde noch einmal angelassen und der Wagen langsam auf einem Feldwegstreifen gewendet. Während er die angeregte Unterhaltung trotz des laufenden Motors fortsetzte, warf Omar ab und zu einen Blick zu unserem Tor hinüber. Er nahm seine Schwestern und mich, die ich weiter hinten zwischen dem Brunnen und der Haustür stand, zwar wahr, schenkte uns jedoch keine Beachtung. Inzwischen war mir klar, dass dies von ihm erwartet wurde, so wie mir auch klar war, dass ich meine Liebe nicht zeigen konnte, ohne ein Tabu zu verletzen. Und er genauso wenig. Alles schien »*bidoun kaalima*« zu geschehen, ohne Worte, stillschweigend. Wortlos liebte er mich in jener Nacht zwischen den schweren Decken aus grober Wolle, mit denen die zwei dicken Matratzen bedeckt waren, die man für uns nebeneinander gelegt hatte. Er liebte mich wie in jeder Nacht, in der wir zusammen waren, ohne ein Wort zu sprechen, so sicher, wie die Sonne am nächsten Morgen aufgehen würde. Und am Morgen würde er mir, ebenfalls ohne ein Wort zu verlieren, etwas schenken, das er mitgebracht hatte. Etwas aus Mu'tah oder aus Amman, wenn er dort Halt gemacht hatte. Etwas, das er für mich ausgesucht hatte. Eine Bluse zum Beispiel, wie ein paar Wochen zuvor. Ich hatte einen Zeitschriftenartikel über die traditionellen Kleider der Frauen gelesen, mit Fotos von farbenfrohen Stoffen oder Stickereien aus vielen Orten in und um Jordanien: Ramtha, Bir Sab'a, Salt, Ma'an. An jenem Morgen brachte er eine schwarze Leinenbluse mit dem leuchtenden Kreuzstichmuster von Ramallah mit. Ein palästinensischer Student, der sie von seiner Schwester bekommen hatte, hatte sie Omar im Austausch für zusätzliche Englischstunden gegeben.

Er hatte immer auch etwas für seine Mutter dabei. Ich erhaschte einen Blick in das Päckchen mit *loz*, das er Sahr gab, damit sie es in die Küche brachte: unreife Mandeln in ihren dicken, samtig grünen Schalen. Die Woche davor waren es Aprikosen gewesen und die kleinen süßen Bananen, die seine Mutter so liebte. Obwohl Rihaab mit fortschreitender Krankheit immer weniger aß, gab sie ihre Lieblingsspeisen nicht auf und freute sich immer über diese kleinen Geschenke, wobei ihr dankbarer Blick mehr sagte als alle Worte.

Wenn er nichts mitgebracht hatte, fuhr ich am Tag darauf mit ihm die sechzehn Kilometer mit dem Bus nach Irbid. Wir gingen über die Suks der Stadt zu den Obst- und Gemüsemärkten und er forderte mich auf, mir in einem der kleinen Geschäfte, die auf dem Weg lagen, etwas auszusuchen. So kam ich zu dem dünnen, weißen Tuch mit den Gold- und Glasperlen am Rand. Oder er ging mit seinen Schwestern in eine der vielen Konditoreien, wo man sich hinsetzen und *kanaafet* essen konnte: mit weißem Käse gefüllte Stränge aus Weizenteig, fein gedreht und zerbrechlich, die in heißen Sirup getaucht werden. Metallbecher und Tassen mit kaltem Wasser standen auf jedem Tisch, um den Genuss zu vollenden. Oft gab ich mich mit einer Eistüte zufrieden, auf die der Verkäufer an der Straßenecke Pistazien streute, aber manchmal kaufte Omar mir noch etwas anderes, bis ich darauf bestand, dass ich nichts mehr wollte.

Worte können zerstörerisch wirken, so wie Worte auch Dinge entstehen lassen können. Im Dorf werfen die Leute nicht ständig mit »danke« und »Entschuldigung« um sich. Diese Wörter werden nur in förmlichen Situationen benutzt. Bei anderen Gelegenheiten drückt man ihre Bedeutung durch Handlungen aus. Taten sagen tatsächlich mehr als Worte. Es gilt als ordinär und unehrlich, Gefühle wie Dank, Reue oder Liebe mit Worten auszudrücken. Man lebt sie einfach durch die Dinge, die man für die anderen tut.

Es war aber nicht so, dass ich nie sprechen durfte. Die Frauen hatten ihre eigenen Rituale, wenn sie sich gegenseitig besuchten und stundenlang unterhielten. Und niemand im Dorf beherrschte diese Kunst so perfekt wie Sahr. Wie oft hatte sie mich eingeladen, sie zu begleiten, wenn sie bei einer Nachbarin Joghurt kaufen oder einen *shrsh* abholen ging, der von jemandem am anderen Ende des Dorfs bestickt worden war. Jedes Mal erzählte sie mir, dass es nicht lange dauern würde. Wir gingen am frühen Nachmittag los und kehrten nicht vor Sonnenuntergang zurück, die Beine taub vom Sitzen im Schneidersitz – eine Stunde in diesem Haus, zwei in jenem – und die Blase zum Platzen gefüllt von all dem Tee und Kaffee, den wir mit zahlreichen Frauen getrunken hatten. Ich versuchte, mich, so gut es ging, an diesen Gesprächen zu beteiligen, und die Frauen ermutigten mich auch stets dazu. Aber wenn ich dem, was sie sagten, nicht mehr folgen konnte, gab ich schließlich auf.

Eines Morgens fragte mich Sahr, ob ich mitgehen wolle, wenn sie das Getreide zum Mahlen brachte. Als ich sah, wie sie den Sack mit Getreide aus der dunklen Hinterkammer mit dem irdenen Boden holte, dachte ich, dass wir diesmal sicher zeitiger zurück sein würden. Sie würde ihn nicht durch das ganze Dorf schleppen wollen. Doch ich täuschte mich. Zuerst begegneten wir drei Frauen unter einem Olivenbaum am Straßenrand. Sahr ließ ihren Sack fallen, hockte sich dazu und plauderte ungefähr zwanzig Minuten. Dann, etwa auf halbem Weg zu unserem Ziel – nur ein paar Straßen von unserem Haus entfernt –, bekam sie Durst, hielt bei einem Haus an und bat um Wasser. Dort unterhielt sie sich weitere zehn Minuten. Gerade als wir dabei waren, uns zu verabschieden, riefen die Leute vom Nachbarhaus aus ihrem Garten: »*Sahr, kéfal haal?*« (Sahr, wie geht es dir?) Ich erkannte darin den förmlichen Gruß, weil sie nicht »*Tcheif haalitch?*« sagten – die umgangsprachliche Variante dieser Frage in Kufr Soum. Wir gingen also zu ihnen hinüber, stiegen vorsichtig über ein großes Gemüsebeet und ließen uns in ihrem Hof zu einem Glas Tee und einem weiteren Schwatz nieder.

Endlich erreichten wir das Haus, in dem das Getreide in einer großen Mühle aus Metall gemahlen wurde, die ein ganzes Zimmer einnahm. Dort plauderte Sahr noch immer mit der Dame des Hauses, als ihr Getreide schon längst fertig gemahlen war. Wir tranken Kaffee. Das Mehl wurde auf ein großes, rundes Tablett geschüttet und dieses dann in eine Plastiktüte gesteckt. Nun verstand ich auch, warum Sahr ein Handtuch mitgenommen hatte. Sie schlang es sich um den Kopf und legte das Tablett darauf, das sie ab und zu mit einer Hand neu ausbalancierte. So gingen wir nach Hause. Auf diese Art ließ sich das Mehl nicht nur leichter tragen, sondern sie hatte zugleich die andere Hand frei zum Gestikulieren, während sie mit anderen Frauen schwatzte, denen wir auf dem Heimweg begegneten. Unser Mittagessen, die wichtigste Mahlzeit des Tages, nahmen wir an diesem Tag erst am späten Nachmittag zu uns.

Bidoun Kaalima 2

Jordanien war genauso schön, wie Omar es mir beschrieben hatte. Trotzdem begann ich, mich nach der intimen Zurückgezogenheit zurückzusehnen, in der wir in unserer Anfangszeit gelebt hatten, eine Zurückgezogenheit, die im Dorf so wenig möglich war, dass sie, paradoxerweise, unsere Sensibilität füreinander erhöhte und unsere Bindung vertiefte.

Seine Freunde hatten inzwischen nachgegeben, stiegen aus dem Wagen und kamen durch das Tor herein. Ich stand wieder beim Fenster und sah zu, wie sie den Hof überquerten und zur Haustür gingen. Und wieder einmal musste Omar sich um seine Gäste kümmern, musste alles anbieten, was von einem großzügigen Gastgeber erwartet wurde.

Seine Schwestern wussten das. Sie kochten bereits Kaffee für die Gäste, jenen bitteren Kaffee, den ich schätzen gelernt hatte und den die Araber, im Unterschied zu ihren ehemaligen türkischen Invasoren, ohne Zucker trinken.

Als ich an der Tür des kleinen Gästezimmers vorbeikam, lud Omar mich ein, mich zu ihm und den Männern zu setzen. Ich war nicht sicher, aber seine beiden verheirateten Schwestern waren gerade mit ihren Ehemännern angekommen und gingen ebenfalls hinein. Aisha war schwanger und hatte bereits einen dicken Bauch, dennoch zögerte sie nicht, sich zu den Gästen zu gesellen. Außerdem war Moussa bei ihr. Also trat auch ich ein und ließ mich auf einer der Matratzen nieder.

Zwei, drei Schlucke und die kleine Porzellanschale war geleert. Schmunzelnd musste ich mich daran erinnern, wie schwer es mir am Anfang gefallen war, diesen bitteren Kaffee hinunterzubekommen. Dies war das erste Mal, dass ich um mehr bat. Zwei Schlucke. Drei Schlucke. Ich spielte mit dem Gedanken, um eine dritte Portion zu bitten. Drei ist die Grenze, aber ich hatte noch niemandem in diesem Haus um drei Portionen bitten sehen.

Neben mir saß Omars Cousin Bassiim. Zu jeder Tageszeit tauchten Cousins vom anderen Ende des Dorfes auf, egal ob Omar da war oder nicht. In diesem Haus herrschte ein ständiges Kommen und Gehen. In meiner Kindheit in Sydney war es nie so gewesen. Selten waren Leute spontan vorbeigekommen. Die Wohnung lag in einem Villenviertel mit vielen Gärten und dem Strand fast vor der Haustür, dennoch war sie für eine vierköpfige Familie klein. Es standen gute Möbel darin, besonders im Salon, in dem uns verboten war zu spielen. Bis zu meinem fünften Lebensjahr wurde mir bei allem, was ich in die Hand nahm, gesagt, ich solle es wieder hinlegen, und bis zum Alter von sechs, sieben Jahren spielte ich nicht mit den Nachbarskindern draußen. Im Haus war es fast immer dunkel. Nur am frühen Morgen fiel etwas Sonnenlicht ins Wohnzimmer. Von den Fenstern der anderen Zimmer blickte man auf die dunkle Ziegelmauer des benachbarten Wohnblocks.

Hier in diesem Land drang die Sonne, genau wie die zu Besuch kommenden Verwandten, ständig in das Haus ein. Zwischen draußen und drinnen gab es fließende Übergänge. Die Trennlinie verlief nicht zwischen der eigenen Haustür und dem Hof, sondern zwischen dem Rand des Grundstücks und der Welt außerhalb. Um gesund zu bleiben, Sohn, lass die Sonne auf dein Bett scheinen und auf all die Orte, an denen du isst und wohnst, wenigstens für eine gewisse Zeit am Tag. Das hatte Omars Mutter ihrem Sohn, kurz bevor er zum ersten Mal ins Ausland gefahren war, gesagt. In dem Zimmer, in dem wir saßen, zauberte das Sonnenlicht Muster auf den hellen Teppich, die wie Spitzengardinen wirkten.

Das Zimmer füllte sich zunehmend, wie immer an den Nachmittagen von Omars Rückkehr. Gegen Sonnenuntergang tauchten noch mehr Besucher auf, die alle auf den Hof hinausgingen und sich an die dem Garten gegenüber liegende Hauswand setzten. Einige blieben zum Abendessen, bei dem sie sich von den flachen, runden Brotlaiben ihren Anteil abrissen und diesen in Schalen mit Joghurt oder Tomaten tunkten. Dazu wurde heißer Tee aus kleinen Gläsern getrunken. Ich wusste bereits, dass ich später mit bedeutungsvoller Miene zu Omar blicken und mich fragen würde, wann die Gäste gingen und ob wir noch die Gelegenheit haben würden, uns zu unterhalten, bevor wir uns schlafen legten.

»Dear.«

Das englische Wort durchdrang das arabische Stimmengewirr, obwohl es nicht lauter ausgesprochen worden war.

»Dear, Abur Samir hat mich gerade daran erinnert, dass wir nächstes Wochenende mit den Studenten einen Busausflug nach Aqaba machen. Ich werde nicht nach Hause kommen.«

»Oh...«

»Aber die Woche darauf komme ich früh zurück. Ich habe einen freien Tag.«

»Ich verstehe.«

Ich stieß die Worte mit einem Seufzer aus und nickte, während die anderen Männer ihre Blicke einen Moment auf mir ruhen ließen und registrierten, dass ich nicht in der Lage war, meine Enttäuschung zu verbergen. Nur noch ein Tag mit Omar, dann wieder zwei Wochen des Wartens und der

Wunsch, ihn zu berühren und mit ihm zu sprechen. Ich hob meinen Blick nicht von dem hübschen Teppich.

Ich redete mir ein, dass ich Verständnis hatte. Und ich hatte Verständnis. Wie viele Männer fuhren jede Woche vierhundertdreißig Kilometer hin und zurück, um bei ihren Familien zu sein? Es waren tatsächlich viele. Aber wenige, die wie er kein eigenes Auto besaßen. Ich dachte an die Zeit, als ich bis spät in die Nacht auf ihn gewartet hatte. Wenn er auftauchte, war es oft weit nach Mitternacht gewesen. Das Taxi, das er von Amman nach Irbid genommen hatte, ein alter Mercedes, war an einer Straßenbiegung in eine Schafherde mitsamt Schäfer gefahren. Vier Schafe waren getötet worden und man hatte die Straßenpolizei gerufen. Omar hatte eine Aussage machen müssen und dann mit den fünf anderen Fahrgästen auf dem offenen Land auf eine Möglichkeit gewartet, weiterzukommen. Er war erst weit nach Mitternacht nach Hause gekommen.

Verständnis. Ich besaß es im Übermaß. Ich blickte von den blauen Schnörkeln auf dem Teppich hoch, denen ich mit den Augen gefolgt war, vorsichtig, um nicht weinen zu müssen. Jemand stupste mich an und brachte mich zum Lachen und die Leere in meinem Inneren füllte sich mit der Wärme der Gegenwart.

Halwa

Eines Nachmittags kam Rihaab auf ihren Stock gestützt ins Zimmer neben der Küche, als gerade Aisha und Moussa mit ihren Kindern eintrafen. Es ging ihr nicht besser oder schlechter als sonst und sie äußerte ihre Schmerzen in regelmäßigen schwachen Seufzern oder einem lang gezogenen »*Obai-yeeeah*«.

Tarik, Aishas ältester Sohn, der fünf war, folgte Rihaab und bat sie um Süßigkeiten. Sie verlangsamte nicht einmal ihren schwankenden Gang, sondern stöhnte einfach nur weiter wie zuvor. Irgendwann sagte sie etwas zu Sahr, die aus der Küche kam und durch das Zimmer ging. Tarik gab nicht auf. Er stand einen Augenblick still, sah zu mir, blickte sich im Zimmer um, als suchte er etwas, und wandte sich dann wieder seiner Großmutter zu. »*Halwa, ḥalwa*.« Ich saß auf einer der Matratzen am Boden, schrieb in mein Tagebuch und hatte nur kurz aufgeblickt, als sie eingetreten waren. Doch jetzt konnte ich nicht anders, als dieser kuriosen Zweierprozession zuzuschauen, die sich ganz langsam an mir vorbeischob und eine seltsame Musik von sich gab. Das tiefe Stöhnen der alten Frau begleitete die höhere Stimme des Kindes, das abwechselnd seine Frage wiederholte und jammerte.

Auf halbem Weg begann Rihaab etwas vor sich hin zu murmeln, aber ich hatte sie nicht verstanden. Ging es um das Thema, zu dem sie Sahr angesprochen hatte? Um ihre Schmerzen? Um den endlosen Singsang des Jungen? »Omi, ich will...« – »*Jiddeh, biddou ḥalwa*.«

Dann hielt sie neben einer großen, hölzernen Vitrine an, in der Geschirr, das nicht täglich benutzt wurde, aufbewahrt wurde. Auf der Anrichte stand einer von mehreren Aschenbechern, die ständig von Zimmer zu Zimmer getragen wurden – je nachdem, wo sich die Männer mit ihrem Kaffee für ein Gespräch oder zum Kartenspielen niederließen. Tarik weinte mittlerweile. Ich dachte, Rihaab könne wenigstens antworten, wenn auch nur, um ihn wegzuschicken. Er tat mir Leid, weil er zu jung war, um zu verstehen, dass sie ihn wegen ihrer Schmerzen nicht wahrnahm. Es schien, als bemerkte sie kaum, dass er sie anflehte. Wie viel ihr ihre Enkel auch bedeu-

223

ten mochten, wenn sie Schmerzen hatte, schenkte sie ihnen keinerlei Aufmerksamkeit.

Rihaab stützte sich mit einer Hand auf die Anrichte.

»*A-biddak ẖalwa*?« (Du willst eine Süßigkeit?)

Tariks Augen leuchteten auf und seine ganze Hoffnung und Erwartung schlugen sich in der Sanftheit dieser einen Antwort nieder: »*N:am*.« (Ja.)

Sie stöhnte erneut, als sie sich umdrehte und ihren Blick auf die Anrichte lenkte. Sie murmelte ein paar Worte, die ich später, im Rückblick, ungefähr so interpretierte: »Du willst eine Süßigkeit? Hier hast du eine Süßigkeit. Ich gebe dir eine Süßigkeit.«

»Mach die Augen zu und den Mund auf«, fuhr sie etwas deutlicher fort. »Streck deine Zunge raus.«

Er tat, wie ihm geheißen wurde. Rihaab befeuchtete ihren Zeigefinger mit Spucke, tauchte ihn in den Aschenbecher und streifte die Asche an Tariks Zunge ab. Es dauerte einen Moment, bis er begriff. Ein endloser Moment der Stille, während ich, den Stift in der Hand, regungslos dasaß und die beiden anstarrte. Dann kam es. Tarik heulte laut auf, brach dann in Tränen aus und rannte zu seinen Eltern. Ungerührt setzte Rihaab mit dem Stock ihren Weg durch das Zimmer fort. »*Obaiyeeeeeah* . . .«

Ein Schauspieler

Eine Anrichte. Ein alter Kühlschrank. Der Kleiderschrank, den Omar einen Tag nach meiner Ankunft aufgestellt hatte. Ein alter Holztisch. Ein Bücherregal. Andere Möbel gab es im Haus nicht.

Bis auf einen Fernseher natürlich. Omar hatte ihn, kurz nachdem er aus den USA zurückgekehrt war und seine Tätigkeit als Lehrer begonnen hatte, auf Raten gekauft. Anfangs hatte er ihn in Mu'tah gelassen, aber im zweiten Sommer brachte er ihn mit ins Dorf und überließ ihn der Familie, während er Geld beiseite legte, um sich einen neuen zu kaufen. In Kufr Soum stand der »alte« Fernseher in einer Ecke des kleinen Gästezimmers und verbrachte den Tag unter einem weißen Tuch, das auf allen Seiten herunterhing und den Bildschirm vollständig verdeckte. Es waren vor allem die jüngeren Familienmitglieder, die sich abends, wenn das Tuch weggezogen wurde, in dem Zimmer versammelten: Randa, Bilaal, ein oder zwei Nachbarn, die Cousins von nebenan oder vom Haus Abu Kariims am anderen Ende des Dorfes. Manchmal schlossen sich auch Na:aameh oder Aisha mit ihren Familien an. Gelegentlich auch Saleh. Oder Omar, wenn er da war. Und ich.

Da ich den ganzen Tag nur den Dialekt des Dorfes hörte, waren die Abendnachrichten stets hilfreiche Lektionen in Arabisch, vor allem wenn ich kurz zuvor die englische oder französische Version gesehen hatte, die täglich übertragen wurde. Auch wenn ein großer Teil des Programms der königlichen Familie Jordaniens gewidmet war, handelten die Nachrichten auch von einer Reihe anderer Dinge, über die ich etwas wusste, so dass ich mich besser auf die Sprache konzentrieren konnte. Dann gab es noch die ausländischen Filme, fast alle aus Großbritannien oder Amerika, mit arabischen Untertiteln, die Omar und ich uns oft zusammen ansahen. Und es gab einen Kanal, der angeblich ganz allein einer amerikanischen Sekte gehörte und den man in weiten Teilen des Mittleren Ostens empfangen konnte. Meine Abscheu dagegen wurde nur von dem Staunen über die Tatsache übertroffen, dass er nicht verboten wurde. Wir sahen ihn nur selten.

Wir sahen auch fast nie israelisches Fernsehen, obwohl es ebenfalls leicht zu empfangen war, ausgenommen zu jenen seltenen Gelegenheiten, bei denen ein ausländischer Film mit hebräischen oder arabischen Untertiteln gezeigt wurde. Dann war ich allerdings fasziniert zu hören, wie viel die beiden Sprachen gemeinsam hatten, zumindest im mündlichen Gebrauch, weniger in der Schrift. Manchmal erwähnte ich dies sowie andere Ähnlichkeiten zwischen Arabern und Juden gegenüber Omar.

»Es sind unsere Cousins«, antwortete er dann meistens und stieß einen langen Seufzer aus.

Es gab noch eine jahrhundertealte Redewendung, die Omar ein paarmal wiederholte. »Schlaf mit einem Christen, iss mit einem Juden«, lautet das Sprichwort.

Welcher Christ? Welcher Jude? Und an welche Araber wendet sich die Redewendung? Staatsführer? Monarchen? Gewöhnliche Leute? Das Essen ist sicher das kleinere Problem. Das Weiße Haus wird wissen, dass man bei Banketts für Regierungsabgeordnete aus diesem Teil der Welt kein Schweinefleisch und keine Schalentiere anbietet. Doch dann stelle ich mir vor, wie sich einer der arabischen Führer der letzten zwanzig Jahre im gleichen Zimmer schlafen legt wie, sagen wir, Reagan, Thatcher, Bush, Chirac oder Clinton. Wie sie einander »gute Nacht« sagen, während sie die Nachttischlampen ausschalten und in die Dunkelheit starren.

Vielleicht wäre es das, was sie tun sollten. Doch es sind immer nur die gewöhnlichen Leute, die, wenn auch selten, die Gelegenheit haben, mit dem »anderen« zu schlafen. Oder ist mit »schlafen« die Beziehung zu einer Frau gemeint? Gemäß dem Diktum darf man mit einer Frau aus dem Westen schlafen. Welche Rolle spiele ich bei dem Ganzen? Ich, Omars Frau, hier in diesem Dorf? Im Geiste spiele ich Auslassungen durch. »Iss mit einem Juden« (aber nicht mit einem Christen).

»Schlafe mit einem Christen« (aber schlafe nicht mit einem Juden). Ich springe zurück zum Anfang, als alles begann.

»Du irrst dich!«, wütet Abraham, der seine Meinung geändert hat, »und wer bist du überhaupt, Frau, dass du mir sagen willst, was ich zu tun habe?«

»Eine dienende Frau, eine Sklavin!«, schreit Sarah, dreht sich auf dem Absatz um und eilt mit abgewandtem Blick hinaus. Dabei ruft sie: »Heute Nacht will ich Hagar wieder in meinem Bett!« Er geht in die Wüste, wirft sich vor ihre weinende Dienerin auf die Knie und fleht sie an, sich nicht um Sarah zu kümmern und zurückzukommen. Doch nein, welcher Patriarch würde so etwas tun? Noch dazu vor einer Sklavin? Und auch wenn er es täte, welches geschriebene Wort würde so etwas bestätigen? Nein, was tatsächlich geschieht, ist, dass er Hagar in der Ferne sieht: Ihre Tränen lassen den Brunnen entstehen, der den Durst ihrer Kinder stillt und den des ganzen Stammes, der ihre Nachkommenschaft sein wird. Er merkt, dass Gott sich um sie kümmert. Wenn er sie zurückholte, würde Unfrieden in seinem Haus einkehren. Hat er sie in ihrem Kummer nicht laut geloben hören (und den Jungen neben sich ebenfalls geloben lassen, als er die Hand ausstreckte, um das frische Wasser zu schöpfen), dass ihre Kinder niemals mit denen von Sarah schlafen werden? Er realisiert, dass es eine weise Entscheidung ist, sie nicht zurückzuholen, und erkennt, obwohl es nicht geschrieben steht, sein tiefes Bedauern.

Im jordanischen Fernsehen gibt es eine Menge Programme, in denen arabische Musik, Lieder und Tänze gezeigt werden, von zeitgenössischen Tanzkompanien aus verschiedenen arabischen Ländern bis zu Wiederholungen von Filmen über die großen Sänger – Umm Kalthoum, Feyrouz, Fariid Al-Atrash und jene schönen und edlen Tänzer wie Samia Gamal und Naiima Akef. Die alten ägyptischen Filme sind Klassiker in diesem Teil der Welt. Die Tänzer sind stets in aufwendige, farbenfrohe Kostüme gekleidet und die Palette der Tänze reicht von Volkstanz oder *baladi* bis zu moderneren Stilen.

Ich hätte diese Programme den ganzen Abend lang gucken können und konnte mich nur mit Mühe beherrschen, nicht aufzustehen und vor dem Fernseher mitzutanzen. In Perth hatte ich bei einem der besten Lehrer des orientalischen Tanzes *raqs sharqi* gelernt. Doch in Kufr Soum tanzen die Frauen nicht vor den Männern, außer bei Hochzeiten. An den heißen Abenden, an denen Omar und seine Brüder den Fernseher nach draußen trugen, stellte ich mir vor, welch schönen Hintergrund dieses Tor, der Garten und der gekachelte Hof für das Tanzen abgegeben hätten.

Wenn Na:aameh und Aisha kamen, halfen ihre Ehemänner, Adnan oder Moussa, Omar dabei, den Apparat an den richtigen Ort zu tragen. Sie gaben sich viel Mühe für einen Fernsehabend, vor allem wenn man bedenkt, dass er gewöhnlich durch Besucher unterbrochen wurde. Sie kletterten sogar aufs Dach und fummelten ewig mit der Antenne herum, um ein gutes Bild zu bekommen.

Doch weder die Nachrichten noch Gesang, weder Tanz noch der beste Film konnten mit meinem Lieblingsprogramm konkurrieren, einer jordanischen Fernsehserie, die direkt vor den Nachrichten gesendet wurde. Sie öffnete den Spalt ein wenig mehr, durch den ich einen Blick auf eine andere Welt, eine andere Vergangenheit erhaschen konnte. In poetischem Duktus und in phantastischen historischen Kostümen deklamierten Schauspieler Gut und Böse auf beiden Seiten der Geschichte der Kreuzfahrer. Hier erlebte ich, wie Richard I., jener »französische« König von England, das gleiche Maß an Respekt und Bewunderung bekam, das Salah al-Diin (Saladin) entgegengebracht wurde. Ich kann mir, basierend auf dieser Serie, sogar vorstellen, dass »Löwenherz« neben seinem

Feind liegt – nicht gerade ein Lamm, nach dem, was man hört – und beide tief schlafen. Am Morgen finden sie sich unverletzt vor, ihre Persönlichkeiten und politische Ehre »intakt«. Beim Aufwachen sind sie bereit und fähig, offen zu kämpfen oder einen ehrlichen und bedeutungsvollen Waffenstillstand zu verhandeln, was sie historisch gesehen auch taten – bevor Richard in den Westen zurückkehrte, gefangen genommen und gegen Lösegeld wieder freigegeben wurde und anschließend in irgendeiner armseligen, heimlichen Schlacht in Europa umkam.

In dieser Sendung, so schien es mir, stand keiner der beiden im Mittelpunkt der Geschichte. Und ich frage mich, ob es Absicht war oder der herausragenden Qualität des Schauspielers zuzurechnen, dass eine andere Figur ein Ehrenplatz in diesem historischen Drama erhalten hatte. Ich verstand nie richtig, wen er darstellen sollte oder was seine Funktion war. Ein Berater der großen Generäle und Sultans? War er gut oder schlecht? Manchmal dachte ich, er sei der Übeltäter, so raffiniert, wie er war. Er war nicht groß und imposant, sondern klein und drahtig, mit einem gepflegten Schnurrbart, und immer erzählte er – so jedenfalls kam es mir vor – dem einen etwas anderes als dem anderen. Seine Spitzfindigkeit ließen mich an Shakespeares Meister der Täuschung und des Bösen denken, an Jago. Als ich jedoch nachfragte, erzählte mir die Familie, dass er ein guter, ein großer Mann sei. Hatte mich mein Mangel auch an grundlegendsten Arabischkenntnissen zu solch fehlerhafter Deutung geführt? Oder gründete sich mein Irrtum in einer interkulturellen Fehlinterpretation seines Tonfalls, seiner Blicke, dem kalkulierten Eindruck seiner Gedanken und seiner Körpersprache?

Randa sagte, der Schauspieler sei der beste Jordaniens. Sein Arabisch sei hervorragend, seine Diktion die klarste von allen und er stelle eine »gute Figur« dar. Seine außerordentliche

Eloquenz, entgegnete ich, sollte uns die Figur, die er spielte, doch sicher verdächtig machen. Nein, erwiderten alle wie aus einem Munde. Dies sei eine berühmte historische Persönlichkeit und seine Eloquenz passe zu seiner Charakterstärke. Und es sei der beste Schauspieler für die Rolle. Obwohl Randa nebenbei die Namen erwähnte, bekam ich sie nicht mit und bis heute weiß ich nicht, wer der Schauspieler war oder welche Figur er spielte.

Randa sagte, ich müsse diesen Schauspieler Gedichte rezitieren hören. Jeder in Jordanien liebe ihn, erzählte sie mir.

»Niemand, Michèle«, fügte sie zur Verdeutlichung hinzu, »spricht den Buchstaben *qaf* so aus wie er.«

Das stimmte. Obwohl ich beinahe nichts verstand, erkannte ich alle Laute der arabischen Sprache, alle Buchstaben, die er aussprach, und wiederholte sie laut oder im Stillen. Diese Sendung wurde zu einem Muss, denn ich wollte versuchen, seine verbale und nonverbale Sprache zusammenzubringen, zu verstehen, wie die anderen ihn wahrnahmen. Inzwischen ist *qaf* mein Lieblingsbuchstabe des Alphabets.

Ich werde den Klang der arabischen Sprache immer lieben, das weiß ich. Ich liebe seine lebensnahen Gegensätze – weich und hart, lang und kurz, derb und erhaben, gewöhnlich und schwülstig. Sie geben die Gegensätze wieder, die ich in diesem Land sehe, die mich hin- und herreißen, mich überraschen oder ratlos machen und mich im Hier und Jetzt halten. Der *Qur'aan* (Koran) klingt bereits schön, wenn er einfach nur gesprochen wird, er braucht nicht gesungen zu werden. Reime und Rhythmus werden dabei heraufbeschworen. Kein Wunder, dass viele Arabisch sprechende Menschen behaupten, der *Qur'aan* verliere, wenn er übersetzt wird.

Die einfachsten Wörter können uns, wenn sie auf bestimmte Weise aneinander gereiht sind, viel mehr sagen als eine exakte, ausgeklügelte Sprache. Sie laden uns ein, mit ihnen zu spielen und mit den Reihen unsere eigenen Muster zu bilden. Einfache und doch vielfältige, veränderliche und doch gleich bleibende Bedeutungsmuster. Ein kurzes, einfaches Wort besitzt unendlich viel Macht. War es »sei!«, das mit Gottes Atem kam und den Kosmos ins Leben rief?

Mu'áwiya

Von Anfang an gefiel mir der Name Mu'áwiya besonders gut. Zunächst hatte ich Mühe, ihn auszusprechen und zu behalten. Als ich ihn dann endlich beherrschte, fand ich Spaß daran, ihn zu wiederholen, die arabischen Konsonanten zu fühlen und den Knacklaut des *hamza* wie einen fremden Geschmack auf meiner Zunge zu schmecken. Er ähnelte meinem Empfinden nach auch dem Wort »*qawi*« (stark), was Mu'áwiya auch war, schon als Baby. Er war nur wenige Monate alt, als ich Na:aameh besuchte, und während Manra mit meinem Haar und Nasser mit einem Spielzeug spielte, hielt ich Mu'áwiya in den Armen oder auf meinem Schoß. Energisch und kraftvoll ruderte er mit Armen und Beinen, in dem Bestreben, etwas Interessantes zu erreichen, das sein neugieriger Blick erspäht hatte. Und so überraschte es mich nicht, dass er den Namen eines Menschen trug, der als stark galt.

Dieser Mensch war der fünfte Kalif, der zweite der Umayyads, der seine Feinde in der Schlacht geschlagen oder sie mit politischen Mitteln vernichtet hatte. Für mich war er vor allem ein Mann des Militärs, der die Idee des Regierens mit soldatischer Macht aufrechterhielt. Er hatte sich seine Position erkämpfen müssen.

Die Herrschaft der Kalifen vor ihm hatte jeweils nur einige

Jahre gedauert, maximal elf. Mu'áwiya dagegen blieb zwei-undzwanzig Jahre an der Macht. Damals wurde seine weltli-che Führerschaft gefestigt und das Kalifat als Dynastie bestä-tigt. Derselbe Clanverbund, den Mohammed der Prophet in seinem Konzept der *umma* oder der Gemeinschaft des Islam zu überwinden versucht hatte, wurde unter Mu'áwiya im Namen des Propheten in größerem Ausmaß wiederherge-stellt.

Als ich von diesen Zusammenhängen erfuhr, dachte ich, dass der Junge Mu'áwiya bei seiner Stärke auch etwas Sanftes habe, wie auch eine Zärtlichkeit, die seine Energie zügelte, die ich mir bei dem ehrgeizigen General, der zum Kalifen wurde, nicht vorstellen konnte. Es war mehr als der Gegensatz zwi-schen einem Kind und einem Mann, zwischen Unschuld und Macht. Ich hatte das deutliche Gefühl, dass die Ausgeglichen-heit der Charakterzüge, die ich bei dem Jungen beobachtet hatte, immer da sein und mit ihm wachsen würde. Dieses Gefühl wurde durch den erinnerungswürdigen Besuch ver-stärkt, den ich Adnan und Na:aameh während meines letzten Aufenthalts in Kufr Soum abstattete. Na:aameh hatte ein besonderes Abendessen mit frischem, in Teig gegartem Fisch zubereitet. Genau im richtigen Moment, gerade als ich mit dem Essen fertig war, stand Mu'áwiya lächelnd vor mir und hielt eine leere Platte in der einen Hand und ein feuchtes Handtuch in der anderen. Er nannte meinen Namen und for-derte mich auf, meine Fischgräten auf die Platte zu legen und mir dann die Hände abzuwischen. Da war er gerade einmal fünf Jahre alt.

Ich mag mich getäuscht haben, wenn ich bei dem Kalifen eine an Rücksichtslosigkeit grenzende Liebe zur Macht ver-mutet hatte. Doch obwohl ich den Klang des Namens noch immer liebte, wünschte ich mir in diesem Moment, der Junge wäre anders genannt worden.

Yarmouk

Die meisten meiner Studenten an der Universität von Yarmouk, wo ich eine Stelle als Französischlehrerin an der philologischen Fakultät bekommen hatte, arbeiteten eifrig und engagiert. Diejenigen, die aus ärmeren Verhältnissen kamen, unter ihnen vor allem die Palästinenser, waren besonders motiviert und lernten schnell. Zwar gab es auch einige Studenten aus wohlhabenderen jordanischen und palästinensischen Familien, die ihr Studium nicht so ernst nahmen – sie verhielten sich wie Schulkinder und schummelten bei den Prüfungen –, sie waren jedoch in der Minderheit.

Ein wichtiges Thema an der Fakultät war in jenem Jahr das Stipendium, mit dem Studenten ein Jahr im Ausland verbringen konnten, an einer Universität in dem Land, dessen Sprache sie lernten. Dadurch sollten mehr Studenten aus den ländlichen Gebieten ermutigt werden, einen höheren Bildungsgrad anzustreben. Das Problem war jedoch, dass die Studenten aus der Stadt, die meist von Privatschulen kamen, in den Prüfungen für diese Überseestipendien stets besser abschnitten als jene vom Land. Daher sollten die Prüfungen in zwei Gruppen stattfinden, so dass mindestens ein Stipendium immer an einen Studenten vom Land ging. Meine Kollegen, die aus verschiedenen Teilen der arabischen Welt und aus mehreren europäischen Ländern stammten, waren jedoch dagegen. Wenn die Studenten aus der Stadt oder von Privatschulen besser abschnitten als andere, sollten sie diese Stipendien auch bekommen. Die Belohnungen sollten sich einzig und allein auf die Leistung gründen. Es stellte sich heraus, dass ich als Einzige anderer Meinung war.

Ich wies darauf hin, dass es für einen intelligenten Menschen, der auf dem Dorf aufgewachsen war, so gut wie unmöglich war, sich in einer internationalen akademischen Umgebung zu behaupten. Darauf antwortete einer meiner Kollegen: »Ich bin selbst vom Dorf, Michèle, und es ist nicht unmöglich für einen gewissenhaften Studenten.« Ich dachte, wenn das so ist, dann müssen die Dörfer in den einzelnen Teilen des Landes sehr verschieden sein und sein Heimatdorf konnte keine Ähnlichkeit mit Kufr Soum haben. Für mich bot Randa das beste Beispiel für jene Art von Studenten, die meiner Meinung nach eine Ermutigung durch ein Stipendium brauchten. Intelligent, fähig, alles zu lernen, aber ohne jemals die wichtige Erfahrung des Kontakts mit der internationalen Welt gemacht zu haben. Durch ein Auslandsjahr hätte sie ihr Spektrum erweitern können, so dass sie mit den anderen Studenten würde mithalten können. Doch meine Argumente stimmten sie nicht um. Ich glaube, am Ende wurde eine Art Kompromiss durchgesetzt, der beide Seiten enttäuschte.

Einige Zeit später fand ich mich auf der anderen Seite wieder und unterstützte meine Kollegen gegen den Leiter der Abteilung. Sie wollten, dass ich mit ihnen protestierte, und ich stimmte zu, obwohl eine innere Stimme mich davor warnte. Ich war noch nicht lange genug in Yarmouk beziehungsweise in Jordanien, um die Politik ihrer Institution zu durchschauen. Wäre ich länger dort geblieben, hätte ich wahrscheinlich gelernt, besser mit dem Gruppendruck, der hier so sehr zum Leben in der Gemeinschaft gehörte, umzugehen. Doch im folgenden Sommer waren Omar und ich in Schottland und ich sollte Jordanien drei Jahre lang nicht wiedersehen.

Damals wusste ich noch nicht, dass wir nach Schottland fahren würden. Ich forderte Omar auf, alles über die Universitäten in Großbritannien herauszufinden, damit wir sichergehen konnten, dass wir eine gute auswählten, an der man bereits mit den Problemen ausländischer Studenten vertraut war und für Paare und Familien für Unterkunft sorgte. Ich wusste, dass es nicht viele solcher Orte gab – nicht annähernd so viele wie in den USA –, aber es gab sie. Eines Tages kam Omar aus Mu'tah zurück und erzählte von einem schottischen Professor, der zu Besuch gekommen war, um Studenten aus dem Mittleren Osten anzuwerben. Zwischen den beiden Universitäten werde ein umfangreicher Vertrag aufgesetzt und Mu'tah werde Stipendien für ein oder zwei Jahre vergeben.

»Von welcher Universität ist die Rede, Omar?«

»Sie heißt Glasgow University.«

»Glasgow?«

Als ich das Wort wiederholte, hatte ich die vage Hoffnung, ich hätte mich verhört. Als ich Jahre zuvor bei Freunden unserer Familie in Schottland zu Gast gewesen war, hatte man mir erzählt, Glasgow sei durch die industrielle Revolution, die auch für ihren Reichtum verantwortlich war, so gut wie zerstört worden.

»Bist du sicher? Hast du dich auch über die Universität Kent und die anderen, über die wir gesprochen haben, erkundigt?«

»Das ist nicht mehr nötig. Mit diesem Vertrag ist Glasgow der einzige Ort, an den Mu'tah uns gehen lassen wird.«

»Aber was ist mit der Unterkunft? Gibt es dort Wohnungen für Verheiratete?«

»Ja, ja. Ich bin sicher, dass es so ist.«

»Nein, Omar. Erkundige dich. Du willst doch, dass ich mitkomme, oder?«

»Natürlich.«

»Dann finde es heraus. Es ist sehr wichtig.«

Omar versprach es.

Adnan

Manchmal, wenn ich in Irbid auf dem Weg zur Universität umstieg, kam Adnans Bus vorbei. Adnan, Na:aamehs Ehemann (und Mu'áwiyas Vater) war von Beruf Busfahrer. Er arbeitete für ein gutes Unternehmen und hatte es geschafft, eine Route in der Stadt zu bekommen, die eine Menge Fahrgäste anzog. Ich weiß nicht, ob er den Bus am Ende kaufte oder ihn weiter im Auftrag des Unternehmens fuhr, aber er kümmerte sich um ihn, als sei es sein eigener, und er verdiente genug, um seine Familie zu ernähren.

Jedes Mal, wenn ich in Adnans Bus stieg, grüßte er mich herzlich und weigerte sich, den Fahrpreis anzunehmen. Er ließ mich stets mitfahren, egal wie überfüllt der Bus war, was oft vorkam. Es war immer noch Platz für einen zusätzlichen Fahrgast, wenn ich derjenige war. Niemals beschwerte sich jemand darüber, denn in diesem Land kümmerte sich jeder um seine Verwandten und Freunde.

Wenn die Familie irgendwohin musste und Adnan gerade nicht im Dienst war, fuhr er sie mit dem Bus. Er brachte ihn über Nacht mit ins Dorf und putzte ihn innen und außen. Als ich am Ende meines ersten Aufenthalts in Jordanien wieder nach Hause zurückkehren musste, hatte Adnan die ganze Familie im Bus zum Flughafen gebracht. Bei zwei meiner drei Reisen nach Jordanien war Adnan zusammen mit Sahr die über hundert Kilometer zum Flughafen von Amman gefahren, um mich abzuholen und zum Dorf zu bringen. Auch Tagesausflüge machten wir in Adnans Bus, nach Jerash zum Beispiel, oder ans Tote Meer.

Wenn wir zu einem dieser Ausflüge aufbrachen, hielt er noch einmal in Irbid, um einen Kasten Bier einzuladen, den er neben dem Fahrersitz auf den Boden stellte. Er teilte das Bier mit Omar und Saleh. Die Frauen tranken nicht und ich selbst hätte eine Flasche kühlen Chardonnay vorgezogen, wenn es so etwas gegeben hätte. Daher trank niemand sonst mit, nicht einmal Bilaal, der mit siebzehn noch als zu jung galt, um dieses Privileg genießen zu dürfen. Auch Saleh trank nicht mehr als eine oder zwei Flaschen, wohingegen Omar schon etwas mehr vertrug. Am meisten aber trank Adnan, der den Bus fuhr. Er angelte sich mit der rechten Hand eine Flasche nach der anderen aus dem Kasten, während er mit der linken das Steuerrad festhielt. Wenn er im Dienst war, trank er nie, doch dies war etwas anderes. Es war seine Freizeit.

Mich beunruhigten diese Unmengen Bier, die Adnan während der Fahrt trank. Wenn er den Kasten in den Bus schleppte, musste ich unwillkürlich an die Kinder denken. Es waren nicht nur Adnans und Na:aamehs eigene drei kleine Kinder dabei – Manar, Nasser und Mu'áwiya –, sondern auch Salehs Tochter Amira und Aishas Sohn Tarik sowie ihre zwei Töchter, die noch im Kleinkindalter waren. Alle Kinder der Familie und die Mehrheit der Erwachsenen saßen in dem Bus, noch dazu war Aisha schwanger. Das Leben der gesamten Familie lag in Adnans Händen. Na:aameh stimmte mir zu, wenn ich meine Sorgen artikulierte. Sie erklärte mir, dass der Genuss von Alkohol im Islam eigentlich verboten sei, und schüttelte missbilligend den Kopf über Adnan.

»Ja, sehrr schlecht, Mishaal. Sehrr sehrr schlecht.«

Sie erwähnte Adnan gegenüber, was ich gesagt hatte, doch er machte nur einen Scherz oder antwortete einfach nicht. Na:aameh wandte sich daraufhin mir zu, zuckte mit den Achseln und lächelte.

»Sehrr schlecht. Aber ... tun? ... was?«

Und so sagte ich nichts mehr und wir fuhren weiter. Dass Adnan ein guter Fahrer war, verringerte meine Befürchtungen nicht.

Adnan kam oft mit Na:aameh und den Kindern zu uns nach Hause. Eines Nachmittags mitten im Winter hatten wir uns alle um den Ölofen herum versammelt. Omar war in Mu'tah, Na:aameh war mit Sahr und ihrer Mutter in die Küche gegangen und hatte die Kinder mitgenommen, so dass eine Zeit lang nur noch Adnan, Randa und ich übrig waren. Ich hatte gerade ein Buch in die Hand genommen und Adnan und Randa unterhielten sich. Es war das Jahr, in dem Randa für ihre Abschlussprüfung an der Highschool lernte. Sie war die Klassenbeste und zufrieden mit sich.

Allmählich steuerten die beiden in ihrer Unterhaltung auf ein neues Thema zu: mich. Sie erwähnten zwar nicht meinen Namen, nannten aber auch keinen anderen. Etwas an Randas Tonfall ließ mich ahnen, dass sie versuchte, mein Wesen zu beschreiben. Dann schnappte ich ein Wort auf, das ich verstand. Mir schien, als habe Randa etwas gesagt wie: »Manchmal habe ich den Eindruck, sie ist ein bisschen...« – da war das Wort: »*khábileh*«. Dumm.

Ich war zutiefst verletzt. Ich saß da, das Buch in der Hand, und gab vor, darin vertieft zu sein. Es rief Erinnerungen an die Kindheit hervor. Dumm! Verträumt!

Doch jenes Gefühl aus meinen Kindertagen, in der eigenen Gesellschaft fehl am Platz zu sein, hatte sich zu dem Glauben ausgewachsen, dass ich mich in einem anderen Land ebenso »anders« fühlen würde wie im eigenen. In Kufr Soum hatte ich gedacht, Randa und ich wären gern zusammen. Ich hatte bereits angefangen, ihr mit den Englisch-Hausaufgaben zu helfen, doch jetzt sprach sie Adnan gegenüber nur davon, wie langsam ich war, beim Teekochen, beim Abwaschen, wann immer ich etwas zu erledigen hatte. Ich hatte schon öfter bemerkt, dass meine Langsamkeit sie störte, hatte aber geglaubt, dass sie es akzeptierte. Doch als ich Randa jetzt so über mich sprechen hörte, war mir schlagartig klar, dass sie mich nicht verstand, dass meine Nachdenklichkeit für sie nicht zählte, dass sie keine Zeit dafür hatte. Und einen Moment lang kam mir der beängstigende Gedanke, dass ihre Meinung repräsentativ für das ganze Dorf sein könnte. Wenn ich offenbar Randas Verhalten nicht richtig hatte deuten können, was war dann mit den anderen Familienmitgliedern? Meine Art von Besonnenheit und Nachdenklichkeit war sicher nicht übertrieben auffällig. Doch gab es überhaupt Zeit zum Nachdenken an diesem Ort, an dem es in erster Linie um das bloße Überleben ging?

Würde mein Verhältnis zu Randa nun für den Rest meines Lebens in diesem Dorf gestört sein, zu jenem Mädchen, das mich bei meiner Ankunft so herzlich empfangen hatte? Oder versuchte sie eher, mich wirklich zu verstehen, und hatte deshalb zu Adnan dieses Wort gesagt, das mich so verletzt hatte?

Etwas in mir sagte mir, ich sollte aufspringen und Randa erklären, wie sehr sie mich gekränkt hatte. Doch ich blieb reglos sitzen und starrte auf mein Buch. Mein Instinkt sagte mir, Randa brauche nicht zu erfahren, dass ich sie verstanden hatte. Dieses eine Mal wollte ich es ausnutzen, dass wir nicht dieselbe Sprache sprachen. Es drängte mich, ihrer Unterhaltung weiter heimlich zuzuhören.

»*La, la, msh khabila, lakin … yá:ni …*« (Nein, nein, nicht dumm, aber … verstehst du …)

Adnans erste Worte waren ziemlich leicht zu verstehen. Denn Rest bekam ich nur teilweise mit.

»Es gibt verschiedene Arten von Intelligenz«, sagte er zu Randa, wie ich glaube, »und ihre ist anders als deine.«

Ich hob die Augen nicht von meinem Buch.

Ich weiß nicht, was Adnan danach sagte. Ich würde gern glauben, dass er sogar hinzufügte, das Dorf sei nicht gerade der Ort, an dem meine Intelligenz zur Geltung käme, und

Randa solle geduldig mit mir sein, weil das Leben hier für mich neu sei. Was immer er sagte, sie schien es gutzuheißen und die Unterhaltung wandte sich wieder anderen Dingen zu. Ich ließ sie nicht wissen, was ich verstanden hatte. Nicht damals und auch nicht später. Ich hätte es ihnen sofort an Ort und Stelle sagen können. Oder ich hätte lächelnd aufstehen und Adnan demonstrativ anbieten können, ihm eine Kanne Tee zu kochen. Nein. Am besten wäre es gewesen, Randa zu bitten, für mich und Adnan Tee zu kochen, weil Adnan so ein netter Mann war und sie, Randa, so gut Tee kochen konnte. Ich hätte ihn womöglich überkochen lassen.

Aber wir waren noch im Anfangsstadium und wir brauchten alle Zeit, um einander besser kennen zu lernen. Deshalb sagte ich kein Wort.

Rihaab tanzt

Hochzeit: in der Kirche

Wir haben das Haus der Braut verlassen und sind in Gruppen hintereinander durch einige Straßen gezogen. Unterwegs hat uns der Brautwagen überholt, den wir schon von weitem hatten herannahen hören.

Jetzt sind wir bei der kuppelförmigen Kirche angelangt. Tiefgrüne Bäume stehen am anderen Ende des Kirchhofes, wo wir uns versammeln und darauf warten hineinzugehen. Ich halte nach dir Ausschau, als du plötzlich vor mir auftauchst. Zauberei. Du siehst aus, als seist du froh, dass du mich gefunden hast. Sogar glücklich. Und eindrucksvoll in deinem eleganten grauen Anzug. Er ist gut geschnitten. Du bist wirklich der Beste. Wunderschön. Doch das Glücksgefühl lässt schon wieder nach, als hättest du entdeckt, dass ich nicht die bin, für die du mich hieltest.

Wir gehen in die Kirche. Die Bänke sind entfernt worden und wir müssen stehen, aber es macht mir nichts aus. Es ist die einzige Möglichkeit, die Zeremonie zu sehen. Wir werden ermuntert, nach vorn zu gehen. Die Familie besteht darauf. So viel Ehre . . .

Mit einem Lächeln wende ich mich dir zu. Aber du erwiderst es nicht. Du starrst geradeaus und ich sehe, wie dich Unbehagen erfüllt. *Áhlen*, Omar, *áhlen*. Aber du fühlst dich nicht wohl. Du hältst den Kopf gesenkt und ich erwische dich dabei, wie du mich kurz von der Seite anblickst. Sobald du meinen Blick bemerkst, schaust du weg.

Wenn ich dich verliere, verliere ich deine ganze Welt. Wenn ich dich verliere, Omar, verliere ich euch alle. Ich, die ich aus einer kleinen Familie komme und die Fähigkeit, vielen Menschen gegenüber Liebe zu empfinden, entdeckt habe. Woran kann sich meine Liebe heften, nachdem sie gelernt hat, sowohl in die Tiefe als auch in die Weite zu gehen? Siehst du nicht, was mir deine Welt bedeutet? Ich werde sterben, wenn ich sie verliere...

Ein Gedicht, das ich ein paar Wochen zuvor in Australien geschrieben und Kufr Soum gewidmet habe, schießt mir durch den Kopf. Ist es in einem Moment wirklicher Klarheit entstanden, die ich seitdem geleugnet habe? So wie ich auch unfähig war, den Gedanken an die Frau zu ertragen, die mir sechs Monate zuvor schrieb, jene Frau, die er letztes Jahr dorthin mitnahm und seiner Familie vorstellte? Eine andere Frau aus dem Westen, die wahrscheinlich von den gleichen Dingen angezogen worden war, die auch mich angezogen hatten. Die Tatsache, dass sie an diesen Ort fuhr – und ich davon erfuhr –, durchbohrte mein Innerstes wie ein Schwert.

> Ich kam nicht als Kolonisatorin,
> sondern als Freundin,
> obwohl ich eine Fremde bin,
> nicht als Invasorin,
> sondern als Schwester,
> obwohl ich nicht eine von euch sein kann,
> die ihr mich akzeptiert habt, wie ich bin,
> wie ihr alle akzeptiert.
> Doch als ich gemerkt habe,
> dass du mein Ich betreten hast,
> habe ich da vielleicht von dir ein
> Mandat des Herzens gefordert?

Als du für meine Seele
ein tiefer und großzügiger Brunnen wurdest,
habe ich da etwa Pfähle darum errichtet
und eine Fahne, auf der stand:
»Ort meines Poetischen Seins«?
Wie seltsam mir klar gemacht wurde,
dass ich kein Urheberrecht
auf Kufr Soum besitze.

Tea for Two

Nachdem ich mit dem Unterrichten begonnen hatte, fuhr ich jeden Tag den langen Weg nach Irbid, und sobald ich in der Stadt ankam, stieg ich in den Bus um, der mich zu Universität brachte. Ich verbrachte den ganzen Tag dort und kam stets müde und durstig heim. Nach einer Weile machte Rihaab, die genau wusste, wann ich zurückkehren würde, es sich zur Gewohnheit, mir einen Tee anzubieten, sobald ich aus dem Bus stieg. Und wenn das Wetter schön war, setzten wir uns nach draußen, tranken Tee und plauderten miteinander, so gut es ging. Sahr war auch immer dabei und fand ihre eigene Art, sich verständlich zu machen.

Als Rihaab zum ersten Mal Tee für mich kochte, war ich überrascht. Sie litt so oft unter Schmerzen, dass niemand etwas in der Art von ihr erwartet hätte. Bei den meisten alltäglichen Verrichtungen brauchte sie selbst Hilfe. Sahr badete sie und wusch ihr das lange Haar, rieb Henna hinein und kämmte es wieder aus. Sobald es getrocknet war, zog Rihaab wieder den dunklen Schleier und das Kopftuch an; ihre Haare sah man fast nie.

Gelegentlich bereitete Rihaab sich eine Mahlzeit zu, wenn sie der Meinung war, dass sie etwas essen konnte. Es war immer etwas Einfaches, wie zum Beispiel grünes Blattgemüse, das Na:aameh oder Aisha mitbrachten. Sie kochte es und zerdrückte es wie Spinat in einer Schüssel. Es schmeckte leicht bitter und roch streng, aber Rihaab mochte es. Man sagte mir, dass man es im Wadi pflücken konnte, ebenso wie *seleq* und *khobeizeh*, die anderen Grünpflanzen, die dort im Übermaß wuchsen. Omars Schwestern nahmen mich öfter dorthin mit. Dann verbrachten wir einen Großteil des Tages damit, diese Blätter an den schlammigen, schattigen Stellen am Boden des Wadi oder an den niedrigsten Hängen zu sammeln. Na:aameh gab jeder von uns eine jener großen, bunten Plastiktüten, die überall auf den Feldern und Straßen herumlagen und aus kilometerweiter Entfernung zu erkennen waren. Sie verfingen sich in Disteln oder wehten zwischen Büschen hin und her und ließen die Landschaft wie eine Müllhalde wirken. Doch hier gab es nur unsere Tüten unter den niedrigen Bäumen, wo das Wasser aus dem Boden sickerte und sich zwischen den kurzen Grashalmen ausbreitete. Ein Lieblingsplatz der *seleqleq*, wie Na:aameh es gern nannte. Wir fanden auch große Mengen einer anderen Blattpflanze, die wie kräftiger, wilder Koriander aussah. Wir gingen erst nach Hause, als jede von uns eine Tüte voll gepflückt hatte.

Normalerweise aß Rihaab kaum etwas und noch seltener trank sie Tee. Doch an jenem Tag, mehrere Wochen nachdem ich mit dem Unterrichten begonnen und sich eine Routine eingestellt hatte, fand ich bei der Rückkehr im Hof das kleine Silbertablett mit Teekanne und Gläsern darauf vor. Auf einer Strohmatte lagen Brot und Teller mit Köstlichkeiten, von denen man naschen konnte – *za:'ter*, Olivenöl und in mundgerechte Stücke geschnittene Tomaten. Rihaab saß auf einer Matratze, die Sahr dort für sie ausgelegt hatte. Es war Frühlingsanfang und sie bedeutete mir, mich zu ihr zu setzen und den Rücken an die Kissen zu lehnen, die an der sonnigen Wand aufgereiht waren. Als ich mich neben Rihaab niederließ, lächelte Sahr, die neben ihr stand, mir zu und deutete auf den Tee.

»Meine Mutter, *shai illa* Mishaal, *ba:d* du beibringen. Liebe Mishaal, meine Mutter.«

Heiraten oder nicht heiraten

Ich machte es Omar nicht leicht. In diesem Teil der Welt wird es missbilligt, wenn eine Frau zu viel Aufregung und Begeisterung in Anbetracht des bevorstehenden Hochzeitstages zeigt. Doch es gibt diskrete Möglichkeiten, seine Freude deutlich zu machen, und ich war nicht gerade eine eifrige Verlobte. Ich äußerte sogar Zweifel und bestand darauf, mit einem Anwalt in Amman über die Heirat zu sprechen, um herauszufinden, welche Rechte ich verlieren würde.

Vornehm, aber arm. So sahen die Dorfbewohner Omars Familie. Er würde niemals in der Lage sein, die Mitgift zu zahlen, die die Angehörigen der Braut forderten, wenn er eine ansässige Frau aus »guter« Familie heiraten würde, ganz zu schweigen von den Kosten des Hauses und der Einrichtung sowie den Armreifen aus massivem Gold für die Braut, die sie am Unterarm tragen würde. Einige Frauen im Dorf schienen regelrecht mit ihnen beladen zu sein. Der Mann ist verpflichtet, seiner Frau bei der Hochzeit solche Dinge zu schenken. Verheiratete Frauen tragen ihren ganzen Reichtum – ihre »Versicherung« – am Körper. Wenn Monas Mutter, Umm Khalil, vom anderen Ende des Dorfes zu Besuch kam, trug sie drei goldene Ringe an einer Hand, zwei dicke Armbänder und mehrere Armreifen an jedem Arm und obendrein sechs deutlich sichtbare Goldzähne.

Als ältester Sohn war es Omars Pflicht, sich darum zu kümmern, dass zuerst für seine jüngeren Geschwister gesorgt war. Sahr würde wahrscheinlich niemals heiraten. Zumindest vermutete das jeder im Dorf, wo eine Frau mit achtundzwanzig bereits das Heiratsalter überschritten hatte. Sahr selbst behauptete stets, dass sie nicht den Wunsch hatte zu heiraten. Alles, was sie wolle, sei, ihre Mutter zu pflegen. Obwohl von jungen Frauen ohnehin erwartet wurde, dass sie kein Interesse am Heiraten zeigten, wurde nach und nach akzeptiert, dass Sahr es ernst meinte. Trotz allem achtete sie sehr auf ihr Äußeres, wann immer sie jemanden besuchen oder in die Stadt ging. Gelegentlich scherzte sie sogar über das Thema Hochzeit, indem sie neckisch über ein entferntes männliches Familienmitglied, über Dr. Nabil oder ein, zwei Verkäufer sprach, doch sie hatte keine Zeit, ernsthaft darüber nachzudenken. Drei von Omars anderen Geschwistern – Saleh, Na:aameh und Aisha – waren bereits verheiratet. Dann waren da noch Bilaal und Randa, beide noch keine zwanzig.

Omar hatte früher bereits mehrmals einen Korb bekommen – vor allem von seiner Cousine, beziehungsweise einem Onkel, einem Mann, mit dem Omars Vater und die meisten seiner anderen Onkel nicht zurechtkamen. Nun brachte Omar eine Frau aus dem Westen mit in die Familie, eine wirklich gute Partie allerdings, gebildet und bereits berufstätig, die zu heiraten obendrein nichts kosten würde. Damit wäre das Thema Heirat für ihn nicht nur elegant gelöst; es wäre darüber hinaus seine persönliche Rache an den Dorfbewohnern, die ihn nicht gebührend beachtet hatten. Dies war zumindest eine mögliche Betrachtungsweise und ein wenig gesunder Zynismus schien damals in Ordnung zu sein, ja sogar notwendig zum Verständnis meiner eigenen Position. Ich hatte das Gefühl, Omar sollte wissen, dass ich mir der praktischen Vorteile, die diese Heirat für ihn und seine Familie bringen würde, bewusst war und dass ich mich aus freien Stücken fügte.

Viele Mischehen scheitern, weil die europäischen Ehefrauen die Verwandten des Mannes als großes Problem empfinden. In dieser Hinsicht hatte ich, wie ich fand, Glück. Omars Familie war nicht nur freundlich zu mir, weil es die Regeln der Gastfreundschaft gegenüber Fremden so erforderten, sondern ich hatte das Gefühl, dass sie sich auch wirklich um mich sorgte und dass seine Schwestern, besonders Sahr und Randa, eine besondere Zuneigung zu mir entwickelt hatten.

Ich fühlte mich Omars Familie sehr nah, aber trotz dieser Sorge und Nähe machte sich der Druck des gesellschaftlichen Lebens im Dorf allmählich bemerkbar. Nachdem ich neun Monate ohne Unterbrechung dort gewesen war, war mir klar, dass ich nicht auf alle Zeit so weiterleben konnte. Diese ersten Monate waren notwendig gewesen, um Omars Familie kennen zu lernen und Zuneigung zu entwickeln. Doch ich war in der Annahme nach Jordanien gekommen, dass wir hauptsächlich in der Stadt leben würden – wenigstens in Irbid, wenn schon nicht in Amman –, und das schien nun unmöglich. Omar erwartete von mir, dass ich im Dorf blieb, und obwohl ich wusste, dass er wenig Einfluss auf unsere Lebensumstände hatte, stellte er mir Forderungen, die ich nicht erfüllen konnte. Das wurde mir klar, kurz nachdem ich eine Lehrstelle an der Universität Yarmouk angenommen hatte. Damals hatte ich noch gehofft, ihn davon überzeugen zu können, dass ich in der Nähe des Campus wohnen müsse.

Das Dorf war schön, der Wadi ein Ort, an den ich immer wieder zurückkehren wollte, und mit Omars Familie hätte ich Wochen und Monate ohne Unterbrechung zusammen sein können. Und doch fehlten mir die Anregung und Gesellschaft von Leuten, die meine Interessen teilten. Einige meiner Kollegen an der Universität wären dafür in Frage gekommen, doch unter den gegebenen Bedingungen sah ich sie zu selten. Es gab auch zwei Cousins von Omar aus Ramtha, die Enkel von Onkel Abdullah und Tante Khadija. Sie hatten vor kurzem ihr Universitätsstudium abgeschlossen und kamen uns eines Tages im Dorf besuchen. Wir unterhielten uns die ganze Zeit über äußerst angeregt. Die vielen Fragen, die sie stellten, unterschieden sich stark von der bloßen Neugier, die mir die Dorfbewohner entgegenbrachten. Abbas war bildender Künstler und etwas später fertigte er ein Porträt von Omar an, das ich bei meinem letzten Besuch zum ersten Mal sah. Es hing in dem vorderen Gästezimmer, in dem wir sie damals bewirtet hatten. Er und sein Bruder besaßen nicht nur eine natürliche und aufgeschlossene Art, sondern obendrein eine Wissbegierde, die ich schon vermisst hatte. Ich weiß noch, wie froh ich an jenem Tag darüber war, dass Omar diese Cousins so gern mochte.

Ich hatte das deutliche Gefühl, dass ich Omar durch eine Heirat vollständig verlieren würde. Man würde mir die Grenzen meines sozialen Verhaltens aufzeigen und mir die Dinge nehmen, mit denen ich mich identifizierte: die Freiheit, Leute zu treffen, mit denen ich sowohl berufliche als auch private Interessen teilen konnte, meine eigenen Freunde zu haben und sie selbst auszuwählen, mich nach Belieben in meiner Kultur oder außerhalb zu bewegen, verschiedene Lebensweisen kennen zu lernen – jene Freiheit also, die ein Teil von dem gewesen war, was Omar an mir in erster Linie angezogen hatte. Wenn diese, wie ich wusste, in meinem kulturellen Hintergrund begründet lag, so wollte ich mich auch an dem erfreuen dürfen, was die Kultur seines Landes zu bieten hatte. Noch heute sehne ich mich nach dieser Verknüpfung zweier Lebensweisen, zweier Welten und suche weiterhin nach Wegen, dies zu realisieren. Doch damals zweifelte ich, ob ich Omar wirklich heiraten wollte. Wenn ich Omar nicht davon überzeugen konnte, dass ich woanders leben und das Dorf regelmäßig besuchen wollte, dann würde unsere Ehe nicht lange halten.

Eines Tages schickte Omar seinen Bruder Saleh, der mit mir über die Heirat sprechen sollte. Ich hatte mich eine Zeit lang damit beschäftigt, eine Art Vertrag aufzusetzen, der auch eine Klausel bezüglich Scheidung und Kindern enthielt. Ich wollte es auf arabische Art tun, was Omar, wie ich merkte, gerade nicht recht war. Warum sollte man eine Frau aus dem Westen heiraten, wenn man nicht von den damit verbundenen Vorteilen profitieren konnte? Also wandte Omar sich einer Sache zu, die ihm vertraut war und ihm ein sicheres Gefühl gab: Vermittlung.

»Omar will wirklich, dass du seine Frau wirst«, sagte Saleh zu mir. »Du bist ihm wichtig.« Und was wird später sein, dachte ich bei mir, wird es dann immer noch so sein?

Im Rückblick verstehe ich nun besser, dass ich das Unmögliche wollte: mir durch mein eigenes Verhalten einen guten Ruf erwerben, anstatt so weit von Omar und seiner Familie entfernt zu leben. Ich wusste damals nicht, dass schon die Tatsache, dass ich mir allein eine Wohnung suchte, als Indiz für einen lockeren Lebenswandel angesehen wurde. Frauen gehören immer zu einer Familie, haben wenigstens einen männlichen Beschützer und leben niemals allein. Auch wenn ich mir einen »guten« Ruf erwarb, würde allein die Tatsache, dass ich außerhalb des Schoßes der Familie lebte, Omars Ehre schaden. Seine männlichen Freunde und Bekannte würden sehen, dass er eine Frau hatte, die »frei herumlief«, eine, die er nicht kontrollieren konnte. »Seine Frau tut, was sie will«, würden sie sagen. »Er ist schwach; er ist kein Mann.« Und nicht nur die Männer, auch die Frauen würden es so sehen.

Eines Tages sagte Omar zu mir: »Lass uns nach Irbid fahren und ein Bier trinken.«

Ich musste Omar bitten, seinen Satz noch einmal zu wiederholen.

»Ja, komm. Mach dich fertig.«

»Es gibt also Orte in Irbid, an denen man sich hinsetzen und Alkohol trinken kann?«

»Natürlich.«

Wir setzten uns in einen kleinen, schmuddeligen Raum mit ein paar zusammengewürfelten Metalltischen und -stühlen und bestellten etwas. Sollte man dafür wirklich den langen Weg nach Irbid auf sich nehmen?

Während wir uns unterhielten, bestellte Omar ein Bier nach dem anderen. Er schien zu meinen, wenn er schon einmal trank – was selten vorkam –, dann mussten es gleich große Mengen sein. Nach den ersten Gläsern begann er, über das Heiraten zu sprechen. Er erklärte mir, warum er mich heiraten wollte, wie sehr er mich mochte, wie stark wir als Paar sein würden, dass wir gemeinsam so viel erreichen könnten. Und er sagte mir, was ich ihm bedeutete.

Ich dachte an die Schwierigkeiten, vor denen mich der Anwalt gewarnt hatte, und blieb fest. Ich sagte Omar, es gäbe Bedingungen. Die erste, dass ich meinen eigenen Namen behielt, war leicht zu erfüllen, da arabische Frauen sowieso ihren Namen behalten, wenn sie heiraten.

»Dann muss ich das gleiche Recht auf Scheidung haben wie du, Omar. Das müsste in den Vertrag geschrieben werden.«

Er hörte aufmerksam zu und schwieg.

»Und die Unterhaltszahlungen sollten, falls wir uns jemals scheiden lassen, mit jedem Jahr, das wir verheiratet sind, steigen, zusätzlich zu einer anderen angemessenen Summe für jedes Kind, falls wir welche haben werden.«

An dieser Stelle zuckten seine Mundwinkel, als wüsste er,

dass ich ihm eine Rolle vorspielte, in der ich nicht sehr geübt war.

»Ja, ja, aber wir müssen das nicht alles schriftlich festhalten.«

»O doch, das müssen wir!«

Ich glaube, er konnte mich nicht ernst nehmen, wahrscheinlich, weil ich mich selbst nicht ernst nahm, als ich mit ihm über eine eventuelle Scheidung sprach.

Die Familie zweifelte nicht daran, dass wir zusammengehörten, und konnte daher mein Zögern nicht verstehen. Schließlich entschied ich mich. Was ist ein Vertrag anderes als eine zusätzliche Mauer aus Worten? Wenn es uns wirklich wichtig ist, halten wir uns an unsere Zusicherungen und Versprechungen oder versuchen es zumindest – ohne die Hilfe von Klauseln.

An jenem Tag war mir nicht aufgefallen, dass Omar erst hatte trinken müssen, bevor er mit mir über diese Dinge sprechen konnte. Als wir spätabends heimkamen, war ihm übel.

Es verwundert nicht, dass Omar, als ich schließlich zugestimmt hatte, erst einmal den Spieß umdrehte, indem er den Termin aufschob und nun selbst den Zauderer spielte. Meine Unentschlossenheit und extreme Vorsicht müssen ihn dazu gebracht haben, die Hochzeit in Frage zu stellen, aber ich glaube, es ging auch darum, dass er nicht zu eifrig wirken wollte. Wenn ihn mein Zögern gequält hatte, dann hatte er es nicht zeigen dürfen. Das verlangte die Gesellschaft von ihm.

Nach dem, was ich bisher berichtet habe, liegt die Frage nahe, warum ich Omar unter diesen Umständen geheiratet habe. Wenn ich heute die Vergangenheit Revue passieren lasse und versuche, meine damaligen Gedanken nachzuvollziehen, ist es vielleicht frustrierend zu erkennen, dass ich alle Bedenken in den Wind schlug. Was soll ich sagen? Er war schön, mein

Omar. Trotz allem, was ich euch erzählt habe, ging die Poesie nicht verloren. Obwohl ich seine Schwächen und die Anforderungen des Gesellschaftssystems kennen gelernt hatte, obwohl ich ahnte, welche Schwierigkeiten vor uns lagen, war ich immer noch von Omar verzaubert. »Diese Romantikerin«, höre ich die Stimme meiner Mutter in meinem Innern. »Werde endlich erwachsen! Wach auf!« »Du hast dich einer Herausforderung gestellt, die kein Mensch erfüllen könnte«, schrieb meine Schwester, »oder nur unter anderen Umständen als den deinen.«

Ja, aber Omar und seine Familie hatten auch meine Schwächen kennen gelernt: meine Verträumtheit, meine Einstellung zu der Rollenverteilung zwischen den Geschlechtern und dem täglichen, engen Zusammenleben. Sie akzeptierten mich. Wenn man durch diese Ritzen in der Wand blickt, kann man sie auf der anderen Seite sehen. Da steht Omar, stolz aufgerichtet, schlank und schön. Er hält seinen Kopf zur Seite gewandt, versucht den Eindruck zu erwecken, dass er beschäftigt ist und nicht auf irgendetwas wartet. Dort ist auch Rihaab, die uns beide mit ihrer dünnen, hellen Stimme zuruft, wir sähen doch, wie schnell die Zeit verginge, wir sollten uns also entscheiden, bevor sie selbst immer schwächer würde. Neben ihr steht Sahr, die mich anlächelt, froh über die Unterstützung und das Verständnis, das ich ihrer Situation entgegenbringe, und mit dem Wunsch, unsere Freundschaft weiter auszubauen. Da sind Na:aameh und Aisha, sie lächeln ebenfalls, ja, sie strahlen sogar. Ich sehe, dass sie mich vollkommen akzeptiert haben und ihrerseits mit meiner Loyalität rechnen. Und auf der anderen Seite steht Randa, voller Ungeduld. Wie sie sich dort an die Wand lehnt, eine Hand an der Hüfte, verkörpert sie die stolze Jugend und Energie. Etwas weiter hinten sehe ich die anderen Männer: Abu Omar und Saleh sowie Bilaal mit seinen sorglosen jungen Cousins.

»Warum gehst du nicht einfach fort?«, fragt ihr. Und sie fragen: »Warum bleibst du nicht?«

Rihaab tanzt

Omars Schwestern kamen während jener Zeit des Zweifelns oft zu mir. Anfangs, um mich zu fragen, warum wir so viele Probleme sahen und nicht einfach heirateten, später, um mir zu sagen, ich solle Geduld haben, bis Omar endlich den Tag festsetzen würde. Sogar Rihaab kam ein- oder zweimal auf das Thema zu sprechen. Sie wollte, dass wir heirateten, vor allem jetzt, da sie Omar nicht davon abhalten konnte, nach Schottland zu gehen. Einmal bekam ich mit, wie sie ihn fragte, warum er schon wieder fortginge. Er sei doch gerade erst aus »Amriika« zurückgekehrt. Sie saßen im Hof, direkt neben dem Fenster zum großen Gästezimmer, in dem ich ein paar Kleider zusammenlegte. Ich hatte das Gefühl, fast alle ihre Worte zu verstehen: »Geh nicht, mein Sohn. Warum musst du denn so bald schon wieder fort?« Aber er hatte sich bereits entschieden. Wir würden im Spätsommer abreisen. Sie wusste, dass es zum Teil an mir lag, weil ich ihn überredet hatte, doch sie schien mir das nicht übel zu nehmen. Und da sie ihn schon nicht davon abbringen konnte, könnte ich, wenn wir als Mann und Frau fortgingen, ihm wenigstens durch sein Studium helfen, so dass wir schneller heimkehren konnten.

Rihaab war immer schwächer geworden und an dem Tag, als Na:aameh kam, um mir zu sagen, dass Omar einen Termin für die Unterzeichnung des Ehevertrags ausgemacht hatte, ging es ihr besonders schlecht. Ich erfuhr niemals, woher Na:aameh die Information hatte, wo doch Omar in Mu'tah war, aber diese kleinen Rätsel waren für mich zu einem Teil des Alltags geworden. Als sie mir die Neuigkeiten überbrachte, freute ich mich und war zugleich froh darüber, dass Omars Schwestern die Botschaft so gut gelaunt aufnahmen.

Na:aameh und ich suchten Rihaab, die in der Ecke eines Zimmers im Innern des Hauses saß, schweigend wie immer, bis auf ein gelegentliches leichtes Stöhnen. Nur selten war sie in der Lage, sich für irgendetwas anderes zu interessieren als ihre chronischen Schmerzen. Doch als wir ihr diese Neuigkeit überbrachten, hellte sich ihr Gesicht auf. Sie lächelte, wie ich es bei ihr nie zuvor gesehen hatte. Dann legte Randa eine Kassette in den Kassettenrecorder und begann zu tanzen. Sahr, die gerade Wäsche gewaschen hatte, kam und schloss sich an, während Na:aameh, die ihren jüngsten Sohn, Mu'áwiya, im Arm hielt, zusah und mich ermunterte, es ihnen gleichzutun.

Kaum hatte ich angefangen zu tanzen, sah ich, wie Rihaab sich langsam erhob und auf mich zukam. Sie wiegte sich im Rhythmus der Musik und einen Moment lang hielten wir alle erstaunt inne, als müssten wir für eine Fotoaufnahme stillhalten.

»Meine Mutter, meine Mutter!«

Sahr äußerte diese Worte kaum lauter als im Flüsterton, als fürchtete sie, den Zauber des Augenblicks zu zerstören. Dann streckte mir Rihaab ihre Arme entgegen und wir hielten uns an den Händen und strahlten einander an, während wir tanzten.

Der Schatz

Wenn ich mit Omar in den Wadi ging, zeigte er mir manchmal eine kleine Höhle, die in einem der Hänge lag, und erzählte, dass man dort wahrscheinlich einen Schatz finden könne. Als er jünger gewesen war, hatte er mit seinen Cousins einige solcher Höhlen erforscht. Er erzählte mir, dass Fariis, Onkel Ahmeds zweiter Sohn – der »*Mr. Hout*« genannt wurde und uns auf einem unserer Jadgausflüge begleitet hatte – mehrere Wochen damit verbracht hatte, in einer Höhle zu graben. Er war überzeugt gewesen, dass dort ein Schatz zu finden sei. Er und seine Freunde hatten fast täglich in der Höhle gearbeitet, doch als sie eines Morgens zurückkehrten, stellten sie fest, dass ein Fremder in der Nacht weitergegraben hatte. Daraufhin gab Fariis auf, denn er meinte, dass, wenn es dort etwas zu holen gegeben hatte, jemand anderes es bereits mitgenommen haben müsse.

Als Omar und ich einmal unten im Wadi einen Spaziergang durch ein ausgetrocknetes Flussbett machten, entdeckten wir in den zu beiden Seiten steil ansteigenden Felshängen mehrere Höhleneingänge. Omar zeigte mir, dass sie offenbar vor kurzem erst freigelegt worden waren.

»Was ist das für ein Schatz, Omar? Glauben die Dorfbewohner wirklich, dass es hier einen gibt?«

»Die Türken haben ihn hier gelassen. Als sie fliehen mussten, konnten sie nicht ihre ganzen Reichtümer mitnehmen. Sie haben ihre Schätze vergraben und sich vorgenommen wiederzukommen. Später haben sie dann den Leuten in den Dörfern Karten geschickt und sie bezahlt, damit sie sie suchen. Aber viele Leute hier haben die Stellen, an denen die Türken ihre Schätze versteckt haben, durch Zufall gefunden.«

»Waren es nur die Türken?«

»Fast alle waren Türken. Aber dieses Land ist Tausende von Jahren alt. Denk an all die Menschen, die hier vorbeigekommen sind! Hier sind schon sehr alte und schöne Dinge gefunden worden, glaub mir.«

»Wenn es sich um Antiquitäten handelt, ist es dann nicht illegal, sie zu behalten? Ich meine, es muss doch staatliche Museen geben...«

»Ja, das ist das Gesetz, aber es gibt immer Orte, an denen man Geld für solche Sachen bekommt. Und meinst du etwa, es gibt keine Leute, die gern Profit damit machen? Überall wo man hinkommt, hört man Geschichten von Schätzen, die gemeldet und dann weggebracht wurden, ohne dass man jemals wieder etwas davon gehört hat.«

»Glaubst du das?«

»Ja. Nein. Ich weiß nicht. Ich erzähle dir nur, was viele Leute sagen.« Mehr konnte ich zu dem Thema nicht aus ihm herausholen.

Als ich mich in dem wilden und unebenen Gelände umsah, hatte ich Mühe, mir vorzustellen, dass reiche Menschen durch diese einsamen Dörfer im Norden gekommen sein sollten. Dennoch wurde mir versichert, dass sie gerade solche abgelegenen, hügeligen Gebiete aufgesucht hatten, um ihre Besitztümer zu verstecken.

Es war später Nachmittag und sehr still und wir begegneten keinem Menschen. Als wir gerade wieder umgekehrt waren, bemerkten wir eine alte Frau, die ganz in Schwarz gekleidet war und auf einem Esel ritt. Vor ihr auf dem Rücken des Esels lag ein großes Bündel Stöcke. Man sah, dass sie sehr arm war, und sie machte einen einsamen und verletzlichen Eindruck auf mich. Doch Omar beachtete sie kaum und so dachte ich, es sei kein ungewöhnlicher Anblick. Als sie an einer Weggablung abgebogen war, machte ich eine Bemerkung darüber, dass sie ganz allein unterwegs gewesen war.

Die meisten Menschen, sagte Omar, könnten tagsüber relativ sicher durch den Wadi laufen. Erst bei Dämmerung werde es gefährlich – nicht nur wegen der Schakale und Hyänen, sondern weil dann auch die Wesen, von denen man glaubte, dass sie diese Höhlen bewohnten, herauskamen. Tagsüber zeigten sie sich nie, da sie entsetzlich anzusehen seien. Sie trügen dunkle Gewänder und Umhänge mit Kapuzen und könnten unvermittelt aus einem Schatten auftauchen. Man erkenne sie sofort, erzählte Omar mir, weil sie vertikal geschnittene Augen hätten, die in tiefen Höhlen lägen und von den Augenbrauen bis zu den Wangenknochen reichten. Ich fragte Omar, ob es die Hüter der Schätze seien, Dschinns, Ghuls oder so etwas wie Teufel. Er wusste es nicht. Nur, dass sie ab und zu gesehen worden waren und den Menschen angeblich gefährlich werden konnten.

Abwesenheit

»Es interessiert mich nicht.«

»Du weißt, dass ich ohne dich nicht gehen kann.«

»Dann bleibst du eben hier.«

»Aber er ist ein guter alter Freund, Omar, und ich habe ihn seit Jahren nicht gesehen. Es wäre so schön, seine Frau und seine Kinder kennen zu lernen.«

»Ja. Er ist dein Freund. Ich habe mit diesen Leuten nichts zu tun.«

»Aber du hast doch schon zugestimmt, als wir letzte Woche telefoniert haben. Wäre es nicht unhöflich, jetzt nicht hinzugehen, nachdem ich ihnen gesagt habe, dass wir kommen?«

»Siehst du? Du hast es ihnen gesagt. Du hast diese Einladung für mich angenommen.«

»Omar, seit ich hier angekommen bin, habe ich dich noch kein einziges Mal gebeten, mit mir irgendwohin zu gehen. Kannst du das nicht einmal für mich tun?«

»Doch. Das werde ich. Wir gehen zu diesem Abendessen mit diesem... *deinem* Freund, aber zuerst fahren wir nach Amman, wo ich etwas in der Bank zu erledigen habe. Und außerdem besuchen wir meinen Onkel, wenn wir in der Stadt sind. Heute Abend, wenn wir auf dem Rückweg durch Irbid kommen, gehen wir dann zu deinem Freund.«

»Ist das nicht etwas viel für einen Tag? Du hast gerade noch gesagt, du willst nicht lange wegbleiben.«

»Willst du deinen Freund nun sehen oder nicht? Entweder wir machen es so oder wir lassen es bleiben.«

»Ist schon gut, ist schon gut.«

»Und sieh zu, dass du rechtzeitig fertig bist, wir werden früh losfahren.«

Im Hinterzimmer wälzte Rihaab sich stöhnend hin und her. Sie war in den letzten Monaten mehrmals im Krankenhaus gewesen und Sahr und Randa huschten nun um sie herum, wie sie es immer taten, wenn sie einen ihrer schlimmen Anfälle hatte. Rihaab ging es schon die ganze Woche wieder schlechter, und da Omar zwei Wochen lang weg gewesen war, hatten wir uns beide auf seine Rückkehr gefreut. Als er anrief und ich ihm von dieser Einladung erzählte, sagte er nicht wirklich zu; ich hatte einige Mühe, ihn zu überreden. Dann fragte er, was im Haus fehlte, und ich antwortete, dass wir Tomaten bräuchten und dass es seiner Mutter wieder schlechter ginge, wenn er also irgendetwas für sie mitbringen könnte...

Sie erwartete ihn genauso sehnsüchtig wie ich, als wäre allein seine Anwesenheit heilsam, ein Lebenshauch, der ihrem Dasein wieder einen Sinn verschaffte. Als er dann an jenem Dienstagabend auftauchte – nachdem wir gedacht hatten, er käme erst einen Tag später –, machten wir einen ziemlichen

Wirbel. Sie und ich. In stillem Einverständnis strahlten wir einander an, als wir Randa rufen hörten: »Er ist da, er ist gerade angekommen.« Ich hörte seine Schritte im Flur und eilte ihm aus der Küche entgegen. Da stand er, auf dem Arm eine große Papiertüte voll reifer roter Tomaten, sorgfältig ausgewählt, und andere Päckchen, die Sahr ihm bereits abnahm. Es waren auch mehrere Dinge für seine Mutter dabei.

Sein ganzes Gesicht glühte vor Freude, mich wiederzusehen. Diese Intensität überraschte mich fast ein wenig. Es war eine tief empfundene Erwiderung meiner eigenen Wiedersehensfreude. Und dann die Worte: Er habe mich so vermisst. Stirnrunzelnd schüttelte er den Kopf bei der Vorstellung, dass wir zwei Wochen voneinander getrennt gewesen waren. Er sagte mir, wie schlimm es für ihn gewesen sei und wie erleichtert er sei, mich endlich wiederzusehen.

Und nun das. Schon in der folgenden Nacht. Als habe er alles bereits wieder satt. Als sei mein Wunsch übertrieben und nach all der Freude eine Enttäuschung für ihn. Ich bat ihn um etwas, das er mir nicht geben wollte.

So kam es, dass wir beide recht verstimmt waren, als wir am nächsten Morgen aufbrachen. Wir erledigten alles, was wir uns vorgenommen hatten, gingen zur Bank und besuchten seinen Onkel, für den wir völlig unerwartet kamen. Wir bekamen ein Mittagessen und plauderten bis spät in den Nachmittag hinein. Dann machten wir uns auf den Weg nach Irbid, wo wir durch ein paar Geschäfte bummelten, bevor wir am frühen Abend zum Haus von Nawaf kamen. Die Sonne ging bereits unter.

Nawaf. Ich hatte ihn bereits ein paar Jahre früher als Omar kennen gelernt. Er hatte an derselben amerikanischen Universität Linguistik studiert, einer von mehreren Jordaniern, die ein fast fehlerfreies Englisch mit einem starken Akzent sprachen. Es waren junge Männer, kultiviert und hochintelligent.

Einige von ihnen waren bereits verheiratet. Ich hatte nicht damit gerechnet, Nawaf wiederzusehen, obwohl ich hätte wissen müssen, dass es nicht abwegig war. Jordaniens Bevölkerung ist ziemlich klein und der Anteil der Universitätsabsolventen noch kleiner. Es war also kaum möglich, in einer akademischen Institution zu arbeiten, ohne ihm früher oder später in die Arme zu laufen.

Nawafs Frau hatte ein wunderbares Abendessen zubereitet. Das Verhältnis zwischen Omar und Nawaf schien ein wenig angespannt zu sein, aber sie sprachen dennoch recht freundlich miteinander.

Anschließend nahmen wir ein Taxi nach Hause. Es war das einzige Mal, dass wir die ganzen sechzehn Kilometer von Irbid nach Kufr Soum mit dem Taxi zurücklegten. Kurz nach zehn Uhr abends erreichten wir die ersten am Dorfrand gelegenen Häuser.

Omar sagte: »Lass uns sehen, ob Abu Kariim zu Hause ist. Wir können eine Weile bei ihm bleiben, uns unterhalten und dann zu Fuß nach Hause gehen.« Omar sagte dem Taxifahrer, er solle anhalten, aber als wir aus dem Taxi stiegen, sahen wir einen von Abu Kariims Söhnen auf der Straße stehen. Er sagte uns, wir sollten sofort wieder einsteigen und nach Hause fahren.

»Warum?«, fragte Omar und bedeutete dem Taxifahrer, er könne weiterfahren. »Ist dein Vater nicht da?«

»Nein, nein«, rief der junge Mann dem Fahrer zu, »fahren Sie nicht. Warten Sie hier einen Moment.« Er trat von einem Fuß auf den anderen und schaute dabei zu Boden. Es schien, als wolle er Omar auf etwas vorbereiten. Dann sagte er leise: »Deine Mutter ist gestorben.«

Im Haus herrschte ein schrecklicher Lärm. In fast allen Zimmern hatten sich Menschen versammelt. Sobald wir angekommen waren, wurde Omar in das Gästezimmer mit den Männern geführt. Sahr wollte mich in den hinteren Raum zu den anderen Frauen bringen, aber ich wollte mich erst umziehen gehen. Ich trug einen Rock mit einem bunten Blumenmuster, ein dazu passendes Oberteil, glänzende rote Schuhe und eine rote Tasche und hätte mich geschämt, mich in dieser Situation in meiner Abendgarderobe zu zeigen. Mein erster Gedanke war, Rihaab sei aus Kränkung darüber gestorben, dass ich an diesem Tag mit Omar weggegangen war und sie zurückgelassen hatte.

Als ich das Zimmer betrat, in dem sich die Frauen versammelt hatten, wurde mir erst richtig bewusst, was an diesem Abend geschehen war. Sahr war außer sich vor Trauer über den Verlust ihrer Mutter. Wir wussten, dass sie am meisten litt und auch in den kommenden Jahren am meisten leiden würde. Sie versuchte sich abzulenken, indem sie ihre gewohnte Hausfrauenrolle beibehielt, sich um die Gäste kümmerte und Essen und Getränke hin und her trug. Sahr war noch ein junges Mädchen gewesen, als ihre Mutter erkrankt war, und seit jener Zeit hatte sie sich ausschließlich ihrer Pflege gewidmet. Mit den Jahren hatte die Verantwortung immer mehr zugenommen, aber sie hatte niemals etwas anderes tun wollen. Jetzt war sie Ende zwanzig und ihre Lebensaufgabe war erfüllt. Sie hatte gewusst, dass ihre Mutter eines Tages sterben würde, aber sie hatte niemals auch nur einen Gedanken an ihre trostlose Zukunft verschwendet. Warum auch? Wofür?

Es geschah, während sie Tee ausschenkte. Die Gläser standen auf dem Tablett, einige waren bereits gefüllt. Sahr setzte unvermittelt die Kanne ab und starrte vor sich, als erkenne sie in diesem Moment voller Entsetzen ihre Lage. Mit einem Mal brach alles aus ihr heraus. Sie krümmte sich, sank zu Boden, stand wieder auf, um sich sogleich wieder zu Boden fallen zu lassen, während sie zusammenhanglose Laute hervorstieß.

Ihre Stimme war außer Kontrolle, mal kreischte sie hoch und schrill, dann wieder stöhnte sie in tiefsten Tönen. Einige der anderen Frauen und ich waren sofort bei ihr und versuchten, sie aufrecht zu halten, ihr etwas zu geben, von dem wir wussten, dass wir es nicht geben konnten. Sie hatte den Menschen verloren, den sie am meisten geliebt hatte, und war dadurch zu einem anderen Wesen geworden, das noch keine Identität oder Bedeutung hatte.

Bis spät in die Nacht hinein hatte ich das irritierende Gefühl, dass irgendetwas fehlte. Erst gegen Morgen wurde mir klar, was es war. Ihr Leichnam war weg, Rihaabs Leichnam. Ich fragte mehrmals nach, unfähig zu glauben, was mir erzählt wurde, unsicher, ob ich es richtig verstanden hatte. Sie war weg. Einfach weg. Sie hatten sie nach Irbid ins Krankenhaus gebracht, wo sie gegen drei Uhr nachmittags, als wir gerade bei Omars Onkel saßen, gestorben war. Nur wenige Minuten nachdem wir von dort aufgebrochen waren, hatten sie angerufen, doch der Onkel hatte nicht sagen können, wo wir hingegangen waren. Der Leichnam musste noch vor Sonnenuntergang unter der Erde sein. Sie war nicht nur einfach während unserer Abwesenheit gestorben, Omar hatte nicht einmal mehr die Gelegenheit gehabt, von ihr Abschied zu nehmen. Sie verschied früh genug, um sicherzugehen, dass alle Rituale ausgeführt waren, bevor er zurückkehrte. Er war ihr Erstgeborener und bedeutete ihr viel. Deshalb fragte ich mich, ob sie womöglich diesen Weg gewählt hatte, um ihm zu ersparen, dass er ihr elendes Sterben im Krankenhaus mit ansehen musste.

Das war Rihaab. Sie war einfach aus dem Leben geglitten, wie sie so oft aus einem Zimmer geglitten war, wenn sie wieder einmal unerträgliche Schmerzen gehabt hatte. Häufig war sie irgendwohin verschwunden, ohne dass jemand es bemerkt hatte.

Die Blusen

Seit jener furchtbaren Nacht war nun mehr als ein Monat vergangen und es wurde langsam Sommer. An der Universität nahte das Ende des akademischen Jahres, mit all dem dazugehörigen Druck und Stress.

Eines Tages kam ich aus Irbid zurück nach Hause und bemerkte überrascht, dass zwei meiner Blusen unordentlich im Schrank hingen. Jemand hat sie getragen, dachte ich. Ohne mich zu fragen oder mir wenigstens Bescheid zu sagen. Ich war verletzt und wütend. Und verwirrt.

Omars Schwestern sagten mir, sie hätten nichts Unrechtes getan. Doch das hatten sie. Und mit Sicherheit wussten sie es. Ich war verwirrt, weil wir eigentlich trotz aller Missverständnisse und Anpassungsschwierigkeiten die meiste Zeit gut miteinander auskamen. Nein. Es war mehr als das. Ich liebte sie.

Ich war als vollkommene Fremde in Omars Familie gekommen. Doch dann sah ich Sahr und Randa jeden Tag. Ich wohnte mit ihnen, aß mit ihnen, arbeitete mit ihnen in diesem winzigen armen Dorf, das weitab vom Rest der Welt lag. »Keine Frau, die etwas auf sich hält, würde an so einem Ort leben«, sagte mir später eine Frau aus dem Westen, die zufällig dort gewesen war. »Aber ich habe dieses Leben geliebt«, erwiderte ich.

Ich liebte es wirklich. Ich liebte es, Wasser aus dem Brunnen zu holen, in meinem langen, schwarzen *dish-dásha* mit den roten Kanten an Saum und Ärmel, um den Kopf meinen rot bestickten Schal, der mir die Haare aus dem Gesicht hielt. Während ich abwechselnd mit beiden Händen pumpte, wurde das Seil, an dem der Eimer hing, immer feuchter. Dann angelte ich nach dem schwarzen Eimer. Er war elastisch, und klein wie er wirkte, fasste er Unmengen von Wasser. Woraus war er wohl gemacht – aus Tierhaut? Leder? Segeltuch? Ich schüttete seinen Inhalt in einen größeren Eimer, bevor ich ihn erneut in die Tiefen des Brunnens hinabließ, wo er mit einem dumpfen Geräusch auf der Wasseroberfläche aufschlug. Randa würde mich rufen, damit ich ihr helfe, einige Blätter von dem großen Büschel Minze abzupflücken, die wir mit in die Küche nehmen würden. *Na:na:*, eines der ersten Wörter, die ich in Jordanien lernte. Man wirft eine Hand voll Teeblätter in den Kessel, wenn das gezuckerte Wasser gerade eben zu kochen begonnen hat. Dann muss man den Teekessel sofort wieder von der Flamme nehmen. Randa hat mir diese Dinge beigebracht.

Sahr und Randa sah ich häufiger als Omar. Während der Woche vermisste ich ihn, doch die Sehnsucht, die ich dann empfand, war nicht die Art Liebe, nach der ich suchte. Ich entwickelte eine große Zuneigung zu den Frauen, mit denen ich während der Wochentage zusammenlebte. Ich mochte das Leben, das sie führten, die Dinge, die sie taten. Sie waren Omars Schwestern, aber jetzt waren sie auch meine.

Ich mochte sie. Und ich ärgerte mich über sie.

Einige Dinge hatten sich nicht geändert. Randa wischte noch immer das Dreckwasser aus der Küche unter die Badezimmertür, bevor ich dort fertig war. Sahr schrie noch immer Randa und Bilaal an, um ihrem Frust, und nun auch ihrer Trauer, Luft zu machen. Ihre Stimme war schrill, so schrill. Ich hoffte, der Lärm würde aufhören, bevor mich jemand im Nachbarzimmer fand, zusammengekauert und die Hände auf die Ohren gepresst.

Wenn uns Gäste besuchten und lange nachdem wir den Begrüßungskaffee mit ihnen getrunken und danach eine vollständige Mahlzeit zu uns genommen hatten, war es für Sahr Zeit, den dicken, süßen »türkischen« Kaffee in kleinen Tassen zu servieren. Dann las sie manchmal unsere Zukunft aus dem Bodensatz. Einmal bat sie mich, es an ihrer Stelle zu tun. Ich sah Fische und Vögel in den Tassen, Berge und Wälder, Höhlen und Schätze. Ich muss meine Rolle sehr gut gespielt haben. Als wir das nächste Mal Gäste hatten, bat sie mich wieder, im Kaffeesatz zu lesen, und danach immer öfter. Nach mehreren solcher »Lesungen« wurde ich müde und einmal weigerte ich mich, woraufhin sie enttäuscht war.

Sie liebten mich. Und sie ärgerten sich über mich.

Ich liebte ihr schönes schwarzes Haar, das sie in dicken Wellen trugen. »Wie kannst du deinem Haar so etwas antun?«, jammerte ich und rang die Hände. Sahr lächelte mich zufrieden an. Sie lag auf dem Boden auf einer Decke, während Randa ihre Haare von der Spitze bis zum Ansatz mit dem Bügeleisen bearbeitete. »*Biddou* (ich will) ... wie Haare Mishaal«, antwortete sie und zeigte auf mich, aber Randa machte ein finsteres Gesicht. »Michèle, das ist, was wir wollen.« Sie machte eine abweisende Kopfbewegung.

Da ich über manche Dinge Bescheid wusste, gab ich Sahr und Randa hin und wieder gute Ratschläge. So erzählte ich ihnen zum Beispiel von den Gefahren der »Gleam Cream« – einer Bleichcreme, die sie unter ihrem Make-up auftrugen, wann immer sie jemanden besuchen wollten oder in die Stadt gingen. Sie versuchten, den Tee für das Frühstück ihres Vaters zuzubereiten und sich gleichzeitig fertig zu machen, um den Bus zu erwischen. Die Creme befand sich in einer flachen, runden Dose, dabei lag ein kleiner, zusammengefalteter Zettel mit einer Gebrauchsanweisung auf Chinesisch, Arabisch und Englisch.

Macht die Haut weiß wie Sahne. Einzigartige Wirkung. Entfernt Flecken und Pigmente und erhält die Haut bei täglichem Gebrauch jung. Jeden Morgen auftragen und gleichmäßig verteilen.

Und ganz unten standen, in noch kleinerer Schrift, die Worte »Made in Shanghai«. Wenn ich versuchte, sie zu überreden, die Creme seltener zu verwenden, konterten sie mit den dummen Frauen aus dem Westen, die den ganzen Tag in der Sonne lagen, um eine dunklere Haut zu bekommen.

Wenn sie mich ließen, half ich ihnen im Haushalt. Bald darauf war es Randas Haar, das in alle Richtungen von ihrem Kopf ausgebreitet lag, wie das von Gulliver, nachdem die Lilliputaner seine Spitzen mit winzigen unsichtbaren Nägeln am Boden befestigt hatten. Ich zog die Decke glatt, während Sahr Randas Haare bügelte.

Ich machte auch Tee und Kaffee, half beim Kochen, nähte, fegte, putzte. Ich gab mir Mühe, den Tee richtig zu machen. Man konnte dort nicht einfach irgendwie Tee kochen, vor allem wenn Omar zu Hause war. An einem Wochenende war er zu stark, woraufhin er Randa bat, einen neuen zu machen. Am nächsten Tag war er zu süß, obwohl – um ehrlich zu sein – Sahr und Randa ihn so lieber mochten.

Ich liebte sie. Jetzt ärgerten sie mich.

Zwei meiner Blusen hingen in dem großen Kleiderschrank. Eine war zu gut für jeden Tag. Sie war blau und aus Seide. Ich neigte dazu, sie für besondere Gelegenheiten aufzubewahren, die nie stattfanden – etwas, was meine Schwägerinnen nie getan hätten. Die andere war in einem hellen Kirschrot und aus Viskose. Sie sah eher aus wie ein Hemd, zu leger und männlich, um sie im Dorf zu tragen, dachte ich, und sicher nicht für den Unterricht in der Stadt geeignet. Außerdem war sie mir ein bisschen zu groß.

Ich war müde, als ich vom Unterrichten nach Hause kam. Die Rückfahrt im Bus war mir endlos lange vorgekommen. Als ich aus dem Bus ausstieg und zur Haustür ging, hätte ich mir nichts lieber gewünscht, als mit Rihaab Tee zu trinken.

Ich brachte meine Tasche und die Bücher in das hintere

Zimmer und zog einen leichten *dish-dásha* an. Als ich den Schrank öffnete, fielen mir unter den anderen Kleidern, die auf eine Seite geschoben waren, meine zwei Blusen ins Auge. Sie hingen falsch herum auf dem Bügel, als hätte sie jemand in großer Eile aufgehängt. Ich hatte das Gefühl, als sei meine Privatsphäre absichtlich verletzt worden. Ich explodierte.

Sahr und Randa kamen angerannt, sie müssen geglaubt haben, ich sei von einem Skorpion oder einer Schlange gebissen worden. Die Überraschung und Verständnislosigkeit angesichts der Ursache für meinen Schrei waren echt.

Aber ich sei doch weg gewesen, sagten sie, und hätte sie nicht getragen. Außerdem, wann hatte ich sie jemals angezogen? Sie seien am Nachmittag einen Freund besuchen gegangen und hätten sich dafür meine Blusen ausgeliehen. Ob ich nicht sehen könnte, dass sie vollkommen in Ordnung und sauber seien? Nicht ein Fleck oder Riss. Sahr nahm die rote Bluse vom Bügel und zog sie vor meinen Augen noch einmal an, als wolle sie es beweisen. »Sie ist dir zu groß«, sagte sie, »aber mir passt sie genau und ich hatte heute nichts anderes zum Anziehen. All das sagte sie auf Arabisch, aber ich verstand es durch die Art, wie sie auf die Bluse deutete und auf uns beide. »Schenk sie mir, Mishaal«, fügte sie hinzu, mit einem liebevollen und zugleich verschmitzten Blick, den ich von Omar kannte, wenn er etwas von mir wollte. Aber so schnell wollte ich mich nicht besänftigen lassen.

»Ihr habt gedacht, ihr hängt sie einfach zurück, bevor ich heimkomme, nicht wahr? Und ich würde es gar nicht merken, aber ich habe sofort gemerkt, dass ihr sie getragen habt.«

Nun antwortete Randa: »Ja, Michèle, aber wir verheimlichen es dir ja nicht. Wir haben sie zurückgehängt, weil wir sie nicht mehr gebraucht haben. Wir sind vor dir nach Hause gekommen.«

»Aber ihr wisst doch, dass ich euch erlaubt hätte, sie zu tragen, wenn ihr mich gefragt hättet. Warum habt ihr mich nicht gefragt?«

»Du warst nicht da. Michèle, du siehst doch auch, dass ich Sahrs Kleider trage, wenn sie sie nicht benutzt. Und ich frage sie nicht jedes Mal. Hast du jemals gesehen, dass sie sich darüber aufregt? Und Sahr macht es mit meinen Kleidern genauso. Warum bist du so verärgert?«

Ich antwortete nicht. Es schien, als ob zwei Antworten zugleich in mir auftauchten. Ich fühlte mich ihnen fremd und konnte ihr Verhalten überhaupt nicht verstehen. Und noch mehr ärgerte ich mich darüber, dass ich ihnen nicht erklären konnte, wie ich diesen Vorfall sah, warum er so schrecklich für mich war. Würde ich jemals wirklich hierher gehören? Aber mir kam auch noch etwas anderes in den Sinn. Szenen, bei denen nicht nur Omars Schwestern, sondern auch seine Cousins und deren Freunde mir Dinge geschenkt hatten, die für sie eindeutig von Wert waren. Das war besonders in der Anfangszeit vorgekommen, wenn ich etwas bewundert hatte, das sie trugen, und sie es auf der Stelle abgenommen hatten, um es mir zu schenken. Ich hatte schnell gelernt, keine solchen Komplimente mehr zu machen. Dieses Verhalten war mir genauso unverständlich wie das, was mir nun widerfahren war. Doch trotz meiner Empörung trugen mich Randas Worte in einen Raum, in dem ich uns beide aus der Entfernung sehen konnte. Ein kurzer Moment, der gleich wieder verging. Nur ein Flackern.

Wir hörten ein Geräusch an der Haustür.

»Mish' Mish'!«

Es war die Stimme Omars, die mich rief. Er stand mit ein paar Freunden an der Tür zum Gästezimmer – wahrscheinlich hatten sie ihn nach Hause gefahren. Diesmal hatte niemand von uns das Auto vorfahren hören. Ich ging zu ihm, während Sahr und Randa sich auf den Weg in die Küche machten, um

Vorbereitungen für die unerwarteten Gäste zu treffen. »Mish' Mish'«, wiederholte Omar sanft meinen Namen. Seit meiner Ankunft benutzte er diesen Kosenamen. Er klingt genau wie das arabische Wort für Aprikose, die Lieblingsfrucht seiner Mutter. Ich mochte es, wenn Omar mich so nannte.

Beim Gedanken an Rihaab wurde mir klar, dass noch keine sechs Wochen seit ihrem Tod vergangen waren. Aber wenn ich sie schon vermisste, wie sollte es dann erst Sahr und Randa ergehen, die jeden Tag durch Kleinigkeiten daran erinnert wurden, dass sie nicht mehr da war?

»Mach uns einen Tee, Schatz.«

»Dann wird er nur wieder zu süß oder zu stark.«

»Nein, nein. Ich bin sicher, dein Tee wird sehr gut. Abu Hassan und Munir sind durstig und ich auch, nach unserer langen Reise. Danke, Schatz.«

Mein Tee wurde sehr gut. Es machte mir Freude, ihn für Omar und seine Gäste zuzubereiten. Ich wünschte, er wäre nicht so oft fort, aber wir würden ja bald heiraten und nur wenige Wochen darauf gemeinsam nach Schottland fahren. Dann würde ich ihm Schritt für Schritt etwas mehr Verständnis beibringen. Ich war ihm wichtig genug, so dass er sich Mühe geben würde. Und er war mir wichtig genug, so dass ich mir Mühe geben würde.

Ich liebte meine Schwestern. Ich würde sie vermissen.

Ich hing an meinen Blusen.

Ich hasste es, mich in dem winzigen, kalten Bad zu waschen.

Ich liebte es, Wasser vom Brunnen zu holen.

Hochzeit

Hochzeit – und eine Eheschließung

»Wahrscheinlich« ist ein Wort, das mir ständig auf der Zunge liegt. Das ist »wahrscheinlich« meine letzte Reise, denke ich. Etwas in mir ist sich sehr sicher, weiß, dass das Wahrscheinliche Wirklichkeit werden wird. Es sind nur noch wenige Tage bis zu meiner Abreise und die Leute verabschieden sich von mir. »Wir sehen dich in achtzehn Monaten wieder«, sagten deine Freunde Haroun und Muammar, die gestern zu Besuch kamen. »Wahrscheinlich nicht«, wollte ich schon antworten, »wahrscheinlich nie mehr.« Doch ich hielt mich zurück. Meine Weigerung, es zu sagen, machte allerdings keinen Unterschied; ich wusste es dennoch.

Heute stehe ich hier und beobachte verheiratete Paare. Du stehst neben mir, so wie der Bräutigam neben der Braut steht. In dem Augenblick, wenn die Paare ihre Blumenkränze mit den verschlungenen Bändern austauschen, wird die räumliche Verbindung zu einer zeitlichen. Vor langer Zeit, als wir beide geheiratet haben, standen wir ebenfalls so da.

In dem Heimatdorf deiner Mutter. Samar. Nicht einmal zwei Monate nach ihrem Tod. Deshalb hatten wir beschlossen, unsere Hochzeit schlicht zu feiern. Es wäre unmöglich gewesen, ein großes Fest zu feiern, selbst wenn wir es gewollt hätten. Du hättest es dir sowieso nicht leisten können.

Samar. Es muss das einzige Mal gewesen sein, dass ich dorthin fuhr, außer, um die Familie deiner Mutter zu besuchen, was nicht oft vorgekommen war. Mir gefiel die Vorstellung, in dem Heimatdorf deiner Mutter zu heiraten, aber ich fand es merkwürdig, dass Samar angeblich der nächste Ort mit einem *qadi* (Richter) war, weil es so klein war. Kufr Soum war viel größer und trotzdem gab es dort keinen *qadi*. Das hast du mir zumindest erzählt.

Es war ein Büro wie jedes andere mit einem großen Schreibtisch, ein paar Stühlen und Angestellten, die herumstanden oder hin und her eilten. In einem so weltlich anmutenden Rahmen freute ich mich über das förmliche Gewand des *qadi*. Er trug einen Fez auf dem Kopf und ich fragte mich einen Augenblick lang, ob ich in Ägypten sei. Er unterhielt sich zunächst eine Weile mit uns, erst mit dir auf Arabisch, dann mit mir auf Englisch. Ich erzählte ihm, dass ich noch nie zuvor einen *qadi* gesehen hatte, mich aber an den ägyptischen Schriftsteller Tewfik Al-Hakim erinnert fühlte, der Bezirksrichter gewesen war und dessen Geschichten oft in einem juristischen Umfeld spielten. Der *qadi* zeigte sich erfreut, dass ich etwas von Al-Hakim gelesen hatte, den er selbst sehr bewunderte. Nachdem wir noch eine Zeit lang geplaudert hatten, wurde er wieder ernster und wandte sich erneut dir zu, womit klar war, dass das formelle Verfahren der Eheschließung nun begonnen hatte.

Nachdem er dir ein paar Fragen gestellt hatte, auf die du offensichtlich zustimmend antwortetest, fragte er mich auf Englisch: »Wollen Sie diesen Mann heiraten?« Ich antwortete: »Ja.« Einen Moment lang weiteten sich seine Augen vor Überraschung, dann fing er an mir zu erklären, wie eine Muslimin wahrscheinlich geantwortet hätte. Sie hätte nicht in meinem sehr bestimmten, freimütigen Tonfall geantwortet, wie er sagte; sie hätte womöglich überhaupt nicht geantwortet, sondern bloß die Wimpern niedergeschlagen und schüchtern mit dem Kopf genickt. Während er mir dieses Verhalten beschrieb, führte er es mir vor: Er senkte den Blick auf den Boden des Büros und verzog den Mund zu einem kaum merklichen Lächeln. Dann drehte er den Kopf leicht weg und wieder zurück. Wir lachten alle drei, obwohl mir klar war, dass wir nicht über die muslimischen Frauen lachten, sondern über den extremen Unterschied zwischen ihrem Verhalten und meinem.

Dann wandte er sich wieder dir zu und in diesem Moment geschah etwas Bedeutendes. Für mich war dieser Augenblick wichtiger als das Unterschreiben des Vertrags, das direkt darauf folgte. Du saßest neben mir, die Ellbogen nach außen gedreht und die Handflächen geöffnet, und schwiegst. Du öffnetest dich deinem Schicksal; ein Gefäß der göttlichen Absicht, deine Hände ein Tor, deine Worte Beschwörung. Ich erkannte die *Faatíha*, das Eröffnungsgebet des *Qur'aan*, das du feierlich sprachst. In dem Moment wusste ich, dass es Gottes Wille war und dass wir verheiratet waren.

Ein Besuch

Meine Mutter saß im Hof, lehnte sich an die Kissen, die verschiedene Mitglieder von Omars Familie ihr gebracht hatten, und paffte die *naarjiileh* (Wasserpfeife). Als ich sie rief, sah sie lächelnd auf. Ich fand, dass sie hübsch aussah in ihrem neuen nachtblauen *dish-dásha*, den wir an jenem Tag in Irbid gekauft hatten. Die Sonne ging bereits unter und das letzte Licht ihrer Strahlen wurde von dem goldenen Saum um die Blumenstickereien auf dem *dish-dásha* reflektiert. Sie genoss die Aufmerksamkeit.

Aishas Ehemann, Moussa, war mit der Wasserpfeife vorbeigekommen, während wir unterwegs gewesen waren. Nun sagte er meiner Mutter, es sei ein Geschenk von der ganzen Familie an sie. Er und Adnan erklärten, wie man sie benutzte, und zündeten sie an. Die gesamte Familie war an jenem Abend erschienen, auch Aisha, die hochschwanger war und jeden Tag mit der Niederkunft rechnete. Onkel Ibrahim war auch da und trug seinen Teil zur Aktivität um die Wasserpfeife bei. Jedes Mal, wenn er während des Gesprächs auf Arabisch das Wort »hubbly-bubbly« (Wasserpfeife) erwähnte, musste meine Mutter kichern. Niemand hatte mir etwas über die Wasserpfeife verraten. Sie hatten gewusst, wie sehr sie sich über dieses Geschenk freuen würde, obwohl sie kaum eine Woche bei uns verbracht hatte.

Es war noch nicht ganz einen Monat her, seit Omar und ich geheiratet hatten, und drei, seit Rihaab gestorben war. Mama würde zwei Wochen bei uns in Jordanien bleiben und dann weiter nach Frankreich fliegen, um die Familie meines Vaters zu besuchen. Omar und ich würden mit ihr reisen, zwei Wochen dort bleiben und dann weiter nach Schottland fliegen. Ich wusste, dass meine Mutter nicht zur Hochzeit hatte kommen wollen, es wäre zu schwierig für sie gewesen. Aber ich erkannte es ihr an, dass sie sich überhaupt die Mühe gemacht hatte, nach Jordanien zu fliegen, um etwas von meinem Leben hier kennen zu lernen.

Die Eindrücke, die meine Mutter vom Leben im Dorf hatte, erinnerten mich an meine eigenen ersten Eindrücke, die bereits verblasst waren. Immer wieder machte sie Bemerkungen über die Schönheit der Menschen und staunte, als könnte sie ihren Augen nicht trauen. Bald fing sie an, sich über die Lebensbedingungen Sorgen zu machen und sich zu fragen, wie ich auf Dauer damit klarkommen würde, wenn sie es schon für die kurze Zeit, die sie bei uns war, so schwierig fand.

Sie war überwältigt von dem Großmut, der Fürsorge und dem Interesse, das ihr alle entgegenbrachten. Ungefähr am vierten Tag bat sie mich, ihr eine Kanne Tee ohne Zucker zu kochen. »Man trinkt ihn so süß hier, daran kann ich mich nicht gewöhnen.« Sie liebte den bitteren Kaffee, der herumgereicht wurde, wenn Gäste da waren. Sie spürte die verborgene Trauer um Rihaabs Tod und war betrübt darüber, besonders wenn sie an Sahr dachte, die so hart arbeitete wie zuvor. Es machte ihr Freude, sie zu begleiten, wenn sie andere Familien besuchte, womöglich mehr als mir. Oder hatte ich diese Besuche ebenso genossen, als ich zum ersten Mal gekommen war?

Als Omar und ich eines Tage nach Irbid fuhren, war meine Mutter müde und beschloss, mit seinen Schwestern zu Hause zu bleiben. Bei unserer Rückkehr am frühen Abend fanden wir alle, Mama eingeschlossen, in heller Aufregung vor. »Oh, du hast etwas verpasst, Michèle! Aisha hat ihr Baby bekommen und ich habe sie mit Sahr und Randa besucht. Wir sind gerade erst zurückgekommen. Du hättest dabei sein sollen. Man würde niemals denken, dass Aisha gerade eine Geburt hinter sich hatte. Sie hätte ebenso gut gerade aus ihrem Schönheitsschlaf aufgewacht sein können. Als wir ankamen, kämmte sie gerade ihr hübsches langes Haar und war voller Energie. Was für ein schönes Mädchen! Und das Töchterchen ist reizend. Wärst du nur dabei gewesen.« Am nächsten Tag ging ich mit ihnen hin und fand Mutter und Baby gesund und glücklich.

Das Baby wurde Shaima genannt und kurz vor unserer Abreise erzählte ich Aisha, dass Shaima eine außergewöhnliche Schönheit werden würde, weil meine Mutter, die in ihrer Jugend eine schöne Frau gewesen war, sie so kurz nach ihrer Geburt besucht hatte. Es war Aishas viertes Kind und ihre dritte Tochter. Alle erinnerten sich an den Besuch meiner Mutter an jenem Tag und an das, was ich später gesagt hatte. Und das Seltsame ist, dass es tatsächlich wahr wurde. Alle Kinder von Aisha und Moussa sind schön, aber Shaima, mit ihren Locken, den großen, klaren Augen und der zarten, rosigen Haut, ist wirklich aufsehenerregend.

Ein Brief nach Schottland

Wir verbrachten über ein Jahr zusammen in Schottland.

Glasgow ist eine hässliche Stadt. Ich fand sie noch trostloser als Amiens, wo ich viele Jahre zuvor gelebt hatte. Muffigkeit und Schimmel in fast jeder bezahlbaren Unterkunft. Erstickende Autoabgase in den Straßen. Dreck. Überfüllung. Überhöhte Preise. Soziale Wohnsiedlungen mit Hochhäusern, durch die der Wind fegt. Eine schreckliche Armut – die der anderen wie auch unsere eigene.

Wir flüchteten uns in die botanischen Gärten, wo wir einen Großteil des Tages verbrachten. Dort setzten wir uns auf einer Wiese in die Sonne oder spazierten durch die Glashäuser, wo es angenehm warm war und exotische Pflanzen uns mit ihren verschlungenen Blättern vertraut zunickten.

Omar schrieb aus Schottland regelmäßig an seine Familie und erhielt jedes Mal eine Antwort. Mich erreichte eines Tages folgender Brief:

Kufr Soum
Liebe Michèle,
ich habe dir vor einem Monat geschrieben, aber wir haben keinen Brief von dir bekommen. Ich denke an dich so oft und ich so sehne mich dich zu sehen. Ich schreibe nicht

zu viel in Englisch, aber alle Gedanken an dich auf Englisch. Das ist meine Übung in Englisch weil ich vor zwei Monaten aufgehört habe zu lernen und noch keine Arbeit habe. Aber hier gibt nicht viele Gelegenheiten und deshalb habe ich keine Arbeit als Englischlehrerin gefunden. Vielleicht mache ich ein paar Fehler. Nicht viele, nein? Hier kümmert sich keiner darum ob ich Englisch spreche oder ich eine Arbeit als Englisch- oder Arabischlehrerin finde. Sie kümmern sich nur darum ob ich helfe das Essen zu machen und das Haus zu putzen.

Im Moment sind wir alle ruhig und viele schlafen nach dem Essen mitten am Tag. Du weißt wann. Ich auch werde schlafen nach diese Brief. Aber Sahr kommt bald und sie zieht die Decken von mir und sie ruft Randa, steh auf meine faule Schwester und hilf mir die Böden putzen. Du erinnerst dich wir waschen sie jeden Tag, weil du uns geholfen hast. Alle Zimmer im Haus und draußen auch. Oder hast du vergessen dass wir Wasser überall auf den Boden vor den Mauern und dem Tor gegossen haben? Und wir wischen mit dem Besen aus Gummi und wenn es trocken ist bevor die Sonne weggeht legen wir die Matratzen und die großen Kissen hin und alle Leute kommen um sich mit uns auf diesen Platz zu setzen. Die Nachbarn und die Familie und die Freunde sitzen unter dem Olivenbaum und dem Granatapfelbaum und alle trinken shai. Du hast diesen Tee oft für uns gemacht. Und in vielen Nächten im Sommer schlafen wir dort außerhalb des Hauses. Ich bin sicher du erinnerst dich an den Morgen als ich dich aufgeweckt und gesagt habe, bitte steh langsam auf Michèle. Du musst ganz ganz langsam aufstehen. Ich habe das so gesagt weil ein großer Skorpion unter deine Decke bei deinem Fuß gegangen ist und ich dich nicht erschrecken will. Wir haben die Decke hochgehoben und er war ganz groß und schwarz. Du hast gesagt sein Schwanz ist lang und fett wie das Ofenrohr. Ofenrohr ja? Ist das richtig?

An dem Morgen habe ich zu dir gesagt, wir haben unser Frühstück gegessen und ich habe gesagt, Michèle ich glaube dass du uns vergessen wirst. Wenn du weggehst, wirst du uns vergessen. Und du hast gesagt nein und du warst überrascht oder nervös oder ärgerlich. Michèle warum warst du so oft nervös? Kommt Omar allein zurück oder kommst du mit ihm? Du kommst dann mit uns in den Wadi und ich klettere wieder auf den Mandelbaum und werfe dir die *loz* zu damit du sie fängst. Erinnerst du dich an die *loz* die unsere Mutter so gerne gegessen hat? Die Mandeln in ihrer Haut sehr weich und dick und grün? Du und Manar, sie ist jetzt sieben und Nasser, er ist fünf, ihr habt die *loz* gefangen die ich euch von dem Baum geschickt habe. Vielleicht schreibst du uns bald. Mein Englisch ist gut ja? Ich schreibe nicht oft Englisch jetzt.

Sahr schickt dir Küsse sie so sehr sehnt sich nach dir. Bitte schreibe uns. Du weißt nicht dass ich an dich denke jeden Tag. Sehen wir uns wieder Michèle? Yes insha' Allah.

Deine liebe Schwester

Randa

Mit seinem blassen Gesicht und seiner ruhigen Art wirkte er eher wie ein Engländer als ein Schotte, obwohl er einen schottischen Namen trug. Er sprach zu uns in leisem, ruhigem Tonfall, aber man spürte, dass er irgendeine Art von Beschwerde erwartete, der er sich würde stellen müssen. Und wir wollten uns tatsächlich bei ihm beschweren. Am Anfang sprach Omar ebenfalls ruhig, aber ich konnte meinen Ärger nicht verbergen. Warum hatte man uns nicht darüber informiert, dass es keine Unterkunft für Paare gab? Warum konnten sie, unter diesen Umständen, keine andere Bleibe für uns finden als die muffige Wohnung, die uns zugeteilt worden war? Es stimmt schon, dass sich alle in dem Büro sehr bemüht hatten, die Wohnung für uns zu finden, aber würden sie selbst dort leben wollen? Ich konnte es mir von keinem von ihnen vorstellen. Nun hatten wir es geschafft, selbst etwas anderes zu finden, einen Ort, an dem wir es aushalten würden, auch wenn er eine schöne Stange Geld kostete. Wir mussten jedoch, wie uns dieser Mann jetzt sagte, trotzdem für die letzten drei Monate unseres ursprünglichen Mietvertrags zahlen. Wir hatten ihn nun einmal für diese Laufzeit unterschrieben.

Omar wurde wütend. Er konnte es einfach nicht fassen, dass man von uns erwartete, so zu leben, wie wir es knappe zwei Wochen getan hatten. Es war der Zorn der Gerechten, die Entrüstung jener, die sich mit ihren Forderungen völlig im Recht wissen. Er platzte beinahe vor Wut, als er merkte, dass sein Gegenüber auf eine trotzige Art duckmäuserisch war, so wie jemand, der weiß, dass er Unrecht tut. Dem jungen Mann war dagegen vor Schreck über diese plötzliche Heftigkeit alle Farbe aus dem Gesicht gewichen. Mir war klar, dass er stur auf seiner Position beharren würde. Dachte dieser Typ aus dem Mittleren Osten etwa, er könne ihn durch seinen Wutanfall einschüchtern und zum Nachgeben bringen?

Ich war froh, dass ich mich nicht in die Angelegenheit einmischen musste. Sie standen einander gegenüber wie zwei rivalisierende Stiere: mit scharrenden Hufen, zuckenden Ohren und Nüstern, die Herausforderung signalisierten, aber vom anderen als eine Form der Kapitulation verstanden wurden. Ihr Zorn nahm noch zu. Jeder schien seine Scham in dem anderen wiederzuerkennen, sein Eingestehen von Verantwortung, und ich hatte das Gefühl, ich könne ihre jeweiligen Gedanken lesen.

Wie kann dieser Mann es wagen, seinen Gefühlen hier vor
aller Augen Luft zu machen? Weiß er denn nicht, dass er sich
zum Narren macht und dass seine Wut ihn schuldig macht?

Wie kann dieser Mann so erbärmlich schwach sein und sich
weigern, uns entgegenzukommen? Warum wird er nicht
wütend – die Wut, die sich für den Gerechten ziemt – vor all
diesen Leuten? Es kann nur daran liegen, dass er weiß, er
selbst und jene, die er repräsentiert, sind im Unrecht.

Es lief darauf hinaus, dass wir tatsächlich die doppelte Miete
zahlten und uns während dieser Monate irgendwie durch-
schlagen mussten. Es ist gut möglich, dass der Ärger mit dieser
unbefriedigenden Wohnsituation der Grund für viele unserer
Probleme war. Unsere Wohnverhältnisse waren schlechter als
im Dorf und Omar nannte Glasgow »die vierte Welt«. Es wurde zu einem geflügelten Wort zwischen uns. Auch unsere
Beziehung litt unter der Situation.

Wir fühlten uns bei allem, was wir taten und nicht taten,
bestraft. Jetzt sehnte sich nicht mehr nur einer von uns nach
einem Zuhause, sondern wir beide. Wir vermissten die Staaten, besonders die Anfangszeit unserer Partnerschaft, als wir
noch dabei waren, einander zu entdecken. Diese glücklichen
Zeiten schienen im Nebel der Vergangenheit verschwunden
zu sein und ich ertappte mich bei der Frage, ob ich sie überhaupt wirklich erlebt hatte. Ich hatte Sehnsucht nach meiner
Mutter und meiner Schwester, die wir in Frankreich zurückgelassen hatten, bevor wir den Kanal nach Schottland über-
quert hatten. Sie mussten gerade auf dem Rückweg nach
Perth sein. Omar vermisste seine Familie und ich ebenfalls.
Ich hatte nicht damit gerechnet, dass mir Jordanien so fehlen
würde. Und ich hatte das Gefühl, dass die Anpassungsschwierigkeiten, die ich dort am Anfang hatte überwinden müssen,
nichts waren im Vergleich zu unserer Zeit in Glasgow. Wir

versuchten, so oft es ging, die Stadt zu verlassen und Ausflüge in die schöne umliegende Landschaft zu machen, aber es war fast unmöglich. Meistens gelang es uns nur, wenn uns nette Freunde zu einem Ausflug einluden – meist andere Jordanier, die mehr Geld zur Verfügung hatten, weil sie allein gekommen waren. Einen schönen Tag – wenigstens einen! – verbrachten wir auf dem Pollock-Landgut vor den Toren der Stadt, das wir zum Teil zu Fuß, zum Teil mit öffentlichen Verkehrsmitteln erreichten.

Mich frustrierte unsere Situation zunehmend, während Omar Wutanfälle bekam und manchmal auch auf mich losging. Als er mich das zweite Mal während eines furchtbaren Streits schlug, traf ich eine Entscheidung. Ich wartete bis zum Morgen. Als er in die Bibliothek gegangen war, um dort über die Darstellung kultureller Unterschiede bei Schriftstellern der Jahrhundertwende zu recherchieren, packte ich meine Koffer und nahm mir ein Hotelzimmer. Ich weigerte mich zurückzukehren, wenn er nicht versprach, seine Wut zu zügeln. Ich blieb zwei Tage im Hotel. Wären wir einander nicht auf der Straße begegnet, hätte es sicher noch länger gedauert. Sein Verhalten besserte sich deutlich, nachdem ich wieder zurück war, aber etwas war geschehen. Verstohlen schlich sich eine ständig angespannte Stimmung zwischen uns ein.

Kurz nach diesem Vorfall kamen betrübliche Anrufe aus Australien. Es zeichnete sich ab, dass meine Mutter nicht mehr lange zu leben hatte. Die Chemotherapie hatte sie gut vertragen und vor ihrer Reise nach Jordanien und Frankreich hatte es noch geheißen, sie sei auf dem Wege der Besserung, da sie sich auf die Reise gefreut hatte. Als sie jetzt wieder zu Hause war, machte ihr eine Depression zusätzlich zu schaffen. Einmal rief mich meine Mutter nachts um drei Uhr an und schluchzte ins Telefon, dass ihr alles zu viel sei. Auch ich weine. Am folgenden Tag rief meine Schwester an: Sie komme mit der Situation nicht mehr alleine zurecht und brauche unbedingt meine Unterstützung. »Ich weiß. Ich komme«, sagte ich zu ihr und reiste ab nach Perth.

Ein Opfer

Einige Zeit vor diesen Anrufen bekam ich Besuch von einer alten Freundin der Familie. Ob sie sich irgendwie verpflichtet fühlte, mich zu besuchen? Ich hatte sie früher immer bewundert und war deshalb erstaunt darüber, wie sie sich verändert hatte.

Es waren nur ein paar Dinge, die sie sagte. Sätze, die sie während unserer Unterhaltung fallen ließ, nachdem wir uns zwölf Jahre lang nicht gesehen hatten. Sie war von London mit dem Zug nach Glasgow gekommen und hatte mich angerufen, um mich zum Abendessen einzuladen. Im Restaurant bestellte sie eine ganze gebratene Lammschulter für uns beide. Und sie redete. Anfangs hing ich begierig an ihren Lippen, da ich ihren Humor immer sehr gemocht hatte, ihre Unkonventionalität, die Art, wie sie über gesellschaftliche Normen spottete. Sie hatte meinen Eltern sehr nahe gestanden, vor allem meiner Mutter, und war auch kurz entschlossen nach Frankreich gereist, um sie zu sehen, bevor sie nach Australien zurückkehrte. Sie hatte immer noch ein großes Talent, Geschichten zu erzählen, und dieselbe sorglose Art, sich über viele Dinge einfach hinwegzusetzen. Doch bei unserem Treffen engagierte sie sich plötzlich auf scheußliche Art für ein Thema, das mir sehr nahe ging.

»... schlimmste Reise, die ich je gemacht... Abteil voller

Musliminnen ... Schleier ... schreiende Babys ... kreischende Kleinkinder, die herumgekrabbelt sind ... hohe schnatternde Stimmen ... bestimmt war es Arabisch ...«

Sie hörte gar nicht mehr auf und bei ihrem Sprechtempo meinte ich fast, das Rattern des Zuges im Hintergrund hören zu können. Der Kinderlärm und der endlose Strom arabischer Worte schienen mich mit ihrem englischen Redeschwall zu überfluten.

»... die australische Bevölkerung heute ... weniger als sechzig Prozent Angelsachsen oder Kelten ...«

Sie lebte inzwischen in England. Ich fragte mich, wie viel Prozent es wohl dort waren.

Während ich ihr gegenübersaß, bestürzt über diese Veränderung in ihr, über die vollständige Täuschung meiner Erwartungen, stand der Kellner an unserem Tisch und tranchierte die Lammschulter. Meine Enttäuschung über ihre Einstellung mischte sich mit der Erleichterung über die Tatsache, dass Omar nicht hatte mitkommen können. Ich fragte mich, wie sie sich wohl in seiner Gegenwart verhalten hätte. Sie äußerte nichts Missbilligendes über unsere Ehe, sondern erwähnte sie eigentlich gar nicht. Nur ab und zu hob sie mitten in ihrem Geplapper mit ein paar Sätzen auf Omars Landleute ab.

»... diese unhygienischen Praktiken ... Schafe schlachten mitten in der Stadt ... die armen Tiere ... das Blut fließt über die Straßen von London ...«

Ich legte mich nicht mit ihr an. Diese Litanei von meist blutrünstigen Schlagworten war mir bereits vertraut. Es war, als zeige sich der ganze Abscheu in der reißerischen Art der Beschreibungen. Zudem hatte es eine Zeit gegeben, in der auch ich der Meinung war, alles, was mit Tod und Blut zu tun hat, sei näher an der Barbarei und weiter von der Zivilisation entfernt, deren Zweck es ist, uns vor uns selbst zu verstecken. Doch es wäre Zeitverschwendung gewesen, etwas dagegen zu sagen. Dreck, mangelnde Hygiene, Primitivität, Grausamkeit gegenüber Tieren, all das vermengte sie in einem einzigen Wortschwall miteinander.

Wie soll man solchen Äußerungen die Bedeutung, die Lebendigkeit von vergossenem Blut entgegenhalten? Wie sollte ich meinen Abscheu gegen die sterile Sauberkeit einer Fleischtheke im Supermarkt zum Ausdruck bringen, wo das Fleisch nicht mehr ein Leben ist, das sich für mich hingegeben hat, sondern ein Nichts? Beim Zuhören dachte ich, vielleicht *sollte* die Stadt beschmutzt, mit Blut beschmiert sein, um wieder als *etwas* begriffen zu werden – für jene, die die Bedrohung spüren, die Bedrohung durch den Verlust der Bedeutung des Lebens.

Ich sitze mit den Frauen, Omars Schwestern, Cousinen und Nachbarinnen, unter dem Olivenbaum und schaue zum schneebedeckten Gipfel des Jebel Sheikh, der an diesem klaren Tag so nah zu sein scheint. Wir sind vom Haus bis hierher zu Fuß gegangen. Ein Stück weiter, wo die Straße aus dem Dorf hinausführt, kann man fast die Stelle erkennen, wo sie in einen unbefestigten Weg übergeht, der einen an den Rand des Wadi führt. Auch dieser Wadi am Ende einer Straße lässt den syrischen Berg klar und nah erscheinen.

In der Nähe befinden sich einige Männer, unter ihnen Omar. Sie unterhalten sich angeregt miteinander, ihre Stimmen tönen durch den Olivenhain gedämpft bis zu uns hinüber. Die Männer stehen neben einem Baum, an den mit einem langen Seil ein schöner Widder mit honigfarbenem Fell und fast spiralförmigen Hörnern gebunden ist.

Nach einer Weile geht Omar auf das Tier zu, das ihn zuerst nicht wahrzunehmen scheint, dann jedoch ängstlich zurückweicht. Es zittert und blökt mit starrem Blick ins Nichts. Doch Omar hält es fest und streichelt es sanft, während er weiterredet, vorgeblich zu seinen Freunden, in Wirklichkeit jedoch zu dem Tier. Er hat ihm seine ganze Aufmerksamkeit gewidmet. Jedes Wort und jede Bewegung sind konzentriert und entschlossen. Omar ruft nach Wasser und jemand bringt ihm eine große alte Blechdose mit kühlem Brunnenwasser. Der Widder schlürft das Wasser in großen Schlucken. Die Dose wird erneut gefüllt, und erst als der Widder sie leer getrunken hat, wird sie weggelegt. Dann legt Omar, fast zärtlich, einen Arm um den Hals des Tieres. Allmählich gehen seine Worte in ein Gebet aus dem Koran über. Nicht aus List, sondern aus Anteilnahme verbirgt er das Messer. Dann geht alles ganz schnell. Sicher und geschickt hebt Omar die Vorderbeine des Widders an, um ihn für den tödlichen Stich in die richtige Position zu bringen. Plötzlich sind die anderen Männer zur Stelle und helfen mit, den Widder festzuhalten, während er ausschlägt und am ganzen Körper zittert. Das Leben sprudelt aus ihm heraus, es fließt erst schnell, dann langsamer. Das Blut versickert in der Erde. Im Blick des Widders liegt nun Resignation, während sie ihn, noch lange nachdem jede Bewegung erstorben ist, sanft halten und an sich drücken. Omars Kopf, Brust und Arme haben sich fast in sein Fell gegraben, sind eins mit dessen nachlassender Wärme.

Nach der Opferung, wenn das Fleisch zerlegt und im Dorf verteilt wird, an Verwandte und an die Armen, sagt Omar zu mir: »Ich gebe dem Schaf immer zuerst Wasser zu trinken. So viel Wasser, wie es möchte. Hast du gesehen, wie es getrunken hat? Es hat es nicht mit der Zunge aufgeleckt wie Katzen und Hunde. Das Schaf trinkt wie wir.«

Rückkehr nach Kufr Soum

Als ich Glasgow verließ, glaubte ich, unsere Trennung würde nur vorübergehend sein. Das müssen wir beide wohl für eine lange Zeit geglaubt haben. Im darauf folgenden Jahr kam Omar in den Semesterferien nach Perth. Ich weiß nicht, wie er es schaffte, das Geld für die Reise zusammenzukratzen, aber es ermutigte mich, dass es ihm so viel bedeutete. Er war fast drei Monate bei uns und ihm gefielen die Orte, die wir ihm zeigten – die Stadt, der Wald aus Karribäumen, das Meer. Aber er sagte auch, er habe den Eindruck, Australien sei das rassistischste Land, das er je besucht habe. In den USA und in Großbritannien war er durch seinen Status als Auslandsstudent sehr behütet gewesen, in Perth dagegen wohnte er bei mir und erlebte die normale Alltagswelt. Die wenigen Aborigines, die er zu Gesicht bekam, wirkten eindeutig wie Bürger dritter Klasse und Omar sagte, er fände es schrecklich, die Ureinwohner eines Landes so zu behandeln. Unglücklicherweise wurde damals in allen Medien auch noch von einem Australier anglo-irischer, holländischer und javanesischer Abstammung berichtet, der versucht hatte, eine rassistische Partei ins Leben zu rufen. Dieser Mann war kurz zuvor an Gewalttaten beteiligt gewesen und zu einer Gefängnisstrafe verurteilt worden.

Als Omar abreiste, wussten wir beide nicht so recht, wo und wann wir uns wiedersehen würden. Meine Mutter war sehr krank und nach seinem Besuch widmete ich mich mehrere Monate lang ganz ihrer Pflege. Außerdem hatte ich eine Vollzeitstelle als Lehrerin an einer Universität angetreten und lebte mich immer mehr in Perth ein.

Als Mama starb, rief ich Omar an. Er hatte schon damit gerechnet. Da in Glasgow gerade Winterferien waren, hatte er seit meinem letzten Brief die meiste Zeit im Haus verbracht, um auf meine Nachricht zu warten. Mama war froh gewesen, Weihnachten und Neujahr im Kreis der Familie feiern zu können. Der Ausbruch des Golfkrieges stand kurz bevor, als sie im Haus meiner Schwester das Bewusstsein verlor und wir sie in ein nahe gelegenes Krankenhaus bringen mussten. Sie hatte die Hoffnung geäußert, dass es nicht zum Krieg kommen würde, und als es doch geschah, war sie bereits tot. Ihre letzten Worte an mich waren: »Du bist nicht unterzukriegen.«

Nach Mamas Tod war ich mir nicht sicher, ob ich wieder nach Jordanien zurückkehren sollte. In der Hoffnung, dass ein Besuch mir die Entscheidung erleichtern würde, fuhr ich noch vor dem Ende des Jahres hin. Als ich ankam, war Omar selbst gerade erst aus Schottland zurückgekehrt. Er hatte seinen höheren Abschluss erreicht und damit einen neuen Status erhalten. Omar schwärmte plötzlich heftig von Schottland. Er hatte Videofilme über die schottische Landschaft mitgebracht, die er der Familie und seinen Freunden immer wieder zeigte und die er selbst noch weiter schaute, wenn die Besucher schon gegangen waren. Viele der in den Filmen gezeigten Orte hatte er mit eigenen Augen gesehen. Dabei hatten Omar und ich, als wir noch gemeinsam in Glasgow gelebt hatten, niemals genug Geld gehabt, um uns größere Ausflüge leisten zu können. Dass Schottland sehr schön ist, wusste ich nur von einer Reise, die meine Mutter und ich viele Jahre zuvor unternommen hatten. Während Omar wieder einmal mit glänzenden Augen vor einem dieser Videofilme saß, machte er eine beiläufige Bemerkung über eine Frau, die sehr freundlich zu ihm gewesen sei. Ich fragte daraufhin ein paarmal nach, drängte ihn aber nicht weiter. Ich hatte das unbestimmte Gefühl, dass ich seine Antwort lieber nicht hören wollte.

Als ich in Jordanien ankam, feierte die Dorfgemeinschaft noch immer Omars wohlbehaltene Rückkehr und seinen großartigen Universitätsabschluss. Man erwartete von ihm, dass er alle einlud. Damals brachte er jenes Schaf aus der Stadt mit nach Hause, aus dem Sahr etliche Mahlzeiten zubereiten musste. Aber die Gastfreundschaft beruhte auf Gegenseitigkeit. Freunde und Nachbarn luden Omar ebenfalls zum Essen ein. Abu Youcefs Familie war eine von mehreren, die ein Fest für ihn organisierten. Von den angenehmen Erinnerungen ist mir vor allem das Abendessen im Haus von Abu Youcef im Gedächtnis geblieben.

Abu Youcef arbeitete für das Erziehungsministerium. Und er schrieb Gedichte. Dabei sah er keinen großen Unterschied zwischen der Verpflichtung, die das eine, und der Freude, die das andere mit sich brachte. Ich fragte Abu Youcef, ob ich ein paar seiner Gedichte hören könnte. Er meinte daraufhin, ich würde mich langweilen, da sie alle auf Arabisch seien und in der Übersetzung zu viel verlören. Aber ich versicherte ihm, dass ich gerade die arabische Dichtung so gern hörte, auch wenn ich fast nichts verstand. Und ich erzählte ihm, dass Omar auf diese Weise mein Herz gewonnen hatte – indem er traditionelle Gedichte deklamierte, die ich nicht verstand.

Nach dem Abendessen trug Abu Youcef seine Gedichte vor. Omar übersetzte hier und da eine Zeile, wobei Abu Youcef gelegentlich ein Wort zur Erklärung oder Verbesserung hinzufügte. Ich hatte schon lange keine arabische Poesie mehr gehört und beim Zuhören musste ich unweigerlich an jene aufregende Zeit denken, als Omar zum ersten Mal arabische Gedichte für mich rezitiert hatte.

Eine Stimme. Sie gehört Omar, der in seinem winzigen Zimmer im zwölften Stockwerk eines amerikanischen Gebäudes sitzt. Die Nachmittagssonne sandte ihre Strahlen auf die

Topfpflanzen an seinem Fenster, bevor sie von der Außen-
wand zurückgeworfen wurden. Ich saß da, in die Kissen geku-
schelt, die er mir auf seinem ordentlich gemachten Bett
zurechtgelegt hatte, und hörte zu.

»... der Granatapfelbaum steht daneben. Ooooh ... der Olivenbaum ist sehr gesund, sehr hübsch. Die Form ist schön, mit
Ästen, die gerade so weit reichen, um diesem Ort Schatten zu
spenden. Wenn man ihn ansieht, denkt man, dass er alt ist,
und er ist es auch. Die Olivenbäume leben viele Jahre, viele
hundert Jahre. Manche dieser Bäume sind uralt. Er spielt auch
in der Religion eine wichtige Rolle, im *Qur'aan*. Der Prophet,
er liebte diesen Baum. Sein Öl ist rein. Das Licht einer Lampe,
die mit Olivenöl brennt, ist reines Licht. Sie brennt langsam
und sanft. Es ist das reinste ...«

Auch Omars Beschreibung der Weinrebe war wie ein Porträt. Statt sie mit Leben zu füllen, erweckte er mich zu ihrem
Leben, zu dem Leben als Teil der Weinreben seiner Familie, zu
der Rolle der speziellen Weinrebe, die bei ihm zu Hause
wuchs. Er beschrieb mir ausführlich ihre Blätter und Früchte
und erzählte mir die Geschichte ihrer Windungen. Und dann
war da noch der Granatapfelbaum, dessen Blüten mit dem
Auf und Ab seiner Stimme zu glänzenden Früchten heran-
wuchsen.

Damals wusste ich es noch nicht, aber sein Tonfall war jener
der Dichtung – der klassischen Dichtung, die jeder kennt, der
Omars Sprache spricht –, der Gedichte von Liebe, Ruhm,
Schlachtrufen, Wasserfällen, Stelldicheins und Versprechen,
die alle danach streben, aus dem Gleichmaß der gesprochenen
Wörter auszubrechen.

Was mich wieder zu Abu Youcefs Vortrag zurückbrachte, war
der unterschiedliche Klang seiner Gedichte, in denen ich
weniger strenge, moderne Rhythmen erkannte. Niemand

erläuterte oder interpretierte diese Gedichte. Mir zuliebe wurde der Kontext ein wenig erklärt, aber nur so viel, um mir die Wirkung des Gedichts nicht zu verderben. Es war eine kalte Winternacht und wir saßen nach dem heißen Mahl zusammen im warmen Haus.

Als die Tassen mit dem Kaffee herumgereicht wurden, blickte ich zu Omars Vater, der gerade mit Abu Youcef plauderte. Zwar haben seine Söhne und die jüngste Tochter ihn in ihrem Bildungsniveau überholt, aber Abu Omar kann wunderschön die langen klassischen Gedichte rezitieren und wie Omar tut er es mit all dem erforderlichen Gefühl und Sinn für Rhetorik. Eines Nachmittags hörte ich ihn vor Freunden ein Gedicht vortragen. Vermutlich ist das auf den Dörfern so üblich. Sogar ein pensionierter Polizist kennt die Dichter.

An jenem Abend bei Abu Youcef nahm Abu Omar, wie immer seit seinem Herzinfarkt, keinen Kaffee, sondern trank stattdessen viel Wasser. Sein breiter, dunkler Schnurrbart, von dem Omar stets erzählte, dass er ihn färbe, schien nie mit dem, was er aß oder trank, in Berührung zu kommen. Er wirkte entspannt und glücklich. Tatsächlich fand ich ihn dieses Mal in besserer geistiger Verfassung vor als früher, auch wenn ich ihn nicht oft sah. Wir grüßten einander herzlich, wenn wir uns morgens über den Weg liefen, aber das kam selten vor, nachdem er mit seiner neuen Frau in die abgelegeneren Räume gezogen war. Wenn ich so darüber nachdenke, finde ich es erstaunlich, wie ihm das in einem Haus mit nur fünf Zimmern gelungen ist. Seit Abu Omar und seine zweite Frau zwei der Zimmer für sich reserviert hatten, wirkte es größer, als es war. Ich mochte die Frau. Doch wer konnte erwarten, dass Omar ihr gegenüber etwas anderes als Groll empfand, wie auch gegenüber der neuen Familie, diesen jungen Halbbrüdern, so süß sie auch waren, für die er eines Tages, wenn nicht schon jetzt, Verantwortung würde übernehmen müssen…

Mogeleien

Nur wenige Tage nachdem ich wieder in Kufr Soum war, kamen mehrere Besucher ins Haus; zwei oder drei ältere Paare mit einigen ihrer Kinder. Ich kannte niemanden von ihnen und konnte an der Förmlichkeit, mit der sie empfangen wurden, ablesen, dass sie nicht oft zu Besuch kamen.

Sie trafen am frühen Nachmittag ein, woraufhin sich alle auf Matratzen und Kissen vor dem Haus niederließen. Auf den Begrüßungskaffee folgte eine ruhige Unterhaltung, die über eine Stunde dauerte. Dann wurde Tee serviert. Inzwischen war die Unterhaltung lebhafter geworden, die Stimmen wurden laut und energisch. Ich verstand mehrmals das Wort *towjiihi*, den Namen der Schulabschlussprüfung, die die Schüler im ganzen Land Ende Mai ablegen.

Diese Prüfung mit gutem Ergebnis zu bestehen war die Voraussetzung, um auf eine höhere Schule gehen zu können. Sogar Randa, die Klassenbeste, würde nicht problemlos an einer Universität zugelassen werden, obwohl sie bei der Akademie für Lehrkräfte, bei der sie sich beworben hatte, bereits angenommen worden war. Die beste Schülerin zu sein hieß noch nichts, in einem armen Dorf, in dem es an guten Lehrern und Hilfsmitteln mangelte. Noch dringender brauchte man Einblicke in die Lebens- und Denkweise der städtischen Bevölkerung, eine Forderung, die für die meisten Schüler vom Dorf absolut unerreichbar war. Als ich Omar nun fragend ansah, erklärte er mir, dass einige Schüler in Kufr Soum während der Prüfung beim Mogeln erwischt worden waren und die Regierung entschieden hatte, sie exemplarisch mit einer Gefängnisstrafe zu belegen.

»Die arme Umm Mohammed«, sagte Omar und deutete auf eine redselige Besucherin, »und auch Umm Satki«, wobei er auf die Frau neben ihr zeigte, »ihre Söhne sind im Gefängnis.« Mir fiel auf, dass die Väter wenig sprachen. Zum Thema Kindererziehung schienen die Frauen immer mehr zu sagen zu haben. Sie hatten die Erlaubnis dazu, als wäre klar, dass dies ihre Domäne sei. Doch vielleicht empfanden diese Männer es auch als unwürdig, sich über das Schicksal ihrer Söhne zu beklagen.

Das war also der Grund, dachte ich, warum das Gespräch so engagiert geworden war. Omar fing an, mir einiges, was die Frauen sagten, zu übersetzen, zum Beispiel, dass die Schüler auf dem Dorf keine Chance hätten neben den Städtern, die doch nur auf geschicktere Art mogelten. Und auch wenn sie es nicht taten, hatten sie denn nicht alle Hilfsmittel zur Verfügung, die sie nur brauchten ... besonders die an den Privatschulen? Und das traf für die Mehrheit der Stadtbewohner aus der Mittelschicht zu. Hatten sie denn nicht so einen riesigen Vorsprung, dass es eine Farce war, die Schüler vom Land mit ihnen konkurrieren zu lassen? »Wenn unsere Kinder nicht ein bisschen schummeln«, rief Umm Mohammed aus, »was für eine Chance haben sie dann, ihre Lage auch nur ein wenig zu verbessern, wo alle gegen sie sind?«

Ich war nicht überrascht über die Reaktion der Regierung, nur darüber, dass es nicht schon früher geschehen war. Und ich fühlte mich an eine andere Situation drei Jahre zuvor erinnert.

Im ersten Jahr sah ich immer wieder, wie Randa mit Sahr das Haus putzte, für Gäste Tee zubereitete oder abspülte und zwischendrin immer wieder für die *towjiihi* lernte. Wir sprachen oft über das Buch *Animal Farm*, das sie für den Englischkurs lesen musste. Ich konnte mir lebhaft vorstellen, wie sich die schnauzbärtigen Männer im Erziehungsministerium gegenseitig zu diesem Fund gratulierten. Hier waren die englische Sprache, ein Stück gute Literatur und ein Anstoß in die richtige politische Richtung, alles in einem Buch vereint. Wer immer die glückliche Idee hatte, Orwells Geschichte zu verwenden, wird gewusst haben, dass die Mehrheit der Dorfjugend sich nicht viele Gedanken über politische Systeme und Ideologien machte. Das kam später, an den Universitäten – für diejenigen, die dorthin gehen würden. Die Botschaft dieses Buches konnte sie dagegen vorher erreichen und, mit ein bisschen Unterstützung durch die richtigen Lehrer, dazu beitragen, die jungen Geister zu formen und zu beeinflussen. Ich fragte mich, was wohl Orwell davon gehalten hätte, dass seine Erzählung in einem kleinen arabischen Land verwendet wurde, das versuchte, seinen Weg zwischen dem islamischen Extremismus einerseits und dem Sozialismus andererseits zu finden.

Solche Gedanken behielt ich allerdings für mich, da ich Randas Chance, die Prüfung erfolgreich abzulegen, nicht gefährden wollte. Ich half ihr, die Lektüre so zu verstehen, wie es vermutlich von den Schülern erwartet wurde. Es handelte sich schließlich um einen fremdsprachlichen Text, der nicht nur aufgrund seines literarischen Werts durchgenommen wurde (die perfekte Entschuldigung für dessen Reduktion). Und wichtig war vor allem Randas Fähigkeit, ihn zu verstehen, ein paar seiner Grundgedanken in ihrem besten Englisch wiederzugeben und diesen dann einige nicht zu komplizierte eigene Gedanken hinzuzufügen.

Mehrmals korrigierte ich ihre Aufsätze, half ihr, Fragen zum Text zu beantworten, und stellte ihr weitere. Ein paar Wochen vor der Prüfung wollte sie, dass ich einen ganzen Aufsatz schrieb, den sie auswendig lernen könnte, denn ihr Lehrer hatte deutliche Hinweise auf das mögliche Aufsatzthema zur *Animal Farm* gegeben. Zuerst weigerte ich mich rundheraus, doch dann redeten sie und Omar so lange auf mich ein, dass ich ihrem Druck schließlich nachgab. Ich bestand jedoch darauf, dass Randa mit dabei wäre und sich mit mir über den Text unterhielt, so dass wir ihn zusammen schreiben würden. Dem stimmte sie zu.

Was ich danach tat, war ein Fehler. Und doch wusste ich seltsamerweise, dass ich es unter den gleichen Umständen wieder genau so machen würde.

Am Tag der Englischprüfung, nur etwa einen Monat nach dem Tod ihrer Mutter, ging Randa morgens zur Schule, nervös, aber zuversichtlich. Das Haus und die Straße wimmelten bereits seit einigen Tagen von Menschen, seit die *towjiihi* angefangen hatte. Ich ging hinaus zu den anderen, die auf der Straße herumstanden. Das junge Mädchen, das auf der gegenüberliegenden Straßenseite wohnte, musste ebenfalls die Prüfung ablegen und ihre Mutter stand draußen und plauderte mit uns. Omar war in Mu'tah, aber Na:aameh und Aisha waren aus ihren Häusern gekommen, um Neuigkeiten zu erfahren. Zweimal ging ich mit ihnen zur Schule, die nur ein paar Straßen von unserem Haus entfernt lag. Auch vor dem Schulgebäude hatten sich Verwandte der Schüler versammelt. Es herrschte ein ständiges Kommen und Gehen und man hörte aufgeregte Kommentare zu dem, was darin vor sich gehen musste. Einige sprangen ab und zu hinter der Mauer hoch, um einen Blick in das Zimmer zu erhaschen, in dem die Prüfung stattfand. Sogar Bilaal hing mit ein paar jungen Freunden dort herum, etwas abseits der anderen Leute. Einmal, so wurde mir erzählt, war ein Lehrer herausgekommen und hatte die Leute weggeschickt, aber sie waren in der Nähe geblieben. Für eine Weile wurde es etwas leiser, doch dann rief jemand, dass er einen Schüler, einen Verwandten, hinter einem der Fenster erkannt hatte, und die Spannung explodierte erneut.

Ich war wieder nach Hause gegangen und saß in dem Zimmer neben der Küche, als Aisha mit einem Zettel in der Hand hereingestürzt kam, auf dem ich Randas Handschrift erkannte. Sie deutete darauf.

»Die Frage. Die Frage. Schnell, Michèle, antworte.«

Sie machte eine Schreibbewegung.

In kürzester Zeit hatte ich einen Bogen Papier vor mir liegen und einen Stift in der Hand. Um mich herum drängten sich die Menschen. Mir war klar, dass es wenig oder gar keine Auswirkung auf Randas Ergebnisse haben würde, wenn ich jetzt einen Aufsatz schrieb. Ihr Glaube an die Fähigkeit von Muttersprachlern in solchen Situationen war absolut unrealistisch. Randa hatte schon immer Schwierigkeiten gehabt, meine Handschrift zu lesen, und bat mich darum, in Druckschrift zu schreiben, was jedoch nicht so schnell ging. Ich hatte zu wenig Zeit, um einen ganzen Aufsatz zu schreiben, und ich vertraute Randas eigenen Fähigkeiten mehr als alle anderen. Aber es schien, als wäre das ganze Dorf herbeigeströmt, um Randa zu unterstützen und um meine Loyalität zu prüfen. Ich sah zu Na:aameh hoch, die zwischen den anderen stand und ihr jüngstes Kind Mu'áwiya auf dem Arm trug. Sie hatte auf mich immer wie die Vernünftigste und Reifste der Familie gewirkt. Nun erwiderte sie meinen Blick mit einem Nicken.

»Hilf, Mishaal, hilf Randa.«

Ich weiß noch, wie ich den Blick zum Himmel hob, mit einem Ausdruck zwischen Resignation und Verschwörung. Aisha stellte ihr eine Frage und machte wieder diese Schreibbewegung. Dann drehte sie sich zu mir um und wiederholte, diesmal noch aufgeregter, ihre Bitte: »Schreiben, Mishaal, schnell, schnell.«

Und ich schrieb.

Ich habe nie erfahren, ob meine eineinhalb Seiten damals ihren Bestimmungsort erreichten. Aisha riss sie mir aus den Händen, bevor ich den letzten Punkt gesetzt hatte, um dann damit loszurennen. Wie wollten sie sie über die Mauer und in das Klassenzimmer schmuggeln und was sollte Randa damit anfangen? Das waren Mysterien, denen ich nicht auf den Grund gehen konnte und die von jenen, die sie kannten, nicht preisgegeben wurden. Ich fragte zwar später, ob Randa meinen Text erhalten habe, aber sie antwortete ausweichend und mir wurde klar, dass es naiv war, eine Antwort zu erwarten.

Ich konnte mir beim besten Willen nicht vorstellen, dass die stets energiegeladene Randa an jenem Tag im Klassenzimmer saß und einfach nur wartete. Es gab noch andere Prüfungsfragen zu beantworten und sie wird wohl auch versucht haben, ihren eigenen Aufsatz zu schreiben, falls meiner nicht ankommen würde. Doch was genau sie schrieb und ob sie mein Blatt benutzte oder nicht, wird für immer ihr Geheimnis bleiben.

Noor

Hochzeit – und das Tote Meer

Es ist so gut, dass wir beide, du und ich, jetzt hier sein können und uns gemeinsam an dieser Hochzeit erfreuen, der Hochzeit von Freunden.

Wir stehen so weit vorne in der Kirche, dass wir die Zeremonie genau mitverfolgen können. Ich habe das Gefühl, das, was zwischen uns geschehen ist, hat unsere Sensibilität für dieses Ritual intensiviert. Wir haben beide ein erhöhtes Bewusstsein. Bei meinem letzten Besuch hatte ich keinen Verdacht bezüglich der anderen Frau in deinem Leben – bis du über die Hilfsbereitschaft jener »schottischen Lady« gesprochen hast. Du hattest sie nicht mit ins Dorf gebracht. Ich glaube, du warst damals noch im Zwiespalt, versuchtest dir einzureden, dass du dich für immer von ihr getrennt hattest. Ich spürte jedoch, dass etwas anderes, Irritierendes von dir ausging. Deshalb drängte ich dich nicht. Das Wesentliche wusste ich schon und es schmerzte bereits.

Es lief so viel falsch bei meinem Besuch vor achtzehn Monaten. Ich glaube, dass das Wetter einiges damit zu tun hatte. Regen, Wind und dann die unerwartet heftigen Schneefälle. Es gab mehr Schnee, als die ältesten Leute im Dorf erinnern konnten, mehr, als in jenen Hügeln und Wadis des Nordens je gemessen worden war. Doch schon bevor es zu schneien begann, machten sich die ersten Vorzeichen bemerkbar. Mit Ausnahme des Abendessens im Haus von Abu Youcef endete jede unserer Handlungen und Entscheidungen in einem Missgeschick. Und jedes Abenteuer verwandelte sich in einen Alptraum, wie zum Beispiel jener schreckliche Ausflug, den wir mit unserer Familie machten, der Tiefpunkt meines Aufenthalts. Im Rückblick sehe ich nun, dass er den Wendepunkt darstellte, auch wenn ich es damals noch nicht wusste.

Es lag nicht daran, wie du dich damals verhieltst. Das ist das Seltsame daran. Es war nur der Ausflug selbst und die Art, wie sich alles entwickelte. Adnan fuhr uns in seinem Bus und so kamen auch Na:aameh und die Kinder mit. Randa und einige andere waren auch dabei. Daher erlebte ich die Enttäuschungen nicht als Einzige, aber ich allein betrachtete sie als Vorzeichen.

Anfangs war es eine Fahrt wie jede andere, ein Ausflug, etwas, auf das man sich freuen konnte. Für mich war es das Vergnügen, in eine mir unbekannte Gegend zu fahren. In Irbid wurden wir lange aufgehalten – ich erfuhr nie genau, warum –, und während wir dort warteten, fing es plötzlich heftig an zu regnen. Die Straßen waren in Minutenschnelle überflutet und zu Schlamm geworden. Der Wind peitschte das Wasser gegen die Scheiben unseres Busses.

Als wir in Richtung Süden fuhren, ließ das Unwetter etwas nach. In einer kleinen Stadt im Jordantal machten wir Halt, um ein paar jener kleinen, runden Brote zu kaufen. Dabei konnten wir zusehen, wie sie im Steinofen gebacken wurden. Als wir danach wieder im Bus saßen, ließen wir die dampfenden Brotlaibe herumgehen und jeder riss sich Stücke davon ab.

Etwas später deutetest du unbestimmt nach rechts in Richtung der Brücken auf eine andere Welt, auf ein Land, das parallel neben deinem liegt, ein entfernter Nachbar und Cousin, durch den Fluss von dir getrennt. Dann wurde der Regen wieder heftiger. Die Parks und Obstgärten, von denen du mir begeistert erzählt hattest, der Stolz des Landes, waren kaum zu sehen, ihre leuchtenden Farben verblassten hinter dem Vorhang aus strömendem Regen.

Schließlich erreichten wir eine tiefe, helle Senke. Vor uns breitete sich eine riesige Fläche aus, die angeblich aus Wasser bestand. Es hatte die Farbe von Blei und erstreckte sich bis weit in die Ferne. Darüber wölbte sich ein ebenfalls bleifarbener Himmel, an dem eine verschleierte Sonne stand. Der Wind war zwar nicht abgeflaut, aber mit einem Mal merkwürdig warm geworden. Als wir an den Rand des Toten Meeres traten, sahen wir, dass sich die Wasseroberfläche heftig bewegte und sich überall Wirbel bildeten. Das Meer schien zu wüten wie ein wildes Tier. Wo war die tragende Wasseroberfläche, auf der man mit einem Buch und einem Sonnenschirm liegen konnte, wie ich es in den Schulbüchern meiner Kindheit gesehen hatte? Fast alle Mitglieder deiner Familie waren schon einmal am Toten Meer gewesen und jetzt bestätigten sie mir, dass sie es noch nie in einem solch aufgewühlten Zustand gesehen hatten. Voller Staunen starrten wir es an.

Etwas von der Küste entfernt in den Dünen machten wir ein Feuer, um uns ein Mittagessen zuzubereiten, wobei der Bus als Windschutz diente. Wir beeilten uns mit dem Essen und schlangen die kurz gebratenen Lammkoteletts hinunter, bevor sich der Sand darauf legen konnte. Als wir danach noch einmal zum Wasser gingen, mussten wir gegen die vom Wind aufgepeitschten Salzkristalle ankämpfen, die die Haut auf meinen nackten Armen verbrannten und sich zu einer Schicht verfestigten, die an Zement erinnerte. Ich versuchte, diesem Ort mit Humor zu trotzen. »Nicht tot, dieses Meer«, sagte ich zu den anderen, »nur sehr, sehr wütend.«

Kurz darauf fuhren wir wieder ab. Auf dem Rückweg setztest du dem misslungenen Ausflug die Krone auf, indem du sagtest: »Muslime glauben, es bringt Pech, zum Toten Meer zu fahren. Es ist der Ort der Städte in der Ebene. Sie wurden von Gott zerstört und es heißt, wenn du hierher kommst, tritt der Teufel in dein Herz.«

Warum hast du mich dann an diesen Ort geführt? Du bist doch schon vorher dort gewesen, und die anderen auch, sollten deine Worte also nur mich betreffen? Ich habe seitdem versucht, diesen Ausflug zu vergessen. Hast du mir, in einem vernünftigeren Moment, nicht geraten, die Vergangenheit zu vergessen? Ich aber habe nicht auf dich gehört und nun blicke ich, wie Lots Weib, immer noch zurück.

Das Hotel

Während ich auf dieser Hochzeit neben Omar stehe, spüre ich, wie viele seiner Eigenarten ich schon vergessen hatte. Es ist jetzt achtzehn Monate her, seit ich ihn das letzte Mal gesehen habe. Doch innerhalb nur weniger Tage hat er für mich wieder Gestalt angenommen, durch diese vielen Kleinigkeiten, die wir unmerklich an einer Person wahrnehmen: die Art, wie er dasteht, wie er geht, spricht, seinen Tee trinkt. Wenn ich wieder wegfahre, werde ich mich dann gut genug an ihn erinnern? Gut genug wofür? Das Feld des Vergessenen wächst und breitet sich aus, während wir uns rasend schnell voneinander wegbewegen. Der zarte Faden der Erinnerung zieht sich in die Länge und wird immer dünner.

Was im Laufe der letzten paar Jahre passiert ist, musste seine Spuren hinterlassen. Als ich von Schottland nach Perth ging, widmete ich die meiste Zeit meiner Mutter. Die Krankheit hatte bereits begonnen, ihren Tribut zu fordern, aber wir hatten noch ein ganzes Jahr zusammen, bevor sie starb. Es war ein sehr gutes Jahr, das ich gegen nichts eintauschen wollte. Dennoch geschieht Verdrängung immer in Abwesenheit.

Es ist unmöglich, so zu tun, als existierte die andere Frau nicht, als hätte sie ihn nicht mehrmals in Mu'tah besucht und als hätte er sie nicht ins Dorf mitgenommen, wenn auch nur für kurze Zeit. Sie war ebenfalls aus dem Westen. Wenn sie Araberin gewesen wäre... Wenn er nicht so weit gegangen wäre, sie dorthin mitzunehmen... Sie lernte die Familie kennen – seinen Vater, seine Schwestern, seine Cousins, seine Onkel – und diese erzählten mir in Briefen und Telefonaten von ihr, so wie sie ihr vermutlich von mir erzählten. Einige mochten sie. Einige wünschten, dass ich zurückkehrte und meinen rechtmäßigen Platz einnahm.

Ein Jahr später kam der Brief mit den jordanischen Briefmarken darauf, von dem ich dachte, er sei von ihm. Erst als ich ihn öffnete, sah ich, dass es nicht seine Schrift war. *Ich* bin jetzt Omars Frau, war dort zu lesen, du nicht mehr. Einfach so. Und noch ein paar andere Dinge, unwichtigere, wie wohlhabend sie sei und wie sie ihm all die schönen Orte in Schottland gezeigt habe, in Irland, in Jordanien und auch jeden Ort, den er und ich so gern gemeinsam besichtigt hätten. Es war deutlich, dass sie die Tiefe jeder unserer Hoffnungen und Träume ausgelotet und dann ihren Pfahl exakt so weit hineingetrieben hatte.

»Es ist vorbei und es bedeutet mir nichts«, sagte er mir, als ich ihn anrief. »Sie ist wütend, weil ich sie verstoßen habe. Schreib ihr einen bösen Brief. Mach es ihr klar, so wie ich es getan habe.« Ich schrieb ihr tatsächlich, schickte ihr die spitzen Stacheln zurück, die sie mir gesandt hatte. Aber das konnte nicht so weitergehen. Es folgte ein zweiter Brief, doch bevor es womöglich immer so weitergegangen wäre, schickte ich ihr die beiden letzten Briefe zurück. »Vorbei«, hatte er mir gesagt, aber eine Tat zieht sich durch Zeit und Raum, ihre kleinsten Wogen verzerren das, was gewesen sein könnte. Nun werde ich nicht nur jedes Mal, wenn Omar und ich uns trennen, sondern auch jedes Mal, wenn ich ihn sehe, das Gefühl einer Niederlage haben. Habe ich etwas übersehen? Wer ist dieser Mann, an den ich mich zu erinnern versuche?

Da war seine Wut. Sie war finster. Im Laufe der Jahre fand sie verschiedene Objekte. Als Na:aameh und Aisha kurz davor waren zu heiraten, schlug er sie in selbstgerechtem Zorn über die Wahl ihrer Ehemänner. Als ältester Bruder, damals selbst noch jung, war er sich seiner Rolle sicher, wusste, dass dies von ihm erwartet wurde. Dennoch hatte er Sahr dafür bewundert, dass sie sich ihrem Vater widersetzte, als der versucht hatte, sie zu verheiraten. »Mein Vater und mein Onkel zwingen mich«, hatte sie dem Richter gesagt, der bei der Heirat den Vorsitz hatte führen sollen. Daraufhin hatte der Richter sowohl den Vater als auch den Onkel daran erinnert, dass erzwungene Ehen in Jordanien inzwischen illegal waren, und sie für eine Woche ins Gefängnis gesteckt.

Jetzt ist alles anders. Bald wird Randa an der Reihe sein und Omar freut sich für sie, denn sie heiratet einen Cousin zweiten Grades, den die ganze Familie sehr gern hat, einen von Abu Karims Söhnen. Während wir in Schottland waren, schrieb Randa oft an Omar. Kurz nachdem ihr Brief an mich eingetroffen war, hatte sie an Omar geschrieben, dass eine Familie an ihren Vater herangetreten war, um ihren Sohn mit ihr zu verheiraten. Sie wollte diesen Mann nicht, wurde aber gedrängt zuzustimmen, den Vertrag zu unterzeichnen. Nur die Hochzeit selbst stand noch aus, aber Randa hatte einen starken Willen und erkannte, dass es falsch gewesen wäre. Sie schrieb Omar: »Ich fühle mich elend. Bitte versuche, unseren Vater umzustimmen.« Omar schrieb an beide zurück: Er ermutigte Randa, den Vertrag zu brechen, und rügte seinen Vater, dass er sie hatte zwingen wollen, einen Mann zu heiraten, den sie nicht wollte. Es hatte gewirkt.

Omar war stets wütend auf die Leute aus der Stadt, auf den Wohlstand, auf die kommerzielle Welt und ihr Eindringen in seine eigene. Nicht, weil sie kommerziell war. Er liebte es, ein gutes Geschäft zu machen. Doch wenn die Aufrichtigkeit im Umgang der Menschen miteinander verloren ging, wenn er sah, dass Einzelne sich hinter der Anonymität versteckten, um andere zu berauben und zu verletzen, hatte er nur Wut und Verachtung dafür übrig. Für ihn war die Stadt eine weitere gesichtslose Maske dieses Eigeninteresses.

An einem schönen Sommertag trafen wir Maher, einen alten Freund von Omar, in Amman. Es war unmittelbar nach unserer Hochzeit und kurz bevor meine Mutter uns besuchen kam. Ich kannte Maher noch aus unseren Studententagen in den Vereinigten Staaten und hielt ihn für einen von Omars besten und treuesten Freunden. Er führte uns zum Mittagessen ins Dachrestaurant eines großen Hotels aus. Man hatte dort keinen besonderen Ausblick, stattdessen war alles voller Pflanzen und Hängekörbe. Etwas stimmte nicht mit diesem Ort und auch das Essen war schrecklich. Es war fad bis zur Geschmacklosigkeit und völlig lieblos auf die Teller gehäuft worden. Ich fragte mich, ob die Leute, die dieses Hotel führten, dies für den westlichen Geschmack hielten. War es das, was sie wollten? Maher hatte uns wahrscheinlich dorthin eingeladen, weil er dachte, ich würde mich nach so langer Zeit im Dorf über westliches Essen freuen; vielleicht würde ich Gefallen finden an dem Hauch von Luxus. Und mehr als ein Hauch war es auch nicht.

Es war nicht gerade höflich von Omar und mir, uns zu beschweren, aber wir taten es trotzdem. Mir selbst war es zuerst peinlich, denn ich wusste, dass Maher sehr viel für das Essen zahlen würde. Dennoch sagte ich ihm, er müsse sich nicht auf meine Herkunft einstellen, denn ich liebte die Dinge so, wie ich sie am jeweiligen Ort vorfand. Ich wusste, dass er das Eindringen ausländischen Lebensstils im Namen der Modernität ebenso verabscheute wie Omar. Und ich sagte ihm, auch ich bedauere es, dass den traditionellen Dinge häufig so wenig Wert beigemessen wurde.

Omar dagegen war richtig verärgert. Er schimpfte sowohl auf den modernen städtischen Lebensstil aus dem Westen, wie er sich in seinem Land zeigte, als auch auf die Araber, die dies alles geschehen ließen. Maher war, wenn auch weniger lautstark, genauso verärgert über das Essen, das man uns aufgetischt hatte, und hatte daher Verständnis für unsere Reaktionen. Als wir später einen Nachmittagsspaziergang unter dem Säulengang unternahmen, Fotos machten und durch die Altstadt bummelten, war der üble Nachgeschmack, den das Essen hinterlassen hatte, vergessen. An seine Stelle war das Gefühl getreten, dass wir etwas gemeinsam hatten.

Ja, Omar kommt immer mehr zu mir zurück. Hier bei dieser Hochzeit ist meine Zeit mit ihm, die Vergangenheit und die Gegenwart, noch einmal wie ein Film in meinem Kopf abgelaufen. Und mit ihm kommen die Gerüche und Bilder zurück, die Zuneigung, die Hingabe, die Freundschaft... die Einschränkungen. Und auch etwas von der Wut. In ein paar Tagen werde ich wieder abreisen und das Gefühl von Verlust wird sich wieder einstellen – jenes Gefühl, das mit unserer ersten Trennung begann und sich durch den Brief vor sechs Monaten vertiefte. Ich werde den gleichen Weg gehen, von intensiver Erinnerung weiter durch die Mischung aus Sehnsucht und Wut – meiner eigenen Wut – bis hin zu einem allmählichen Abblenden. Dieses Gefühl für ihn ist jetzt hier bei mir, aber die Zukunft entfernt sich von der Gegenwart, so wie die Gegenwart von der Vergangenheit abgetrieben ist.

Auntie

Auntie hatte eine hohe, zittrige Stimme, die älter wirkte, als sie war, fast wie die von Großmutter. Sie stand Rihaab sehr nahe, und als sie noch nebenan gewohnt hatte, war sie oft vorbeigekommen. Sie war es, die mehr als alle anderen verstand, was Rihaab durchlitten hatte, da sie so viel Zeit mit ihr verbracht hatte. Sie war Onkel Ahmeds Ehefrau und ihr vertraute Rihaab sich an, wenn Großmutter sie schlecht behandelte.

Früher, als Großmutter noch jünger war, hatte man es nicht leicht gehabt, wenn man nicht gut mit ihr stand. Sie war eine Matrone, die in jedem Haus Schwiegertöchter hatte, die sie schalt und rügte. Und miteinander verglich. Durch die Krankheit wurde Rihaab schwächer und in Großmutters Augen immer nutzloser.

Doch Auntie hatte Verständnis.

Auntie hatte zwar keine Herzprobleme wie Rihaab, aber mit den Jahren hatte sie Diabetes bekommen und so bestand ihr Umgang miteinander aus mehr als nur Anteilnahme und dem Austausch von Vertraulichkeiten. Ihre Krankheit schränkte sie nicht so stark ein wie Rihaabs. Sie konnte zum Beispiel Kaffee mahlen, was sie auch oft tat – in unserem Haus und in ihrem eigenen. Als meine Mutter einmal bei uns im Dorf war, bat ich Auntie, etwas frischen Kaffee zuzubereiten, damit meine Mutter sich an dem Geräusch des Kaffees, der in dem großen Steinmörser gemahlen wurden, erfreuen konnte. Sie gab mir daraufhin zu verstehen, dass dies keine Vorführung für Gäste sei, und ich spürte, dass ich zu viel von ihr verlangt hatte. Doch dann tat sie mir trotzdem den Gefallen. In der Zwischenzeit wurde Temaam, die mit ihr hereingekommen war, losgeschickt, ihren Vater aus dem Nachbarhaus zu holen. Zum Glück war Onkel Ahmed an jenem Tag zu Hause und nach einer Weile kam er herüber. Darauf reichte sie ihm den Stößel, mit dem sie in gleichmäßigem Rhythmus die Kaffeebohnen zerstoßen hatte. Unter seiner Handhabung wurde der Schlag schneller und kräftiger. Ich habe ein Tonband von diesen Geräuschen, unterbrochen durch die Unterhaltungen auf Arabisch und Englisch, die wir führten.

Auntie starb kurz bevor die heftigen Schneefälle einsetzten. Ich war damals in Amman gelandet und für jenen schicksalhaften letzten Aufenthalt direkt ins Dorf gebracht worden. Man sagte mir, Auntie sei im Krankenhaus und sehr schwach. Da sich eine ihrer älteren verheirateten Töchter in Aunties Haus nebenan aufhielt, wusste ich, dass es ernst um sie stehen musste.

Die traurige Nachricht erreichte uns am zweiten Tag meines Aufenthalts. In jener Nacht und am nächsten Vormittag verbrachten wir mehrere Stunden im Nachbarhaus. Das Hauptzimmer war bis auf die Wandmatratzen frei geräumt worden. Obwohl es das größte Zimmer war, war es an beiden Tagen voller Frauen, die an den Wänden saßen und stundenlang blieben, dann fortgingen, um später wiederzukehren und sich mit anderen Frauen zusammenzusetzen. Ich ging mit Yasmine und Randa dorthin, manchmal mit Na:aameh oder Aisha, und jedes Mal, wenn wir eintraten, machte ich mit ihnen die Runde. Dabei standen die Frauen eine nach der anderen auf und nahmen unsere geflüsterten Grußworte entgegen, erwiderten sie und küssten uns auf beide Wangen oder schüttelten uns die Hände. Während wir an der Wand saßen und gelegentlich die Plätze tauschten, plauderten wir in gedämpfter

Lautstärke mit der einen oder anderen und erhoben uns für weitere Begrüßungen, wenn eine neue Gruppe Trauernder eintrat. Obwohl ich die Familie bereits seit vier Jahren kannte, lernte ich immer noch neue Verwandte kennen, sogar eine weitere Tochter von Auntie, die weit weg lebte und zum Begräbnis gekommen war.

Die Männer saßen in einem anderen, kleineren Zimmer. Es schien mir gut und richtig, dass die Frauen unter sich blieben. Dann hörte ich, wie sich aus einem anderen Teil des Hauses Frauenstimmen näherten, die im Chor die Worte »*la iláh ill'allah*« wiederholten. Die Frauen trugen Aunties Leichnam herein, der bis auf das Gesicht in ein Leichentuch gehüllt war, und legten ihn in der Mitte des Zimmers nieder. Eine nach der anderen knieten wir uns neben die tote Auntie und küssten ihr Gesicht zum Abschied.

Es kam mir vor wie ein seltsamer Zufall, dass ich beim Abschied von Rihaabs lieber Freundin, Nachbarin und Schwägerin anwesend sein sollte, nachdem ich es, mehr als drei Jahre zuvor, nicht geschafft hatte, Rihaab selbst zu verabschieden. Seltsam war auch, dass ich, als Auntie zum Friedhof getragen wurde, wieder nicht dabei war. Allerdings hatte ich draußen gewartet, während die Frauen von Onkel Ahmeds Familie die letzten Vorbereitungen im Haus trafen.

Ich saß mit Na:aameh und ihren Kindern auf einem Stein am Fuß einer Ampel. Aus dem Lautsprecher der Moschee ertönte eine Stimme. Zuerst dachte ich, sie habe etwas mit Aunties Tod zu tun, doch dann merkte ich, dass sie zu heftig klang, als halte sie eine Schmährede. Ich erkannte die Wörter »Amreeka« und »Meesterrr Bhooush«. Fragend sah ich Na:aameh an. Seit dem Golfkrieg war bereits mehr als ein Jahr vergangen. Schon bevor wir vor etlichen Jahren nach Schottland abgereist waren, war mir aufgefallen, dass die meisten Jordanier sich für Leute aus dem Westen interessierten, besonders für Amerikaner. Auch wenn alle Nichtaraber immer Ausländer – *ajnab* – genannt wurden, waren die Menschen hier doch Fremden gegenüber offen und gastfreundlich. Als ich Na:aameh jetzt zu diesen anklagenden Worten befragte, wirkte sie peinlich berührt. Mit etwas Mühe teilte sie mir mit, dass Freitag sei und die Menschen zur Moschee gingen, um die Predigt zu hören. Ich hatte jedoch noch nie zuvor eine so laute und lange Freitagspredigt gehört. Als Omar zu uns trat, erklärte sie ihm, was ich gefragt hatte. Er wandte sich mir zu und sagte: »So ist es nun mal, Schatz. Geh eine Weile ins Haus. Du musst dir das nicht anhören. Ich rufe dich, wenn sie Auntie bringen.«

Ich wäre genauso gern einfach da geblieben und hätte gewartet, aber ich wollte mich umziehen und brauchte dringend eine Pause von dem stundenlangen Sitzen, das ich nicht mehr gewohnt war. Ich war gerade ein paar Minuten im Haus, als Omar von draußen nach mir rief.

»Sie gehen jetzt los. Beeil dich, wenn du sie auf dem Weg zum Friedhof sehen willst.«

Er hatte erklärt, dass die Männer sie tragen würden. Die Frauen hatten ihre Aufgabe erfüllt.

Es war Winter und ich war gerade dabei, mir ein Paar Socken anzuziehen, als er rief. In kürzester Zeit war ich aus der Tür und suchte meine *khofái*, aber als ich auf der Straße stand, war alles bereits wieder still und leer. Auch Omar war fort und ich sah nur Na:aameh und ein paar andere Frauen, die mit ihren Kindern am Straßenrand saßen.

»Und Auntie?«, fragte ich Na:aameh.

»*Dhahabat.*« (Sie ist weg.)

Als ich mich daraufhin auf den Stein neben sie setzte, drückte Na:aameh leicht meinen Arm. »Schnell«, sagte sie auf Englisch. »Sterben, dann gehen in . . .«, sie klopfte mit der anderen Hand auf die Erde und lächelte mich an.

»Erdboden«, sagte ich. »Friedhof.«

»Ja, in Erdboden«, antwortete sie und ergänzte: »Sehrr sehrr schnell.«

Noor

Ich muss die Dinge gegeneinander abwägen. Nicht die ganze letzte Winterreise war trostlos. Es gab auch Augenblicke, die beinahe vollkommen waren – wenn sie auch nicht direkt mit mir und Omar zusammenhingen –, Augenblicke, in denen ein paar Dinge, die mir verwirrend erschienen waren, anfingen... nicht Gewissheit, sondern eine Richtung zu bekommen.

Ich war gerade ein paar Wochen wieder im Dorf, als Omar zu mir sagte: »Wir besuchen heute Abend Majiid, wir sind eingeladen.«

Als wir ankamen, sah ich die beiden Frauen zusammen, aber von Anfang an war mir klar, dass Ibtisaam den ihr gebührenden Platz als erste Frau im Haus innehatte. Ibtisaam war unsere Gastgeberin, während Khola, in ihrem sorgfältig gebügelten und fleckenlosen grauen Kleid, schweigend einen Teller nach dem anderen hereinbrachte – mit köstlichem Essen, das sie und Ibtisaam den ganzen Tag zubereitet hatten.

Ich fragte Khola, ob sie mit uns essen würde, worauf sie schüchtern und zurückhaltend verneinte. Als sie hinausging, um mehr Essen zu holen, sagten Majiid und Ibtisaam mir, einer nach dem anderen, dass sie die Kinder ins Bett bringen müsse. Ich dachte: Ob es wohl immer so ist? Oder ob Khola, zu anderen Gelegenheiten, für andere Gäste, auch Gastgeberin sein konnte? Ich ertappte mich dabei, wie ich sie gegen meinen Willen neugierig beobachtete, peinlich berührt und doch wie gebannt. Und ich versuchte, aus jedem Wort oder jeder Geste einer der beiden Frauen eine Bedeutung herauszulesen. Nachdem Khola uns begrüßt hatte, sagte sie nichts mehr. Sie begab sich bald in einen anderen Teil des Hauses und kehrte nicht mehr zurück. Ich wollte ganz ehrlich und frei heraus fragen, ob sie nicht bleiben könne, aber ich spürte, dass es taktlos gewesen wäre, weitere Fragen zu stellen. Majiid und Ibtisaam hatten mir bereits mit der Art von Geduld und Freundlichkeit geantwortet, die Ausländern gegenüber üblich ist. Mir fiel auf, dass ihre Gastfreundschaft und sehr höfliche Freundlichkeit, die in meinem Land so leicht als Heuchelei missverstanden wird, nicht mehr von einem Ritual hatte als die viel gepriesene Offenheit und Zwanglosigkeit der modernen westlichen Welt.

Dennoch fragte ich mich weiterhin, wie es sein mochte, eine _darra_ zu sein, eine »Nebenfrau«, wie es jede auf die erste Frau folgende ist. In Jordanien sind solche Ehen weniger üblich als zum Beispiel in Saudi-Arabien. _Darra_: ein Wort, das ich nicht mit Inhalt füllen kann. In diesen Dörfern, in denen alt und neu häufig miteinander in Konflikt geraten, wird die Bedeutung des Wortes _darra_ wohl ständig neu definiert. Viele geben vor, das Wort gar nicht zu kennen. Ich merkte, wie meine Gedanken in meine Kindheit zurückwanderten. Eine Zweitmutter war undenkbar, nicht möglich in meinem Familienleben, in dem die europäische Vorstellung des ehelichen Bandes vorherrschte. Woanders hingegen, außerhalb meines Kopfes und meiner Gemeinschaft, gibt es das Undenkbare. Woanders und doch in dieser Welt.

An jenem Abend glich Omars Geselligkeit mein zurückhaltendes Verhalten aus. Er unterhielt sich in leicht plauderndem Tonfall mit den Gastgebern und seine meist heitere Stimmung ließ den Besuch reibungslos verlaufen.

Einige Tage später, irgendwann vormittags, hörte ich, wie Sahr und Randa eine Besucherin am Tor begrüßten. Es war Khola. Ohne zu zögern, setzte sie sich zu mir ins vordere Zimmer des Hauses, in dem die Gäste empfangen wurden. Es war nichts Zurückhaltendes an ihr. Obwohl ihre Art und ihre Stimme noch immer unterwürfig waren, wirkte sie gelassen und selbstsicher.

Zu meiner Überraschung brachten Omars Schwestern uns gesüßten Kaffee und verließen das Zimmer, bald nachdem sie ihre Tassen geleert hatten. Da begriff ich, dass Khola gekommen war, um mich allein zu besuchen. Wir sprachen von diesem und jenem und schafften es, uns trotz der Sprachschwierigkeiten zu verständigen. Ihr Englisch war weit besser, als ihr Schweigen ein paar Tage zuvor mich hatte glauben lassen. Als Khola wieder fort war, klangen ihre Worte in mir nach, mit denen sie mich überrascht hatte, obwohl sie sie mitten in unserer Unterhaltung nur beiläufig ausgesprochen hatte.

»Ich spreche Englisch, Mishaal. Ich bin eine Lehrerin. Ja, ich habe aufgehört, um die Kinder zu bekommen, aber ich werde wieder unterrichten, *insha 'Allah*. Ich habe mein Zeugnis, Mishaal, mein Zeugnis, um Englisch zu unterrichten.«

Aunties Beerdigung war nicht die einzige, die während dieses Aufenthalts stattfand. Auch der Onkel in Samar war gestorben. Und wieder war es, kurz bevor der Schnee fiel.

Es geschah nicht lange nach Aunties Tod. Der Tag hatte bereits ungewöhnlich begonnen, da Sahr sich nicht ihren üblichen Haushaltspflichten gewidmet, sondern aus einer Laune heraus den Vormittag damit verbracht hatte, herumzusitzen und mit ihrem Neffen zu spielen. Es war der kleine Junge von Omars Bruder Saleh. Sahr war früh aufgewacht, um zu Salehs Haus zu gehen und Odaiyeh abzuholen, den Sohn, nach dem Saleh und Nawal sich so lange gesehnt hatten. Sie hatten nach

Amira zunächst noch eine Tochter bekommen. Dann, ein paar Monate vor meiner Reise, wurde ihr Sohn geboren und damit ihr Wunsch erfüllt. Ein drittes Kind bedeutete aber auch, dass sie beide arbeiten mussten Doch auch das brachte nicht mehr so viel wie früher. Sie hatten gerade ihr neues Haus gebaut und mit den Hypothekenzahlungen begonnen, als während des Golfkriegs die jordanische Währung fiel. Der kleine Odaiyeh hatte Asthma und die spezielle Säuglingstrockenmilch, die er brauchte, war teuer. Dann war da noch die Frage, wer sich um ihn kümmerte, während sie beide arbeiteten. Obwohl sie Glück hatten, Lehrerstellen in nahe gelegenen Schulen gefunden zu haben, gab es Zeiten, in denen sie beide morgens unterrichten mussten. An diesen Tagen richtete es Sahr so ein, dass sie Odaiyeh zu uns nach Hause brachte und sich um ihn kümmerte, bis seine Mutter ihn mittags abholen kam.

Sahr mochte dieses Kind besonders und hatte beschlossen, an diesem Tag *kohl* auf seine Augen aufzutragen. Als sie fertig war, rief sie mich und wir bewunderten gemeinsam seine großen Augen. Plötzlich erstarrte Sahr, als habe sie etwas Ungewöhnliches gehört. Sie legte das Baby beiseite, stand auf und ging nach draußen, wobei sie mich fragte, ob ich auch etwas gehört hätte. Ich folgte ihr in den Hof, dann durch das Tor hinaus auf die Straße.

»Ja. Jemand ruft aus einer Moschee.«

Ich hatte noch nie erlebt, dass dies außerhalb der Gebetszeiten geschehen war.

Sahr nickte und deutete auf den Olivenhain hinter dem Haus.

»Ja. *Min Samar. Min al jam:ah fi Samar.*« Aus Samar. (Aus der Moschee in Samar.)

Wir gingen die Straße entlang zu einem Aussichtspunkt, von dem aus man in der Ferne die Dächer von Rihaabs Heimatdorf sehen konnte, die Spitze der Moschee und das Minarett. Es war kleiner als unser Minarett, aber älter und aus jenem rosafarbenen Stein erbaut, der mir immer viel besser gefallen hatte als der Beton unserer Moschee. Sie hörte eine Weile zu und meinte dann, den Namen eines Onkels gehört zu haben, eines älteren Bruders von Rihaab. Wenn das stimmte, musste er gestorben sein, denn er war sehr krank.

»Alt, Mishaal, alt. *Wa mariid.*« (Und krank.)

Samar lag nicht weit entfernt von Kufr Soum, dennoch weit genug, dass ich mich immer wieder fragte, wie Neuigkeiten in allen Einzelheiten so schnell von einem Dorf ins andere gelangen konnten. Als Nawal kam, um Odaiyeh abzuholen, war der Tod bestätigt worden und am späten Nachmittag saßen wir alle in Adnans Bus auf dem Weg nach Samar. Dort kamen wir gerade rechtzeitig an, damit die Männer dem Leichnam zum Grab folgen konnten. Ich ging mit den Frauen in das Haus einer Schwester des toten Mannes. In seinem eigenen Haus nebenan würden sich später die Männer drängen.

Im Haus gab es wenig Licht, als hätte man es absichtlich dunkel gelassen, und es saßen bereits viele Frauen an den Wänden, die sich leise unterhielten. Ich ging zwischen Sahr und Na:aameh von einer Frau zur anderen und brachte ein gedämpftes »*Marhabah*« vor, während eine nach der anderen aufstand, um uns zu begrüßen. Mitten in dieser Runde wurde mein Blick auf eine Frau gelenkt, die am anderen Ende des Zimmers saß. Sie hatte geholfen, den Tee zu servieren. Als sie sich wieder hinsetzte, wurde Na:aameh und mir ein Platz auf der Fensterseite angeboten. Ich konnte nicht verstehen, warum mein Blick immer wieder in ihre Richtung wanderte, und dachte, dass ich sie womöglich unhöflich anstarrte.

Dann machte sie eine zufällige Bewegung mit dem Kopf und im gleichen Moment fiel es mir ein. Ich erkannte ihre Kopfbewegung wieder und die Art, wie sie den Arm hob.

Während ich sie quer durch das Zimmer beobachtete, wurde ich von dem Eindruck überwältigt, eine jüngere Ausgabe von Rihaab vor mir zu sehen.

Ich wartete einen geeigneten Moment ab, um Na:aameh die Frage zuzuflüstern, wer diese Frau sei, die am anderen Ende des Zimmers saß und Rihaab so ähnelte. So eine Ähnlichkeit mit Rihaab, wiederholte ich, mein Staunen zum Ausdruck bringend. Na:aameh freute sich, dass ich die Ähnlichkeit bemerkt hatte. Sie sagte mir, die Frau sei ihre Cousine, die Tochter einer von Rihaabs Schwestern, und ihr Name sei Noor, was Licht bedeute. Viele Leute, sagte sie, hätten die Ähnlichkeit bemerkt.

Einige Wochen später begegneten wir ihr in Irbid beim Einkaufen auf dem Markt wieder. Im hellen Tageslicht konnte ich die Gesichtszüge erkennen, die sie von Omars Mutter unterschieden. Doch zur Zeit des Begräbnisses, in jenem verdunkelten Zimmer, konnte ich nur die Form ihres Gesichtes erkennen, die mich, zusammen mit ihrer Art, ihren Bewegungen und ihrer Haltung, so sehr an Rihaab erinnert hatten.

Obwohl erst knapp über fünfzig, war Rihaab so dünn und schwach und von ihren Schmerzen gezeichnet gewesen, dass sie viel älter gewirkt hatte. Jetzt konnte ich mir vorstellen, wie sie ausgesehen habe musste, als sie noch gesund war. Ich fand diese Frau wunderschön und ihre Ähnlichkeit mit Rihaab wirkte geradezu unheimlich auf mich. Zudem fühlte ich mich geehrt und privilegiert, als sei mir ein kurzer Blick auf Rihaabs himmlische Gestalt gewährt worden, wie eine Vision. Dieser Gedanke kam mir wahrscheinlich, weil Sahr oft erwähnt hatte, dass ihre Mutter jetzt, da sie im Paradies sei, ihre Schönheit wiedererlangt habe.

Abschied

Die Hochzeit ist schon lange vorbei. Vergessen. Die Gäste hatten sich schnell zerstreut, nachdem das Paar die Kirche verlassen hatte. Sogar Mu'tah liegt hinter uns und ich habe mich von unseren Freunden dort verabschiedet. Wir sind, bevor ich nach Perth zurückfliege, für eine Woche nach Kufr Soum gekommen. Und der größte Teil dieser Woche liegt bereits hinter uns.

Omars Familie scheint immer glücklich zu sein, mich zu sehen, egal wie viel Zeit seit dem letzten Besuch vergangen ist. Vor allem Sahr hat mir ihre Zuneigung und Verbundenheit gezeigt. Schon in Mu'tah war deutlich zu sehen, wie froh sie war, aber jetzt hat sie mir gesagt, dass ich nicht immer wieder weggehen soll. »Du bist zurückgekommen«, sagte sie auf Arabisch mit Gesten, die einer Zeichensprache nahe kamen, »warum bleibst du diesmal nicht? Bleib bei uns, Mishaal … mit Omar.« Manchmal fragten Saleh und die anderen Familienmitglieder mich über Australien aus und seit der letzten Reise fing ich an, mit Omar darüber zu sprechen, ob er mit mir kommen und dort leben wolle. Doch seine ganzen Verantwortlichkeiten würden diesen Umzug zu kompliziert machen. Trotzdem sagte er mir, dass er darüber nachdenke und nach Wegen suche, es zu ermöglichen. Aber jetzt hat sich alles geändert.

Randa fragte mich während der ersten Tage meines Besuchs unverblümt, ob ich über die andere Bescheid wüsste. Ich erzählte ihr nicht von dem Briefumschlag mit der inzwischen vertrauten Handschrift, den ich auf dem Schränkchen in Omars Wohnung in Mu'tah gefunden hatte, einen Tag nach der Hochzeit. Er war so deutlich sichtbar gewesen, dass man ihn nicht übersehen konnte. Er muss dort liegen gelassen worden sein, kurz nachdem er angekommen war. Wie absichtlich liegen gelassen, gut sichtbar für alle. Omar war nicht da, er unterrichtete gerade seine Sommerklassen. Ich war mit dem Arm über das Schränkchen gefegt, woraufhin Sahr, die das Poltern gehört hatte, herbeigeeilt gekommen war. Nur die Uhr war kaputtgegangen. Sie konnte sich meinen Ausbruch offenbar nicht erklären und war wütend auf mich. Doch dann tröstete und bemitleidete sie mich und wirkte traurig und besorgt, um mich, um ihn, um sich selbst. Omar dagegen schien nicht zu wissen, ob er wegen der Uhr, über meinen Ausbruch oder mit sich selbst ärgerlich sein sollte. Und mir war damals nicht klar, wie groß meine Wut auf ihn nach dieser ersten Reaktion wirklich war. Da war eher ein zunehmendes Gefühl von Vergeblichkeit, zumal er ohne jede Überzeugungskraft darauf beharrte, dass dies ein alter Brief sei und ihm die Frau nichts bedeute. Wir stritten nicht viel darüber. Sogar das schien sinnlos. Ein paar seiner Freunde überredeten mich, bald wieder nach Jordanien zurückzukehren. »Das ist die einzige Art, die Ehe am Leben zu halten«, sagten sie. Ich stimmte zu, sah aber nicht, wie ich das anstellen sollte. Ich hatte das Gefühl, es sei alles zu spät. »Bleib bei uns«, sagt Sahr jetzt wieder.

Randa lässt mich trotzdem nicht in Ruhe und versucht herauszufinden, was ich weiß. Ich kenne inzwischen die arabischen Gesten der Verachtung sehr gut, besser als die gesprochene Sprache. Und so missbillige ich ihre Fragerei, indem ich die Augenbrauen hebe, langsam die Augen öffne und schließe, dabei mit der Zunge schnalze und den Kopf hoch- und dann zur Seite werfe. Sie versteht, dass ich ihre Fragerei nicht schätze, trotzdem drängt sie mich. »Weißt du ihrren Namen, Michèle? Wie ist ihrr Name?« Zufällig ist ihr Name der gleiche wie der eines Monats im Jahr. »Juli?«, antworte ich mit einem halben Lächeln. »Mai? Nein, ich glaube, es ist April, oder?« Sie lacht. Dann schnalze ich wieder und mache eine wegwerfende Kopfbewegung, diesmal, indem ich auf sie herab- und dann wegschaue. Danach stellt sie keine weiteren Fragen.

Ich bin müde. Die Fahrt nach Kufr Soum war lang und offensichtlich habe ich mich in diesen letzten Tagen nicht erholt. Wir haben unterwegs kaum angehalten.

Morgen reise ich ab.

Ich bin mehr als müde. Ich bin erschöpft. Hier im Dorf schlafe ich immer gut. Nicht so letzte Nacht. Letzte Nacht weckte mich ein fernes Geräusch aus dem Tiefschlaf. Es klang wie die Explosionen der Syrer, als sie einen Staudamm bauten. Ein weiteres Projekt, das Jordanien das Wasser wegnehmen würde. Als ich dasselbe Geräusch ein zweites Mal hörte, dachte ich darüber nach, dass der Damm erst vor wenigen Jahren gebaut worden war, als ich bereits hier gelebt hatte. Niemand würde dort mitten in der Nacht Sprengstoff legen. Ich war nun vollkommen wach und hörte es wieder. Und wieder. Ich zählte dreiundvierzig Male und wunderte mich.

Am Morgen beim Frühstück, für das Bilaal bereits im Dorfladen gewesen war, fragte ich, was das für Geräusche gewesen seien. Omars knappe Antwort wirkte fast abweisend. »Das sind die Bomben«, antwortete er mir zwischen zwei Schlucken Tee. Ich sah ihn verständnislos an. Randa sagte daraufhin etwas zu Sahr, die sich schließlich mit ernster Stimme an mich wandte.

»*Loubnaan*, Mishaal.«

Dann stellte sie achselzuckend die Teller und Gläser zurück auf das große, runde Tablett und brachte es in die Küche.

Da ich Australien vor Beginn der Bombenangriffe im Südlibanon verlassen hatte und in der Zwischenzeit weder Zeitung gelesen noch ferngesehen hatte, wusste ich nichts von der Wiederaufnahme der Angriffe. Ich wusste, dass der Libanon in der Nähe war, aber so nah? Es wäre sinnlos gewesen, der

Familie zu erzählen, dass ich in der vergangenen Nacht zum ersten Mal die Detonation von Bomben gehört hatte. Wir räumten die Frühstückssachen weg und fegten den Boden. Danach erwähnte niemand mehr die Bomben.

Den Großteil des gestrigen Tages verbrachte ich mit Besuchen und Abschiednehmen. Heute Vormittag ging ich mit Na:aameh und Aisha ins Nachbarhaus, um Onkel Ahmed zu besuchen, und sagte Waliid, Temaam und den anderen Cousins auf Wiedersehen.

Als ich das letzte Mal, ein paar Wochen nach Aunties Tod, bei ihnen zu Hause gewesen war, hatte Onkel Ahmed mich halb im Scherz gefragt, ob ich meinte, er solle sich wieder verheiraten. Ich weiß noch, dass mich diese Frage überrascht hatte. Dass Abu Omar wieder geheiratet hatte, nachdem er so viele Jahre mit Rihaabs Krankheit gelebt hatte, war kein Schock für mich gewesen, zumal sie nicht besonders gut miteinander ausgekommen waren. Doch Onkel Ahmed und Auntie hatte ich immer für ein Paar gehalten, das einander gern hatte und schätzte. Sie hatten einander immer freundlich behandelt. Als er damals diese Frage gestellt hatte, blickte ich zu zwei seiner älteren Töchter hinüber, die gerade anwesend waren und die der Verlust ihrer Mutter allzu deutlich mitgenommen hatte. Sie schüttelten beide die Köpfe und eine der beiden sagte laut »nein«.

»Nein«, antwortete ich ihm in meinem besten Arabisch, »deine Frau war so gut, so lieb.«

»Ja, sie war sehr, sehr gut«, erwiderte er und fuhr fort in einem Tonfall, den ich nur als eine Art scherzhafte Schicksalsergebenheit beschreiben kann, »aber sie ist nicht hier.«

An diesem Vormittag saß Onkel Ahmed, der für seine siebzig Jahre noch ziemlich robust wirkte, mit seiner neuen Frau auf der Veranda vor dem Haus. Sie schien in den Vierzigern zu sein und wirkte sehr gesund, glücklich und gut gelaunt. Die ganze Familie schien sie akzeptiert zu haben.

In unserer Familie war die Situation eine ganz andere. Sahr hatte stets den Haushalt für ihre Mutter geführt und fühlte sich nun durch die Frau verdrängt, die ihr Vater geheiratet hatte, während wir in Schottland waren. Vor allem Omar nannte seinen Vater dumm, weil er sich eine neue Familie gar nicht leisten konnte. Es war geschehen, als Omar sich gerade von der Last der jüngeren Geschwister befreit gesehen hatte. Randa war kurz davor, ihren Cousin zu heiraten, und auch Bilaal würde bald heiraten.

»Schau sie dir an«, sagte er erst heute Morgen in einem Anfall von Wut zu mir und deutete mit der Hand auf die zwei jüngsten Kinder seines Vaters, den zweijährigen Ahmed und seinen jüngeren Bruder, den hübschen kleinen Saddam, »für sie bin ich jetzt auch verantwortlich.« Er murmelte einen Fluch auf Arabisch. Am Nachmittag saßen wir dann alle zusammen in dem Teil des Hauses, den Abu Omar und seine neue Frau bezogen hatten. Sie übergab mir ein Abschiedsgeschenk. Die ganze Woche lang hatte sie für meine Freunde und meine Familie in Australien Kleider aus Perlenstoffen genäht. Außerdem hatte sie Quasten und eine Bordüre aus schneeweißer Baumwolle um den rot karierten *kefiiyeh* genäht, den ich mit nach Hause nehmen sollte.

An diesem Nachmittag stellte ich mich für Randa, die ein Foto machen wollte, neben das blaue Tor. Die Kinder spielten im Hof, wobei die Mädchen sich die Kleider ihrer Mütter und Tanten angezogen hatten. Aishas jüngste Tochter, die hübsche Shaima, die zur Welt gekommen war, als meine Mutter hier gewesen war, lief in Schuhen mit Absätzen herum. Sie war mittlerweile etwa vier Jahre alt.

Sahr schaute zu. Plötzlich stand sie auf, nahm den *kefiiyeh* ihres Vaters von der Wäscheleine, den sie am Vormittag gewaschen hatte, und begann mit ihm zu spielen. Zuerst trug sie ihn so, wie ihr Vater es manchmal getan hatte – einen Zipfel flott über den Kopf geworfen. Während alle lachten, lief ich los, um meine Kamera zu holen. Nur Randa, Temaam und Tante Khadija waren bei uns im Hof, keine Männer, und während Sahr mit einem Auge nach ihnen Ausschau hielt, imitierte sie den *dubkeh* der Männer, indem sie übertrieben lustig hin und her hopste und mit den Füßen aufstampfte. Sie war jedoch nicht bereit, es für ein Foto zu wiederholen. Dann schlang sie sich den *kefiiyeh* um den Kopf, um ein *silik* daraus zu machen, und ich tat es ihr mit meinem *kefiiyeh* nach. Sahr fand einen alten, rosa bestickten *shrsh* ihrer Mutter und forderte mich auf, ihn anzuziehen. Daraufhin bat Randa die alte Tante Khadija, ob wir ihren Schleier für mich ausleihen könnten. Das schwarze Tuch fiel in Falten um meinen Hals. So lachten und kicherten wir gemeinsam mit den kleinen Mädchen, an deren Verkleidungsspiel wir teilnahmen. Sogar Tante Khadija ließ sich durch unsere Heiterkeit anstecken.

Doch als ich für das Foto neben dem Tor stand, eine Hand an den Stäben, als wollte ich gerade hinausgehen, war mein Ausdruck wieder ernster geworden, obwohl ich immer noch lächelte. Ich denke, dass dieser Blick auf dem Foto zu erkennen sein wird, für mich zumindest. Habe ich einen wirklichen Abschied durchgespielt, einen, der vor langer Zeit begonnen hat, möglicherweise sogar, bevor die andere Frau in sein Leben getreten ist? Ich habe allmählich das Gefühl, dass diese ständigen Abreisen zu etwas Größerem gehören. Es hatte während meines zweiten Aufenthalts begonnen, als Randa mir gesagt hatte: »Du wirst uns vergessen.« War es das, was sie meinte? Dass ich nicht »bis zum Ende durchhalten« würde, mich der Herausforderung der Anpassung nicht stellen würde? Aber vergessen? Nein. Und ich werde wiederkommen. Ich muss schließlich. Das Gelächter, das Tanzen bei den

Hochzeiten, meine neuen Erkenntnisse über Zeit und Raum, das bessere Kennenlernen mit jedem Wort, jedem Blick, jeder Bewegung und jeder gemeinsamen Mahlzeit, das Lieben und das Sterben, das alles kann doch nicht umsonst gewesen sein.

In diesem Teil der Welt heiratet man nicht einen einzelnen Menschen. Man heiratet eine Familie, eine Gemeinschaft, eine Art zu leben. Was immer einem daran nicht gefällt, es gibt auch Dinge, die man liebt, Dinge, die einem eine Welt eröffnen, einen hineinziehen und schließlich festhalten. Ich wurde zu einem Glied in der Kette der Familie, der Kette der Frauen. Als ich hier lebte, wurden meine Verpflichtungen sehr schnell komplex und intensiv. Ich frage mich, wo bei all dem ihre eigenen Leben bleiben. Keiner von ihnen hat je irgendein Zeichen innerer Zerrissenheit gezeigt, wenn ich kam und wieder ging. Sie würden es auch nie zeigen. Sie wären wie der Held, der seinen Gästen sein Pferd als Mahlzeit vorsetzte. Aber spüren sie ihn auch, diesen Trennungsschmerz? Dieses Gefühl überkommt mich in dem Moment, als Randa die Kamera hochhält. Ich frage mich, ob er auf dem Foto zu sehen sein wird. Dort, an dem friedlichen blauen Tor.

Draußen im Hof haben wir unseren spätabendlichen Imbiss zu uns genommen: Tomatenscheiben, frischen Koriander, *hummus*, Brot und Minztee. Ich habe mich bereits zum Schlafen fertig gemacht, im gleichen Zimmer wie Sahr und Randa. Einen Augenblick frage ich mich, ob ich wohl wieder von Bomben oder Eselsschreien aufwachen werde. Von Sorgen oder Traurigkeit. Ich will nicht aufgeweckt werden. Die Familie hat Ruhe im Haus verbreitet, was immer sie auch empfinden mag. Sie hat mich zugedeckt mit Wohlbehagen. An morgen werde ich denken, wenn die Zeit dafür gekommen ist. Wie immer wird uns Adnan zum Flughafen bringen. Doch in dieser letzten Nacht will ich in die Tiefen meines Unterbewusstseins vordringen und meinen festen, festen Schlaf genießen.

Epilog

Musik

Im Flugzeug starre ich auf die Lehne des Sitzes vor mir, greife mir ein Flugmagazin und blättere es durch. Nur halb nehme ich das geschmückte Kamel wahr, das auf dem Umschlag abgebildet ist, und die steilen Hänge eines riesigen Wadi, die sich in einiger Entfernung hinter ihm erheben.

In meinen Gedanken macht die Zeit seltsame Sprünge. Für einen Moment holt sie mich ein, dann springt sie voraus in die Zukunft. Ich fliehe aus einer verworrenen Vergangenheit in die Zukunft, um dann sogleich zurück in die banale Gegenwart geworfen zu werden. Eine Stewardess verteilt Getränke. Klicken. Sprudeln. Das Klingeln von Eiswürfeln in Gläsern. Hier sitze ich und entferne mich rasend schnell aus diesem Land. War ich überhaupt dort? Ein Abendessen an Bord. Der Sirup neben den Pfirsichen schlängelt sich um die Sahne herum, will sich nicht mit ihr vermengen. Werde ich sie jemals wiedersehen? »Ja« ist immer genau, denke ich, während ich den Löffel zum Mund hebe. »Nein« ist eine gähnende Unbestimmtheit. Aber irgendwo in mir steigt seine Gewissheit auf und wendet sich in lähmendem Schrecken davon ab, zu einem Gedanken zu werden. Sie wird sich nicht mit dem Bewusstsein verbinden. Neben dem hartnäckigen Rest Hoffnung weigert sie sich, sich zu erklären, und wartet, bis sie akzeptiert, ausgesprochen werden kann.

Zusammen mit anderen Passagieren stehe ich im Gang. Gepäckfächer werden laut klappernd geöffnet und wieder geschlossen. Ich ziehe meine Schultertasche herunter. Die Zeit springt weiter unbeholfen von Szene zu Szene wie ein schlecht gemachter Film. Der Zollbeamte fragt nun nach dem *za:'ter,* aber er ist höflich, sogar freundlich. Er kann nicht wissen, dass ich aus dem Paradies komme, in dem alles, was ich gesehen und getan habe, Wirklichkeit war, wo Wunsch und Erfüllung perfekt zusammenpassten, in dem Verlust und Enttäuschung gleichermaßen intensiv und vollständig waren. Das Paradies, in dem es so heiß sein konnte, dass ein kaltes Getränk einem den Hals verbrannte. In der Ankunftshalle des Flughafens von Perth wartet meine Schwester, um mich nach Hause zu bringen. Es regnet.

Der Winter vergeht wie im Nu und mit den Frühlingsmonaten kommen seltsame Träume, beziehungsweise ein Traum, der so mächtig ist, dass er bei mir bleibt, als ständiger Bewohner meiner Seele. Es ist der Traum von zerklüfteten Felsvorsprüngen, die sich vor mir einen Abhang hinab erstrecken. Das Wasser im Tal ist nur ein Rinnsal, dass zeigen will, dass der Fluss ausgetrocknet ist. Eine gebrechliche alte Frau in einem langen, schwarzen Gewand steht da und beobachtet mich. Gerade will ich versuchen hinüberzugelangen, als ich mich umschaue und sehe, dass ihr Blick auf mich gerichtet ist. Hinter mir geht eine Gruppe Löwinnen vor dem Eingang einer Höhle majestätisch auf und ab. Ich drehe mich zu der Frau um, um ein Zeichen zu erhalten, aber sie blickt jetzt hinüber auf einen männlichen Löwen. Er folgt mir zum Felsvorsprung und schlägt mit seiner Schwanzspitze leicht gegen meine Stirn, als wolle er mich aus einer Trance aufwecken. Dann legt er seine weiche Vorderpfote auf dieselbe Stelle: jene Delle mitten auf meiner Stirn, über meiner Nase und den Augenbrauen. Er streicht immer wieder darüber und ich wache mit dem Gefühl auf, dass mich dort wirklich etwas berührt hat. Ich werfe die Decke von mir, greife an meine Stirn, streiche mir das Haar zurück, sehe mich um nach Käfern, Spinnen... Da ist nichts.

Es gibt kein plötzliches Ende. Ich schicke Omar ein paar Briefe, aber die Abstände dazwischen werden immer länger. »Der Löwe in deinem Traum«, schreibt er, »das bin ich, du Dummchen!« Ich antworte nicht darauf. Das bist nicht du, armer Omar, Dummchen. Ich selbst bin es. Das ist es ja gerade. Jemand, der stärker ist, als ich gedacht hatte.

Als ich zu ahnen beginne, dass wir uns allmählich immer seltener schreiben werden, frage ich ihn, wie ich ihn in meinem Buch nennen soll. »Gib mir einen klassischen arabischen Namen, entweder Omar oder Khaled«, antwortet er mir. »Der erste steht für Liebe, Männlichkeit und Potenz. Der zweite steht für den Kampf auf dem Schlachtfeld und für Ritterschaft. Wenn dir keiner von beiden gefällt, dann nenn mich Eihab oder Haatem. Sie bedeuten Geben und Sorgen.«

Omar. Er ist noch immer mein Ehemann, offiziell. In Wirklichkeit eher nicht. Ich weiß nicht genau, wie ich ihn jetzt nennen soll.

Im Oktober verbrachte ich ein Wochenende im australischen Busch, doch auch hier stellte sich sofort die Erinnerung an Jordanien ein, beim Erkennen eines Krauts oder einer Pflanze, eines Raschelns, eines heißen Windhauchs, der Form eines Felsens.

Der Januar mit seiner trockenen Hitze, die an jene im Juli in Jordanien erinnert, verursacht mir einen stechenden Schmerz. Meine Erinnerung wird ständig von einer eindringenden Gegenwart durchgeschüttelt, in unzusammenhängenden, blendenden Stichen, klar und bedeutungslos: das Muster auf dieser Teetasse, während ich sie an die Lippen hebe, das

schwere Auftreten meiner Schritte auf dieser aufgesprunge-
nen, unebenen Bodenplatte. Diese plötzlichen Momente sprechen in einer Sprache zu mir, die ich nicht verstehen möchte.
Du bist jetzt hier, an diesem Ort, sagen sie mir.

Es kommen keine Briefe mehr. In Omars Teil der Welt
haben die Geschichten kein Ende. Die Geschichten der Sulta-
nin sind miteinander verflochten, hier öffnen und ergießen sie
sich, dort nehmen sie sich zurück. Meine Geschichte über Jordanien ist eine von vielen in der umfassenderen Erzählung des
Lebens. Unser Ende als Paar ist kein dramatisches. Es ist ein
allmähliches Auseinandergleiten, dessen Gründe nicht aus-
drücklich zur Sprache kamen. Diese Gründe, wie auch unser
stillschweigendes Einverständnis, befinden sich mitten unter
den vielen kleinen Dingen, die hier verstreut sind. Sie liegen
neben den Stücken der Mauer, die trotz allem gefallen ist.
Nicht ganz, aber weit genug, um in die Vergangenheit blicken
zu können.

Ich werde nicht eine von denen sein, die alles leugnen, was
mit ihrem Schmerz zusammenhing. Wenn etwas misslingt,
war es nicht nur schlecht und auch das Erinnern hat seine
angenehme Seite.

Ich werde nichts verdrängen. Warum sollte ich alle Gedanken an Sahr und Randa und meine anderen schönen
Schwestern wegschieben, mein Leben unter den Frauen, meine Ausflüge in den Wadi, meine Bekanntschaften mit neuen
Denkweisen, mein Teilen von Schmerz ebenso wie von Freude
und so vieles mehr, nur weil ich nicht mehr dort bin? Immer
noch sehne ich mich nach den Klängen Jordaniens. Ich nehme
Arabisch-Unterricht. Der Lehrer ist Ägypter und die Sprache
klingt etwas anders. Außerdem gebe ich eine Zeitschrift für
ethnische und multikulturelle Kunst heraus. Der Chefredak-
teur ist Lehrer für orientalischen Tanz und so sind unter den
zahlreichen Artikeln stets auch einige über arabische Musik

und Tanz. Ich kaufe auch wilden Thymian und bereite meinen eigenen *za:'ter* zu. Ich esse ihn zum Frühstück mit Oliven, weißem Käse, *hummus*, Fladenbrot und Joghurt und freue mich an dem Duft der Vergangenheit. Meine Freunde in den orientalischen Tanzkursen sagen, dass ich das beste *baba ghanoush* im ganzen Land mache, auch wenn ich weiterhin darauf bestehe, es *mtebel* zu nennen.

Trotz des Unterrichts lassen meine ohnehin geringen Arabischkenntnisse nach. Doch auf Englisch breche ich den massiven Kummer in Stücke. Ich überwinde und destilliere ihn und behalte das Beste zurück.

Das Gefühl des Verlustes bleibt bei mir, er verliert sich nicht in den Alltagsverrichtungen. Weil ich Omar verloren habe, werde ich nie mehr mit Sahr sprechen, werde nie erfahren, was aus ihrem Leben geworden ist oder ob Randa jetzt Kinder hat, wie Amira und Manar gewachsen sind, und Shaima, die während des Besuchs meiner Mutter zur Welt kam.

Vergiss die Vergangenheit, sagte Omar an dem Tag, als wir von Amman im Taxi nach Hause fuhren, zu mir. Ja, du hast Recht, Omar. Ich werde sie vergessen. Aber nicht aus Bitterkeit. Verbitterung und Bedauern sind eine solche Energieverschwendung, eine Herzensregung, die dunkle Wogen durch Zeit und Raum schickt und ihr kosmisches Gleichgewicht zerstört. In diesem Augenblick trinke ich Salbeitee. Er wird mir immer ausgezeichnet schmecken. Das ist nun meine Herausforderung: die Vergangenheit hinter mir zu lassen, ohne sie abzulehnen oder zu verraten. Hier sind die zerbrochenen Mauerstücke und an ihrer Stelle mein Garten.

Während der Hausarbeit schalte ich das Radio ein und wende mich, nur mit halber Aufmerksamkeit, wieder dem zu, womit ich gerade beschäftigt war. Arabische Musik dröhnt aus dem Lautsprecher. Schnell reguliere ich die Lautstärke und sehe nach, welchen Sender ich eingestellt habe. Einige

Jahre zuvor hätte ich um die halbe Erde reisen müssen, um so etwas hören zu können. Im vergangenen Jahr, vor meiner letzten Reise, habe ich regelmäßig den Sender FM »ethnic« gehört. Jetzt sehe ich erstaunt, dass Radio National eingeschaltet ist. Es freut und quält mich zur gleichen Zeit. Und sie spielen noch mehr arabische Musik. Auf Anwar Ibrahim folgen zwei der besten Sängerinnen. »Gib mir das ney und sing, denn Gesang ist das Geheimnis des Daseins«, singt Feyrouz, »Und der Klagegesang des ney bleibt zurück, lange nachdem das Dasein verklingt.« Dann höre ich Umm Kalthoums Stimme.

Ich stelle das Radio nicht ab. Das ist unmöglich. Unwillkürlich werde ich von dem alten Gefühl mitgerissen, es geht einher mit Umm Kalthoums schmeichelnder Umwerbung eines Tons, einer Silbe. Sie hat das *a* von *qalbi* genommen, das »mein Herz« bedeutet, steigt mit ihm auf und ab und schwebt nun, wobei ihre beflügelte Stimme vibriert.

Jetzt hat sie, auf der betonten Taktzeit, die Stimme gesenkt. Es ist vorbei. Meine Tränen verschaffen mir Erleichterung. Und dann atme ich durch. Das Lied ist zu Ende, die unpersönliche Stimme der Ansagerin ertönt und damit schließt sich das Tor zur Vergangenheit wieder. Eines Tages wird sich der Schlüssel erneut in seinem Schloss drehen. Über meinen Erinnerungen breitet sich die Gegenwart aus – mit der Helligkeit einer aufsteigenden Sonne, die ihren Zenit erreicht. Sie verkürzt ihre Schatten.

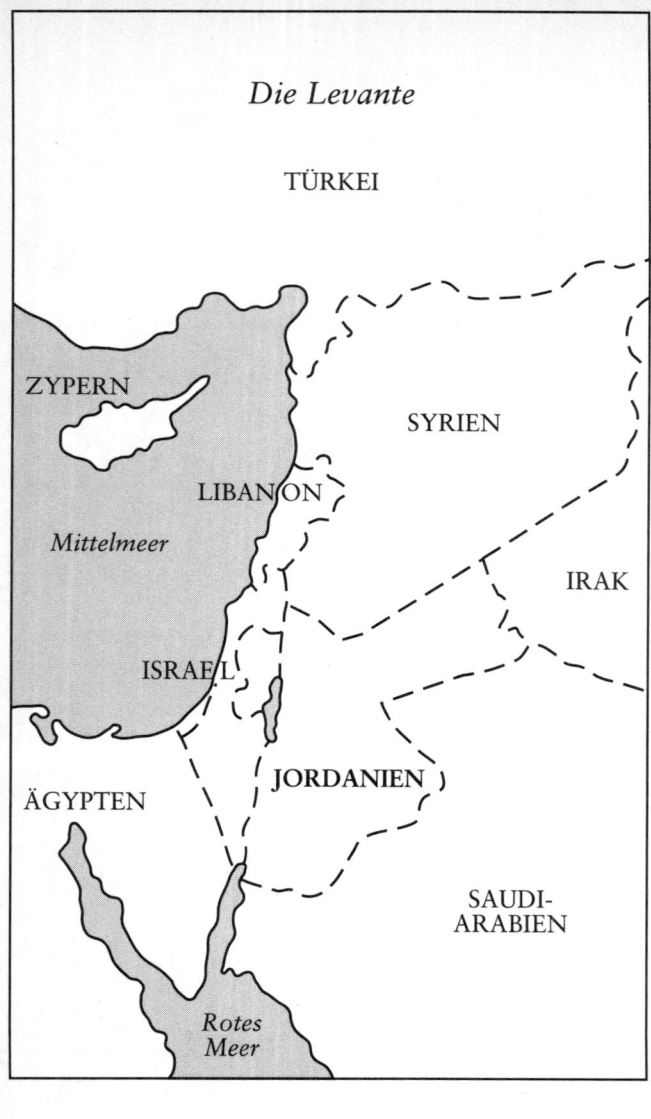

Die Levante

TÜRKEI

ZYPERN

SYRIEN

LIBANON

Mittelmeer

IRAK

ISRAEL

JORDANIEN

ÄGYPTEN

SAUDI-
ARABIEN

*Rotes
Meer*

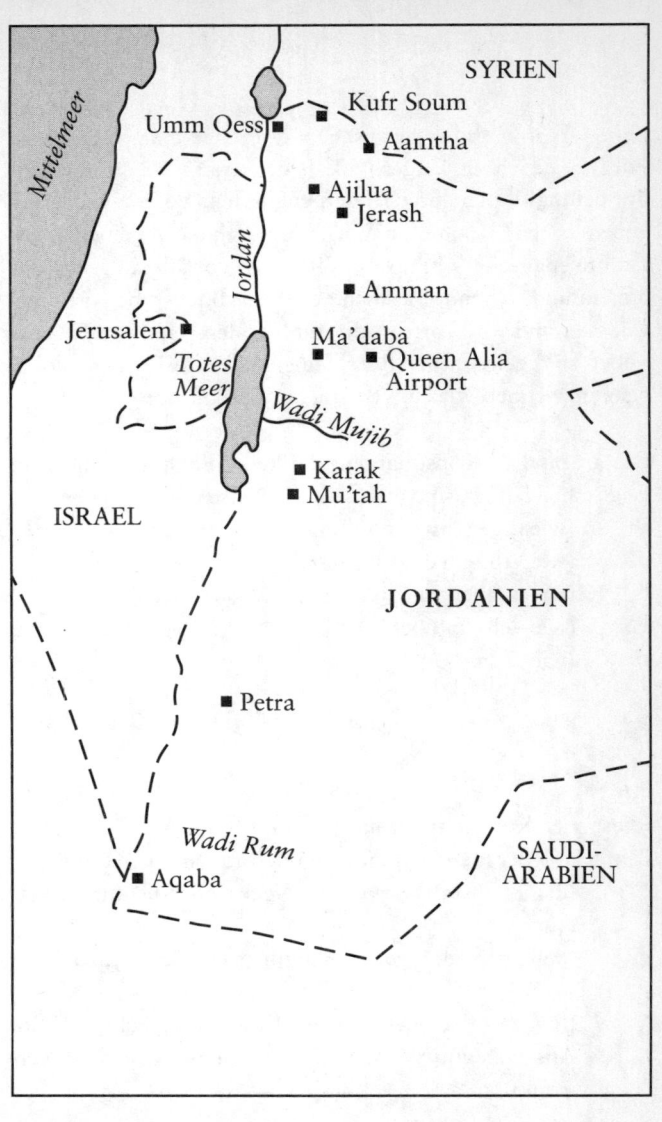

Anmerkungen zur Transliteration

Beim Übertragen der arabischen Wörter in eine romanische Form habe ich die langen Vokale des Arabischen durch Verdoppelung der entsprechenden englischen Vokale wiedergegeben. Im Fall bekannter Wörter habe ich die allgemein anerkannte englische Schreibweise benutzt, vor allem da, wo das am Anfang stehende Zeichen : oder der Buchstabe :ayn weggelassen sind vor Wörtern, die mit Vokalen beginnen. Betonte Silben sind gelegentlich durch einen Akzent über dem Vokal gekennzeichnet, wie zum Beispiel in *dish-dásha*.

Die arabischen Konsonanten, die keine Entsprechungen im Englischen haben, sind auf folgende Weise wiedergegeben:

th	(wie im englischen »thin«)
dh	(wie »th« im englischen »this«)
h	(wie h, aber mit zusammengezogener Kehle)
kh	(wie »ch« in Loch)
sh	(wie »sch«)
*s̲	
*d̲	
*t̲	
*dh̲	

(diese vier Konsonanten haben eine leichte Ähnlichkeit mit dem Klang der hier verwendeten Buchstaben, siehe unten)

**:	(der Buchstabe *:ayn* – ein Velar- oder Gaumensegellaut)
gh	(der Buchstabe *ghayn* – ähnlich wie das französische »r«)
'	(hamza oder oder Glottisschlag, ein Knacklaut beim Ansetzen von Vokalen, z. B. vor dem »i« im Wort verirren)

*   Jeder dieser Konsonanten ist stark durch den Velarvokal beeinflusst, der stets darauf folgt. Die Unterstreichung weist darauf hin, dass der Konsonant entweder im hinteren Teil der Kehle produziert wird oder damit verbunden ist.

**   Ich folge der Konvention, für den Buchstaben :ayn einen Doppelpunkt anstatt eines Anfangsapostrophs zu benutzen. Letzteres verwechseln Nicht-Arabisch-Sprechende allzu leicht mit dem Schlussapostroph, das beim hamza oder dem Glottisschlag verwendet wird.

Glossar

Einige der romanisierten arabischen Wörter in diesem Glossar gehören zum örtlichen Dialekt und kommen in den üblichen Wörterbüchern für Arabisch nicht vor.

abu – Vater
abui – mein Vater
abuk – dein Vater
áhlen! – Willkommen!
áhlen wa sáhlen – Herzlich willkommen!
ajnabi (ajnabiiyej, w.) – Ausländer, Ausländerin
al:aan – jetzt
al-arba:a – Mittwoch (der vierte Tag der Woche)
Amriika – Amerika (oft für USA verwendet)
aqraba – Skorpion
:assaaba – kapuzenartige Kopfbedeckung der Frauen

b:ad – nach
bandoora – Tomate
beledi – aus dem Land (Volksmusik, -dichtung, -gesang, -tanz)
biddou – Ich will
biddak (biddik, -itch, w.) – Du willst
bidoun – ohne
boukra – morgen

couss omak! – die Fotze deiner Mutter!

darra – Zweitfrau (jede Frau nach der ersten)
dish-dásha – langes, gerade herabhängendes Kleid, meistens aus Baumwolle oder Synthetikstoff, gefärbt, das zu Hause und bei formellen Anlässen getragen wird

dhahaba (dhahabat, w.) – gehen (er ging, w – sie ging)
dowali – gefüllte Weinblätter (meistens mit Lamm und Reis,
manchmal mit anderen Füllungen)
dubkeh – traditioneller Volkstanz, vor allem bei Hochzeiten

enta (enti, w.) – du

Faatíha – Eröffnungsgebet des Qur'aan
fi – in; es gibt
Fooot! – Komm herein

habibi (habibti, w.) – Schatz, mein Schatz
hadha – dieses, jenes
hajj – Pilgerfahrt nach Mekka
halwa – Lutscher, süß
himaar (himaareh, w.) – Esel
holwa (hilwi, w.) – süß, hübsch
hummus – Kichererbsenpaste
hoori – Die schöne Geisterfrau, die im Paradies wartet, um die
Gläubigen zu begrüßen
hout – Wal

illa – zu, für
illak (illik, -itch, w.) – für dich, für euch (-itch, örtl. Dialekt)
illi – zu mir, für mich
insha 'Allah – So Gott will
ism – Name

jaama:a – Moschee
jaami:ah – Universität
jalabiyeh – bodenlanges Hemd oder Gewand, das von Männern getragen wird
jiddeh – Großmutter, Oma

kaalima – Wort (*bidoun kaalima* – ohne Worte, ohne ein Wort)

kaman – wieder

kanaafet – Teigfäden, die zu einer knusprigen Hülle gewickelt werden, mit geschmolzenem weißen Käse gefüllt und mit Sirup übergossen

kefiiyeh – rot-weiß kariertes Kopftuch, das von Männern getragen wird, oder schwarz-weiß wie bei den Palästinensern

khábil (khábileh, w.) – verrückt, dumm (dämlich, zerstreut)

khobeizeh – grüne Pflanze, die wild im Wadi wächst

khóbuz – Brot (meistens ist das runde Fladenbrot damit gemeint)

khofái – Schlappen, Pantoletten

kohl – ein schwarzer Stein, der zu Puder gemahlen und als Kajalstift verwendet wird

kwáiss (kwáissa, w.) – gut

la – nein

laban – flüssiger Joghurt (im mittleren Osten)

lakin – aber

leysh – warum

Loubnaan – Libanon

majnoun – verrückt, geisteskrank, wahnsinnig

mann? – wer?

márhaba – hallo (weniger formeller Gruß als *Salaam alleikoum*)

mariid (mariida, w.) – krank

marra – Mal (wie in ein, zwei, drei Mal)

mensef – heißes Gericht aus Reis, Lamm und Joghurt, das bei festlichen Ereignissen, vor allem Hochzeiten, serviert wird

min – von, aus

mlokhiiyeh – Malve, eine grüne Pflanze, die in vielen Teilen der arabischen Welt gegessen wird; sie ergibt eine geschmackvolle sämige Suppe, die oft mit Hähnchen serviert wird.

momtaaz – ausgezeichnet, hervorragend

mustáshfa – Krankenhaus

msh – nicht (umgangssprachlich)

mish mish – Aprikose

mtebel – Auberginenpaste (in Ägypten *baba ghanoush*)

na:am – ja

na:iiman! – ein besonderer Gruß an jemanden, der gerade gebadet oder sich erfrischt hat

na:na: – Minze

noor – Licht, Tag

obaiyeh! – ein Ausruf des Schmerzes

qadi – Richter

qalb – Herz

qalbi – mein Herz

Qur'aan – der Koran

raqs sharqi – orientalischer Tanz

raqsi! – tanze!

romaaneh – Granatapfel

seleq (seleqleq) – ein grünes Blattgemüse wie Spinat (*seleqleq* – örtl. Dialekt)

shahada – muslimisches Glaubensbekenntnis (»Es gibt keinen Gott außer Allah; Muhammad ist der Gesandte Allahs«)

shai – Tee

shams – Sonne

shling – eine Münze im Wert von 50 Fils oder dem Zwanzigstel eines Dinars (wahrscheinlich von »shilling« aus der Zeit des britischen Mandats)

shou – was? (umgangssprachlich)

shrsh – langes, gerade herabhängendes Kleid in dunkler Farbe, oft aus Samt oder einem synthetischen Ersatz, von älteren Frauen getragen

shrob! – Trink!

shwaiy – ein wenig, ein bisschen, langsam, eine kurze Weile

silik – kariertes Kopftuch, das von Frauen als lockerer Turban getragen wird

ta:abaan (ta:abaana, w.) – müde

towjiihi – Schulabschlussprüfung in Jordanien

umm – Mutter

ummak (ummik, -itch, w.) – deine Mutter

ummi – meine Mutter

wadi – Tal

wahed – eins

weyn? – wo?

ya – Oh (Rufanrede, z. B. »Oh, wo gehst du hin?« Keine poetische Stilisierung, wird häufig in der Unterhaltung verwendet.)

yá:ni – Ich meine, ich will sagen, das heißt (Idiomatischer Ausdruck, der in der Unterhaltung wie »weißt du?« oder »verstehst du?« verwendet wird.)

za:'ter – wilde Thymianblätter vermischt mit Sesamsamen, für Imbisse mit Brot und Oliven verwendet

Danksagung

An Jane Cousins und Jo Mead, die zwei lieben Freundinnen und Schriftstellerkolleginnen, die mir während der Arbeit an diesem Buch zur Seite gestanden haben, meinen aufrichtigen Dank und meine besten Wünsche für eure eigenen Bücher. Auch an frühere Mitglieder unserer Schreibgruppe: Sarah Jones, Tanya Majourie und Carmel MacDonald-Grahame für ihren Rat und ihre Vorschläge im Anfangsstadium und für ihre fortdauernde Ermutigung.

Meinen Dank an Marion Campbell, die erste etablierte Schriftstellerin, die meine anfänglichen Versuche gelesen hat – während des wunderbaren Semesters, als ich an ihrem Creative-Writing-Kurs teilnahm und an mich zu glauben begann. Wenn ich mich neu erfunden habe, dann liegt das zum Teil an deinem unermüdlichen Glauben und deiner Unterstützung.

Für das Goethe-Zitat, das mir Mut gegeben hat, und für vieles, vieles mehr meinen herzlichsten Dank an Melanie Edwards, die mir neue Wege der Hoffnung und der Freundschaft gezeigt hat und deren erstes, noch im Entstehen begriffenes Buch ein Geschenk an die Welt sein wird, das weiß ich. Meine warme Anerkennung möchte ich Herrn Basem Kheis aussprechen, dem jordanischen Konsul in Canberra, für seine Hilfe beim Beschaffen von Informationen und Einzelheiten über arabische Namen, Wörter und Begriffe. Auch an Jasser Samardali von der Australian-Jordanian Friendship Association, der mir weitere Informationen gab und mir viel von seiner Zeit schenkte, indem er dieses Buch las und einige Abschnitte übersetzte. Ebenso an Frau Alice Kirkbride für ihre freundliche Hilfe bei der Transliteration arabischer Wörter.

Für ermutigende Worte zu unterschiedlichen Zeiten im langen Prozess des Schreibens geht mein Dank an Kateryna Longley, Bob Hodge, Kathy Trees, John Frodsham, Jenny De Reuck, Fail Jones, Simone Lazaroo, ebenso an Susan Hayes für ihren Rat als State Literature Officer im Fremantle Arts Centre, und an Diana Clegg für ihre Hilfe und Geduld beim Ausdrucken von Teilen des Manuskripts zu verschiedenen Zwecken.

Mein wärmster Dank auch an jene, die mir freundschaftlich und ermutigend beigestanden haben: Simone Scott, Teresa Ashforth, Elizabeth McCardell, Wendy Duffy, Dori Watson, Toni Ventriss und die Mitglieder meines Buchklubs: Wendy Beckhurst, Heather Cloudsdale, Di Dixon, Jill Durack, Silvia Kinder, Maggie Mann, Genevieve Palmer und Lillian Ryan. Auch an Keti Susnjar, meine Lehrerin für orientalischen Tanz und liebe Freundin, die mein Interesse an der arabisch-islamischen Kultur verstanden und geteilt hat.

Mein spezieller Dank geht an die Freunde, die Teile des Manuskripts gelesen, Vorschläge gemacht und mich weiter ermutigt haben, ganz besonders: Joan (Justina) Williams und Vic Williams. Auch an die Mitglieder von Toni Ventriss' Buchklub für ihre wertvolle Unterstützung durch das Mitteilen ihrer aufrichtigen Eindrücke und Reaktionen sowie für die dringend benötigte redaktionelle Hilfe.

Dank an diejenigen, die geholfen haben, meine Arbeit bekannt zu machen: David Britten und vor allem Julie Rigg vom ABC, Radio National, die mir meine erste Lesung im Programm »Arts Today« ermöglicht hat. Jan Teagle Kapetas, Suzanne Covich und andere Mitglieder des WEB (Women Writers and Performers Network)-Ausschusses, die mir meine ersten öffentlichen Lesungen in Perth anboten, sowie Barbara Holland, die einen Auszug meines Buches als Kurzgeschichte in der Anthologie *Sibling Stories* veröffentlichte.

Ich danke Ray Coffey für sein Interesse und seinen unermüdlichen Glauben, den vielen Mitarbeitern der Fremantle Arts Centre Press, die mitgeholfen haben, dieses Buch zu realisieren, sowie Wendy Jenkins und den anderen Lesern, die ihre Reaktionen und Vorschläge beigetragen haben. Besonderen Dank an Janet Blagg für die Tiefe und Genauigkeit ihrer Beiträge. Auch an Helen Kirkbride und Cate Sutherland für ihre Unterstützung und an Marion Duke für ihre geschickte und kreative Arbeit als Künstlerin und Cover-Designerin.

Meine aufrichtigste Liebe und Dankbarkeit geht an meine Schwester, Geneviève Palmer, die auch in sehr schweren Zeiten an mich geglaubt hat. Außerdem an meinen Schwager, Ben Palmer, den ersten begeisterten Leser des vollständigen Manuskripts, und an meine Nichten Eliane und Lauren für ihr Interesse und ihre Beiträge.

Als kleines Kind überlebt
Liliane die Schrecken des
Konzentrationslagers. Doch
das Leben hält weitere Schicksals-
schläge für sie bereit: Sie heiratet
den Algerier Mohammed. Er nimmt
sie mit in seine Heimat – und hält
sie dort gefangen. 32 Jahre lang
muss Liliane in einem entlegenen
Bergdorf leben, einsam und von
der fremden Familie unterdrückt.
Das bewegende Zeugnis einer Frau,
die trotz allem Leid den Glauben an
das Leben nie verloren hat.

Liliane Amri

Einmal frei sein!
Meine 32 Jahre in einem islami-
schen Dorf
Deutsche Erstausgabe

Econ | **Ullstein** | List

Mit Anfang Vierzig beschließt Denise Zintgraff, ihr Leben grundlegend zu ändern: Ein Harem in Riad wird für zwei Jahre ihr Zuhause. Unglaublicher Luxus prägen das Leben innerhalb der Palastmauern. Doch er hat seinen Preis: die persönliche Freiheit. Die Frau aus *Tausendundeiner Nacht* gewährt einen faszinierenden Einblick in die geheimnisvolle Welt des Orients.

Denise Zintgraff

Die Frau aus Tausendundeiner Nacht
Mein Leben in einem Harem

Econ ǀ **Ullstein** ǀ List